AF523065

【Mein♥Star】 Aka Akasaka × Mengo Yokoyari

Glare × Sparkle

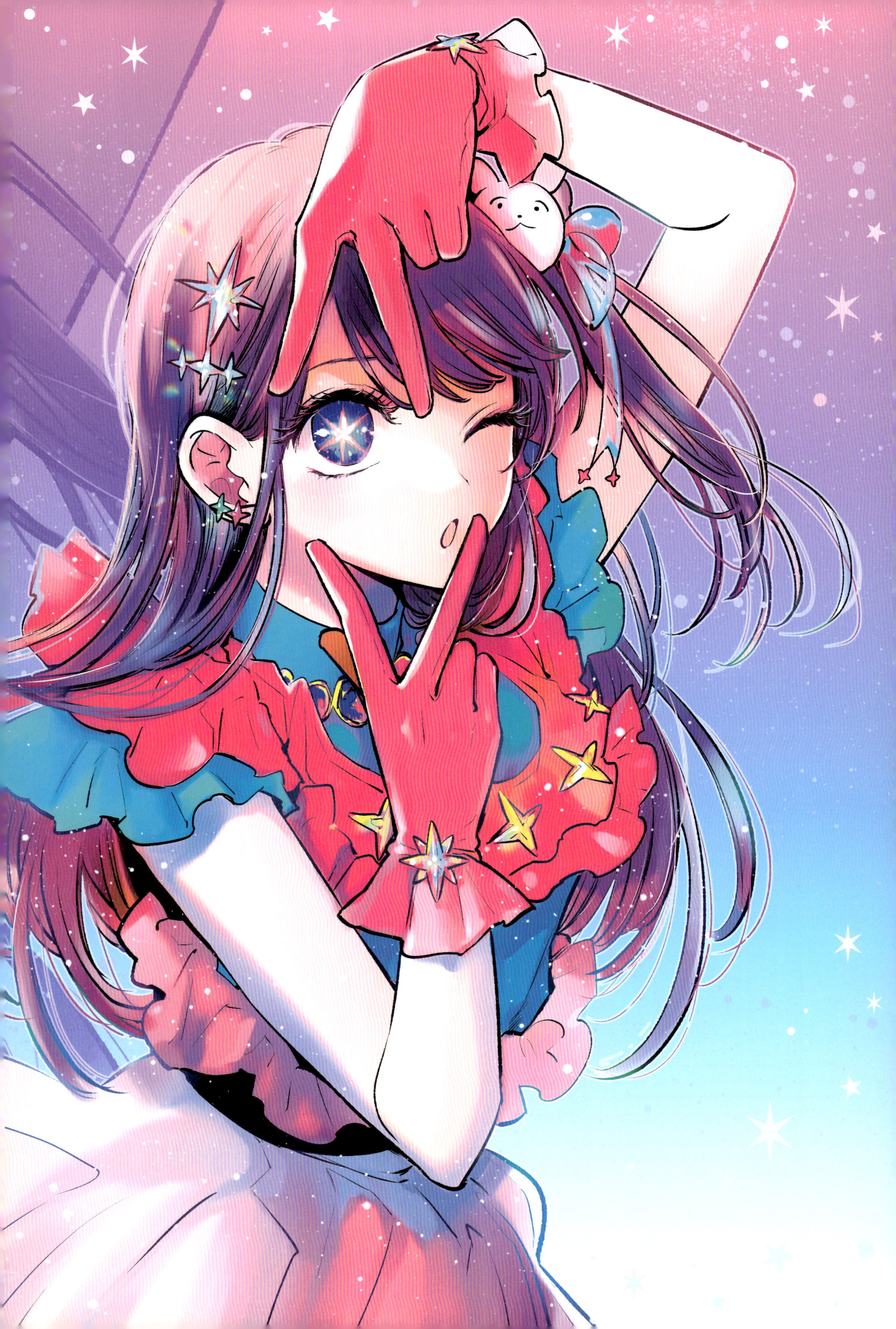

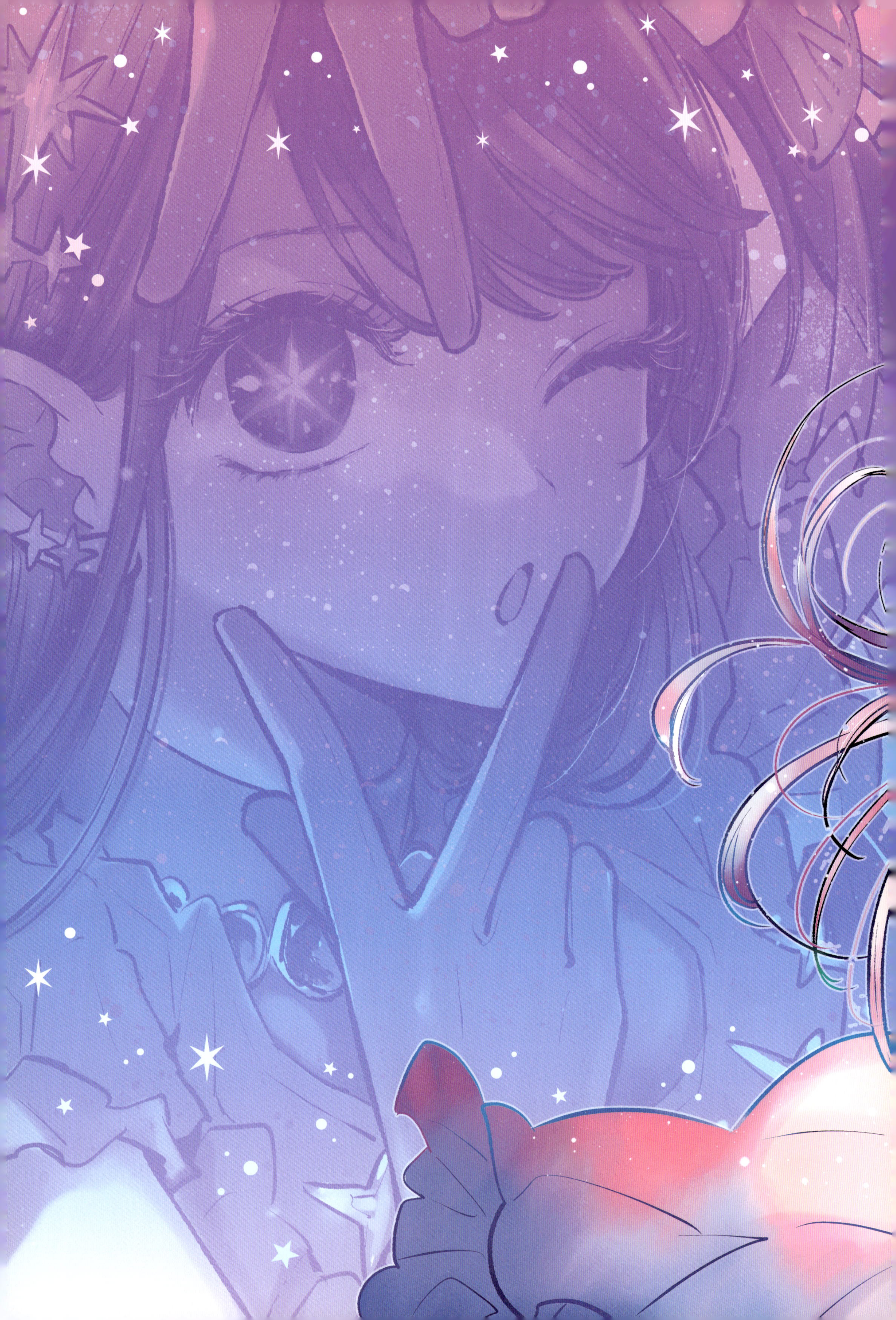

【Mein♥Star】 Erstes Artbook

Glare × Sparkle

INHALT

Hast du dir jemals vorgestellt, wie es wäre, als Kind eines Stars wiedergeboren zu werden?

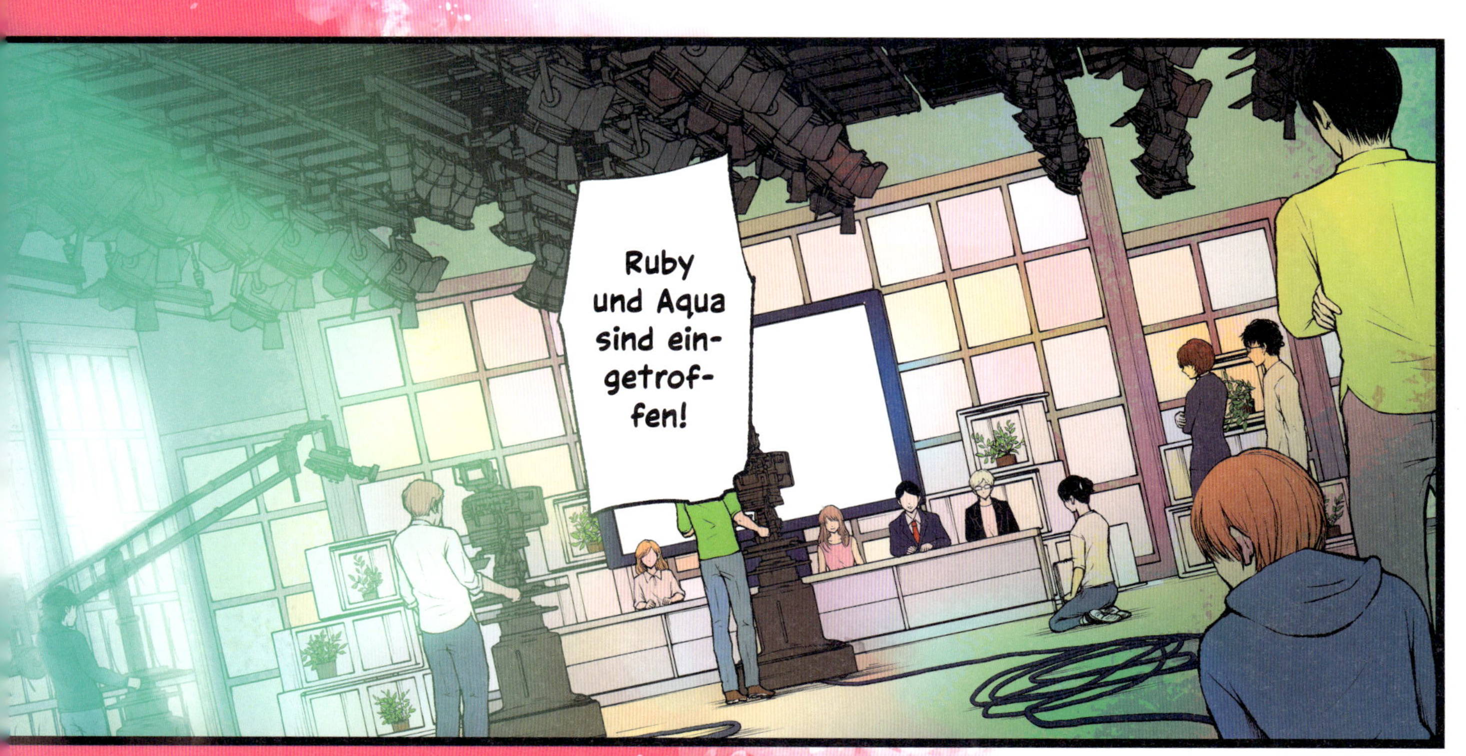

Wie es wäre, von Geburt an ein gutes Aussehen und die nötigen Beziehungen zu besitzen?

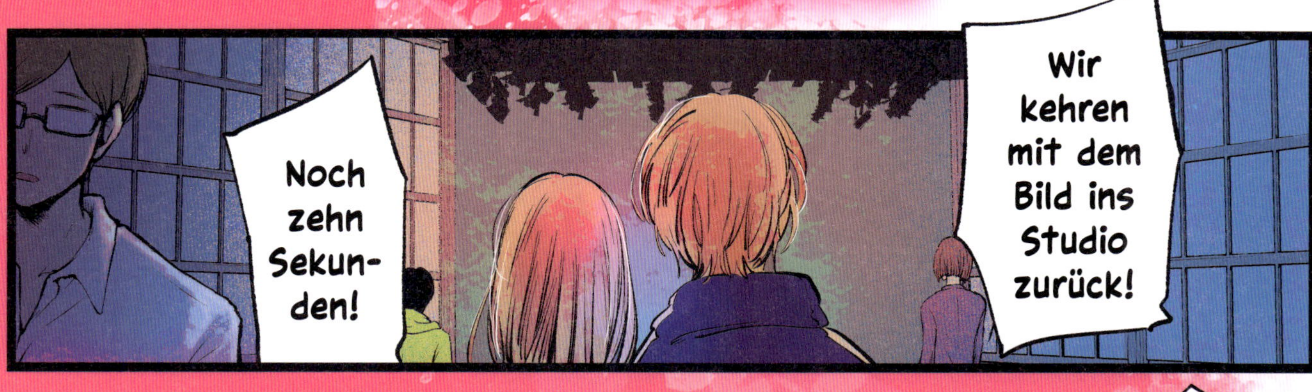

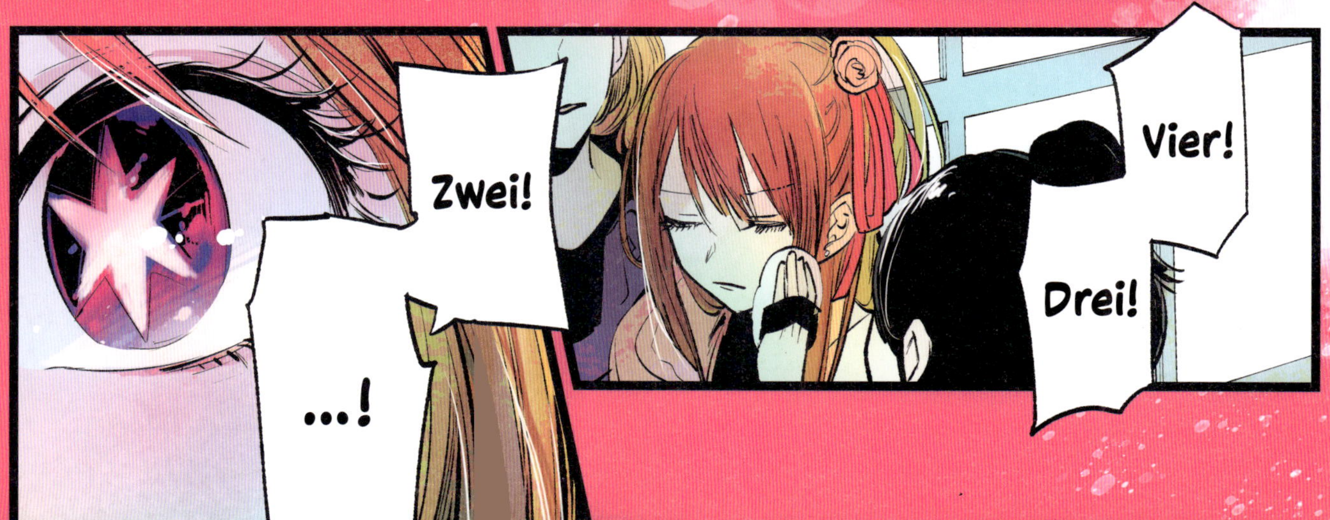

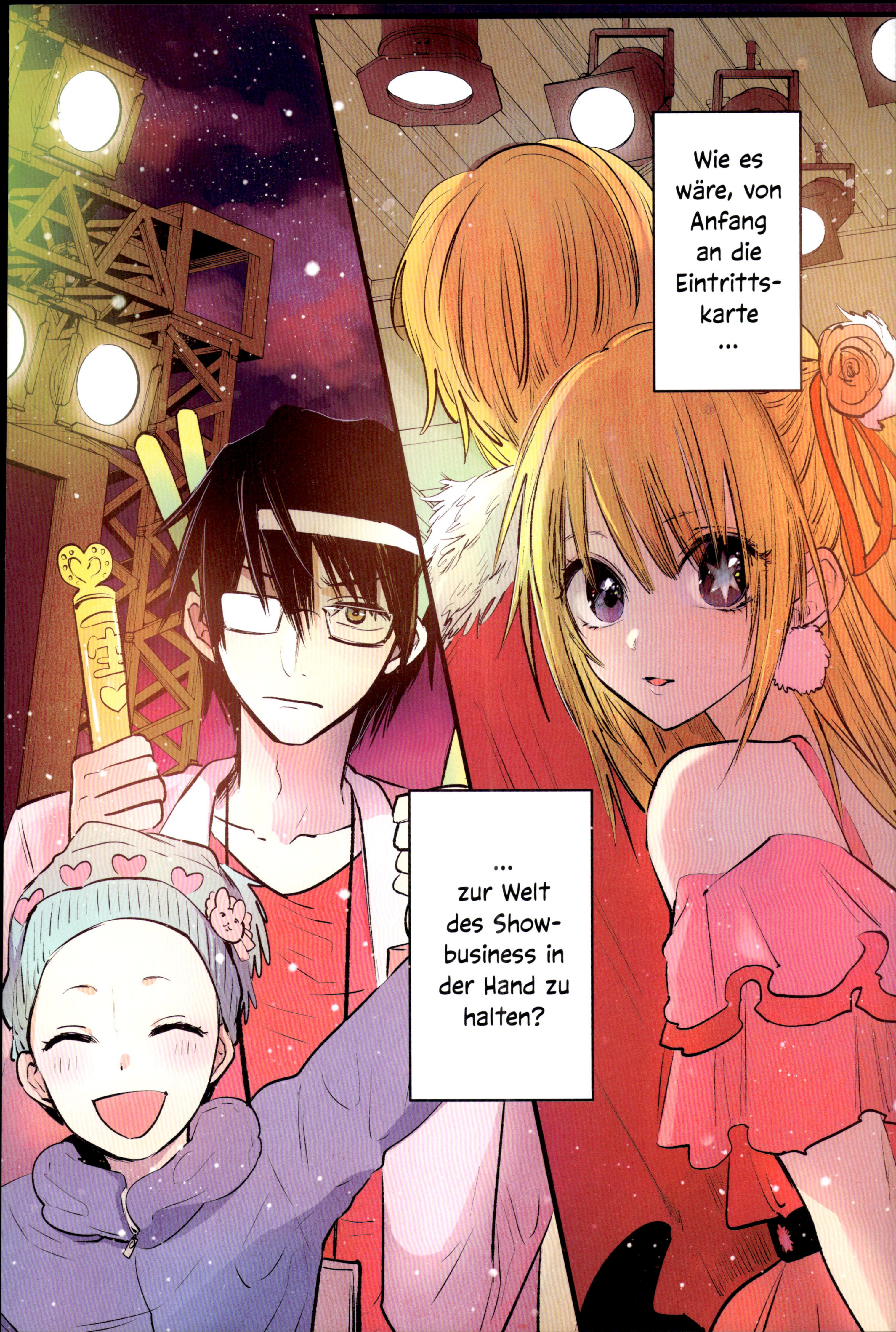
Wie es wäre, von Anfang an die Eintritts-karte ...
... zur Welt des Show-business in der Hand zu halten?

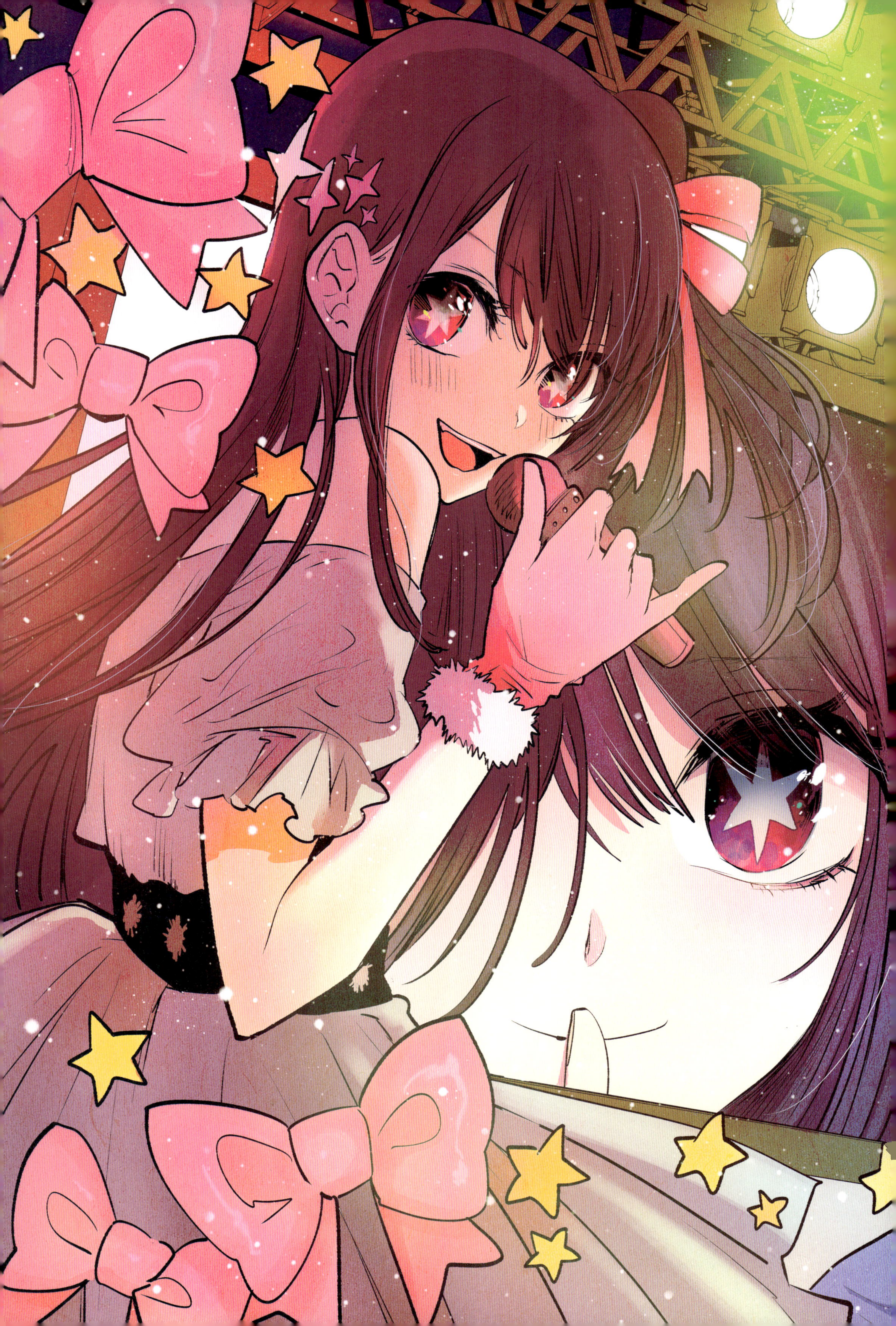

CHARAKTERE

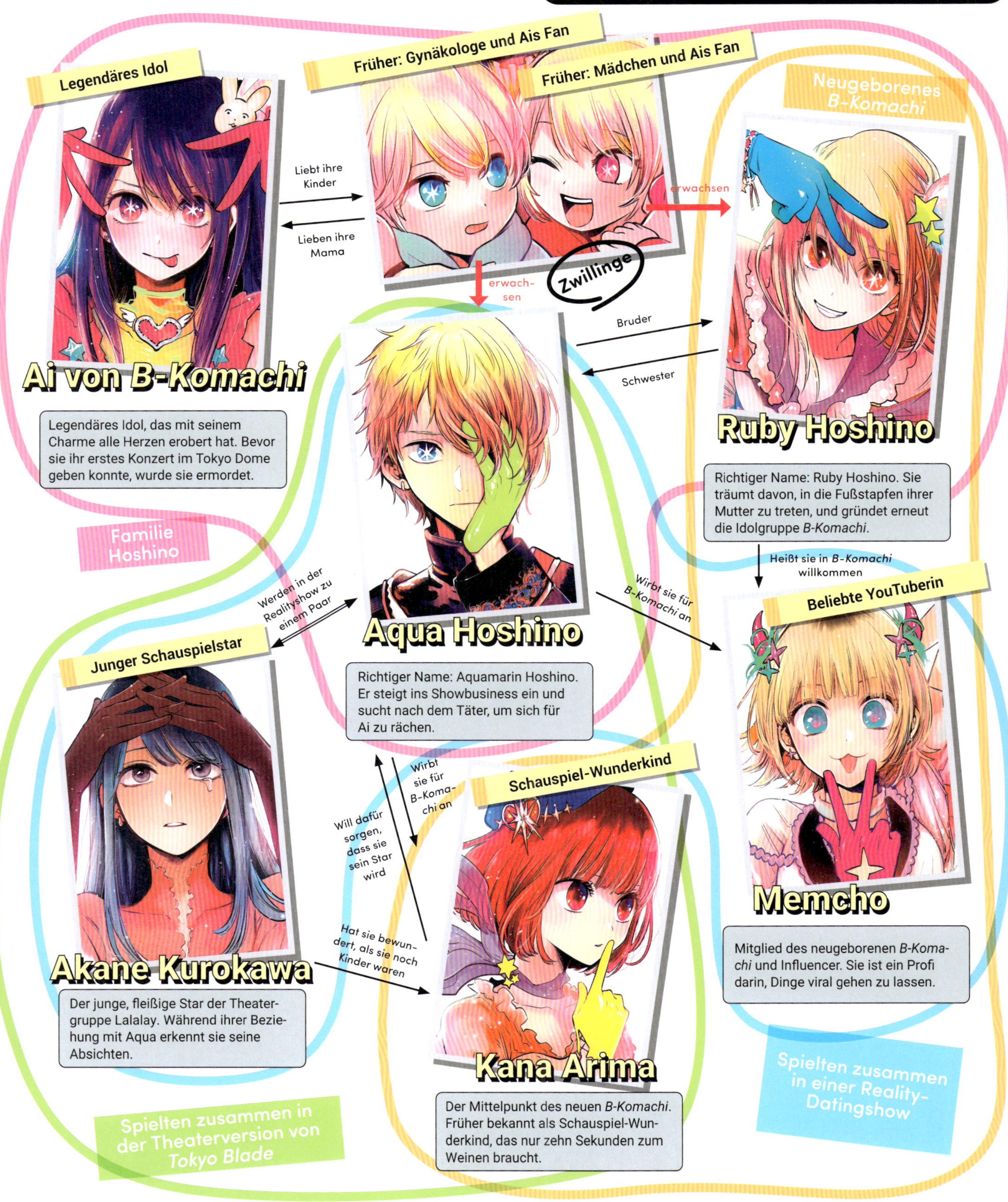

Story

Die Zwillinge Aqua und Ruby, zwei große Fans des Idols Ai Hoshino, wurden samt Erinnerung an ihr früheres Leben als deren Kinder wiedergeboren. Doch ihr glückliches Babyleben nimmt ein jähes Ende, als Ai ermordet wird. Zehn Jahre später beschließen die Zwillinge, ins Showbusiness einzusteigen – Ruby, um so zu strahlen wie Ai, und Aqua, um Rache zu nehmen. Aqua gewinnt durch eine Realityshow, in welcher er mit der jungen Schauspielerin Akane auftritt, an Popularität und führt neben seiner Arbeit im Showbusiness die Suche nach Ais Mörder fort. Ruby gründet indessen mit dem ehemaligen Schauspiel-Wunderkind Kana und der YouTuberin Memcho die Gruppe *B-Komachi* neu und beginnt ihre Karriere als Idol.
Was erwartet die Zwillinge auf ihrem Weg durchs Showbusiness?

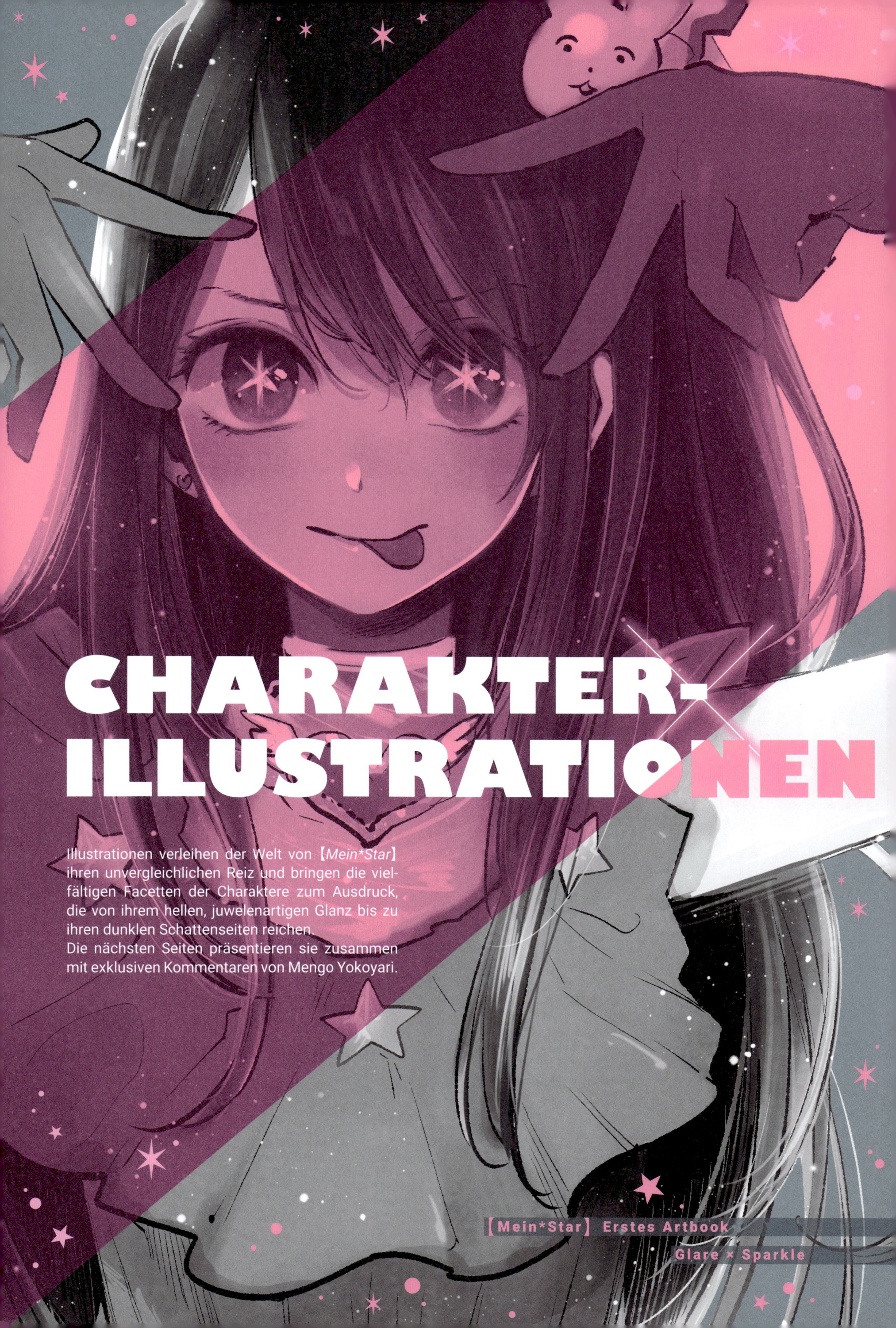

CHARAKTER-ILLUSTRATIONEN

Illustrationen verleihen der Welt von 【*Mein*Star*】 ihren unvergleichlichen Reiz und bringen die vielfältigen Facetten der Charaktere zum Ausdruck, die von ihrem hellen, juwelenartigen Glanz bis zu ihren dunklen Schattenseiten reichen.
Die nächsten Seiten präsentieren sie zusammen mit exklusiven Kommentaren von Mengo Yokoyari.

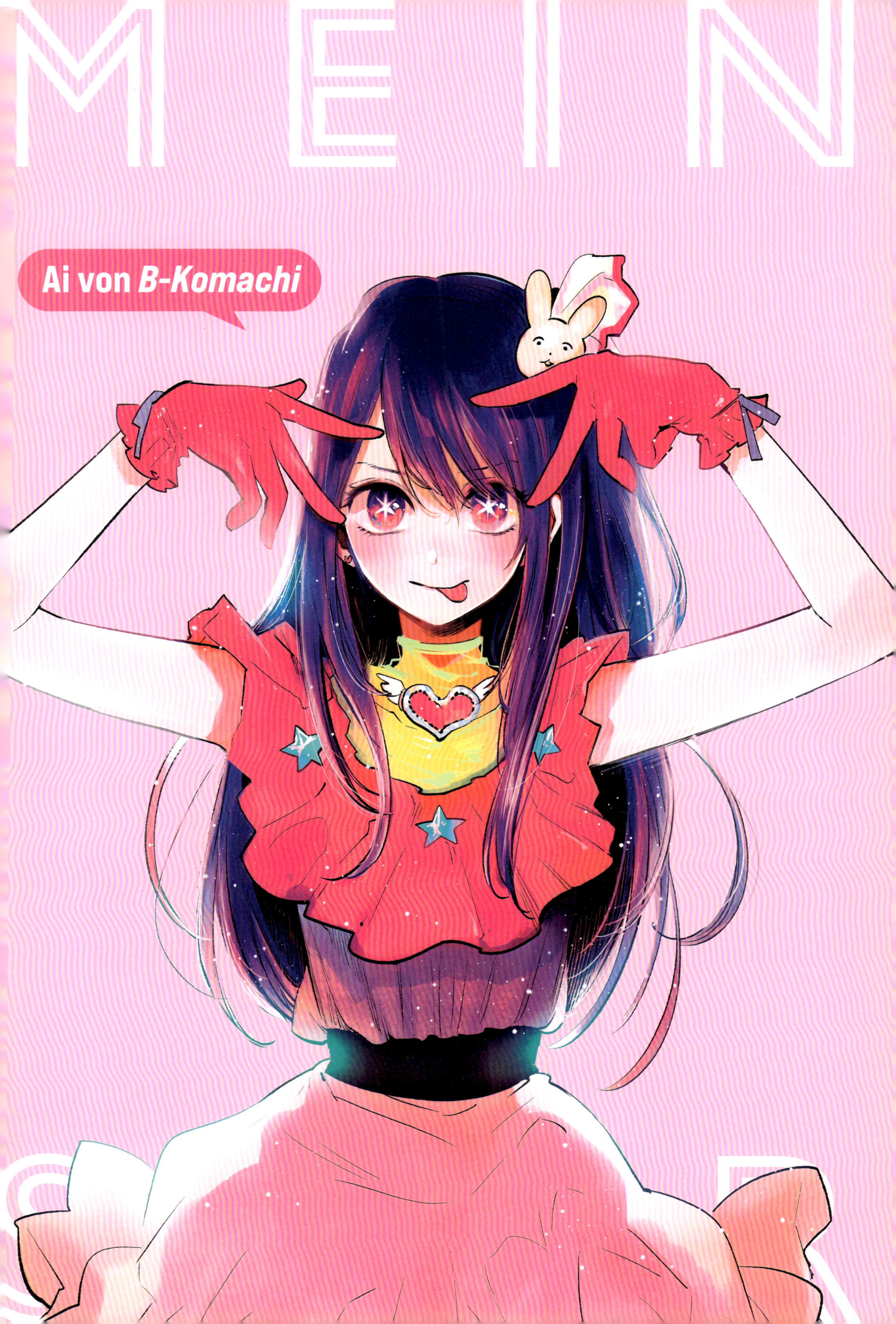
MEIN
Ai von B-Komachi

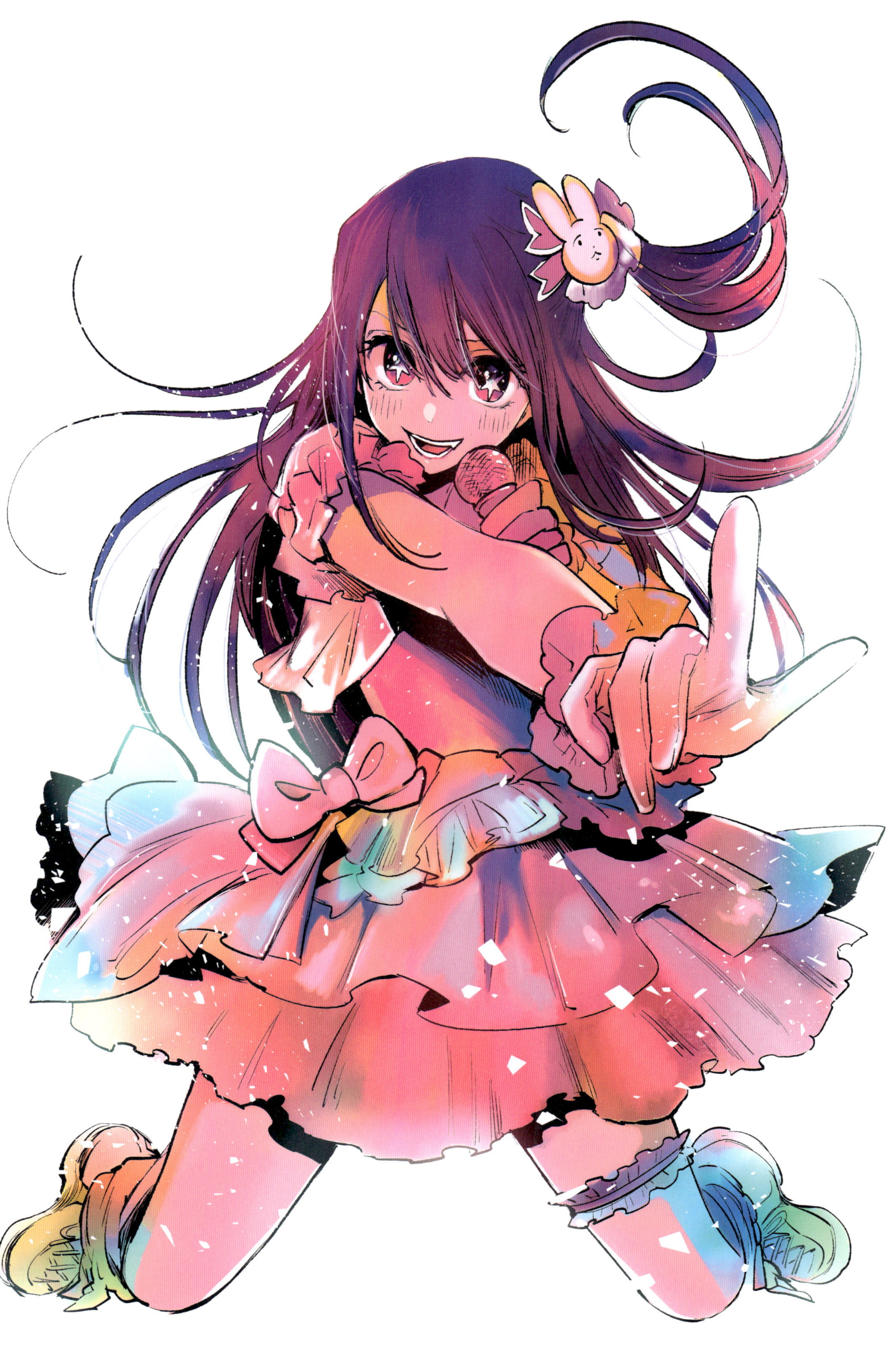

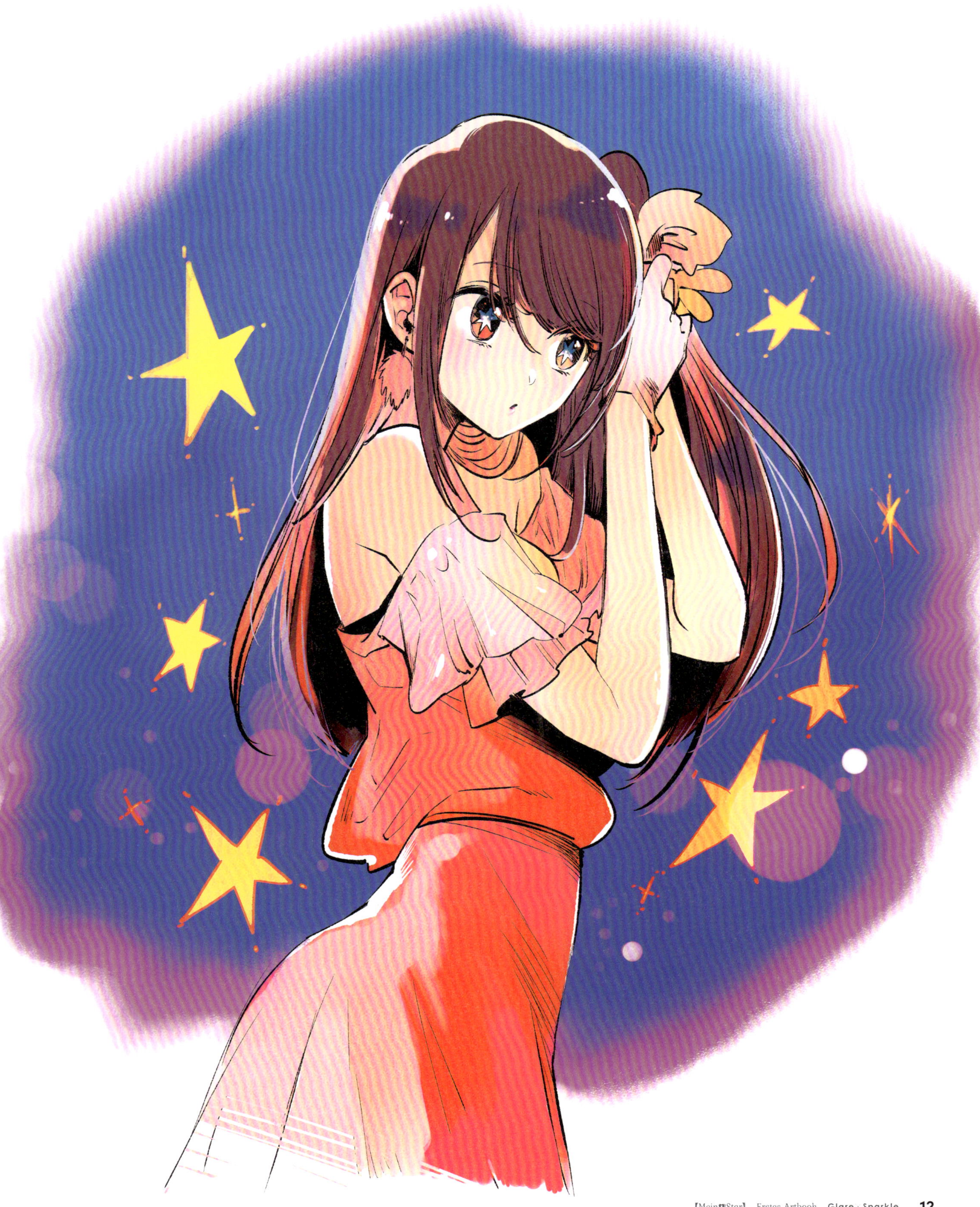

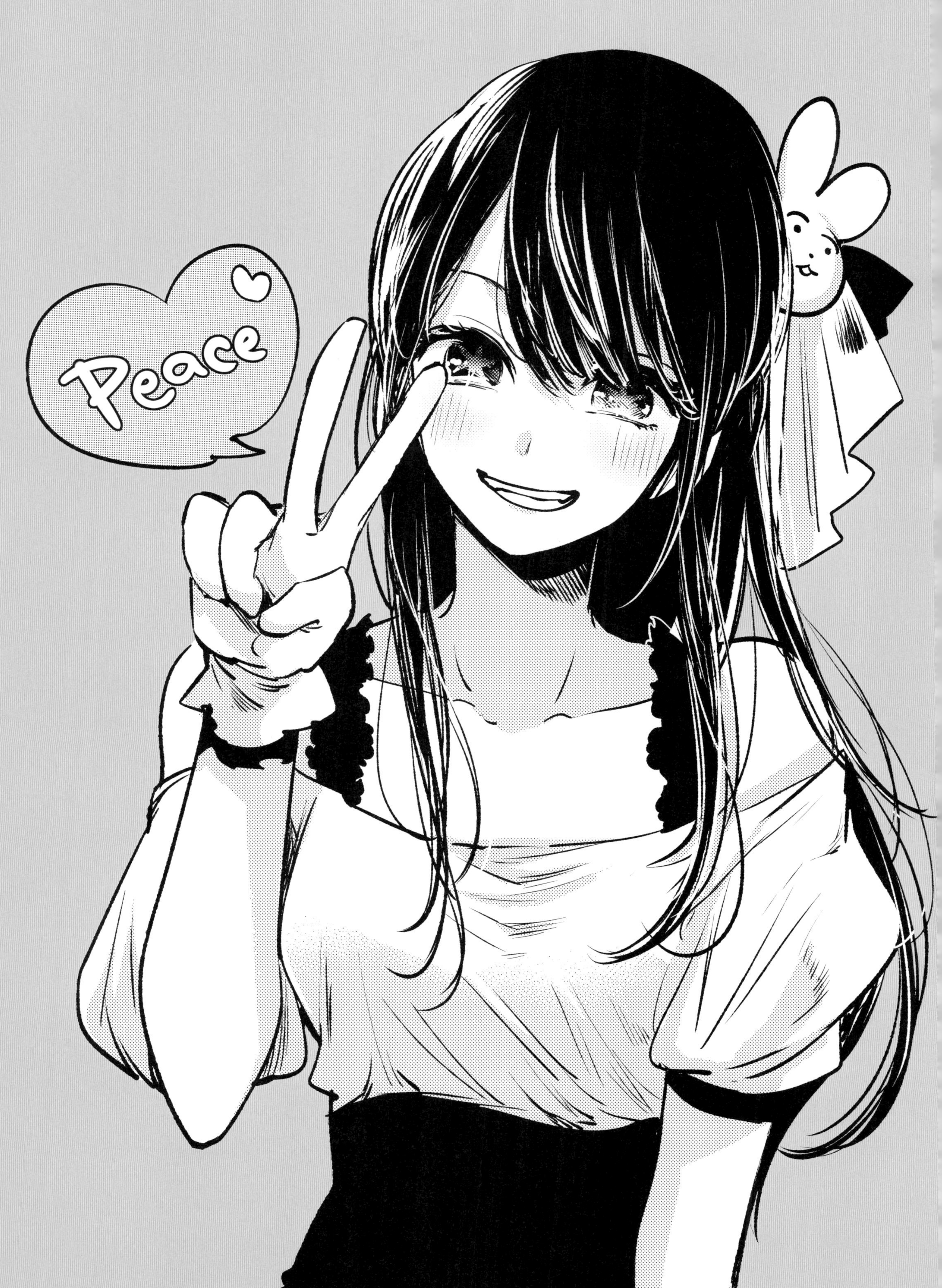
Peace

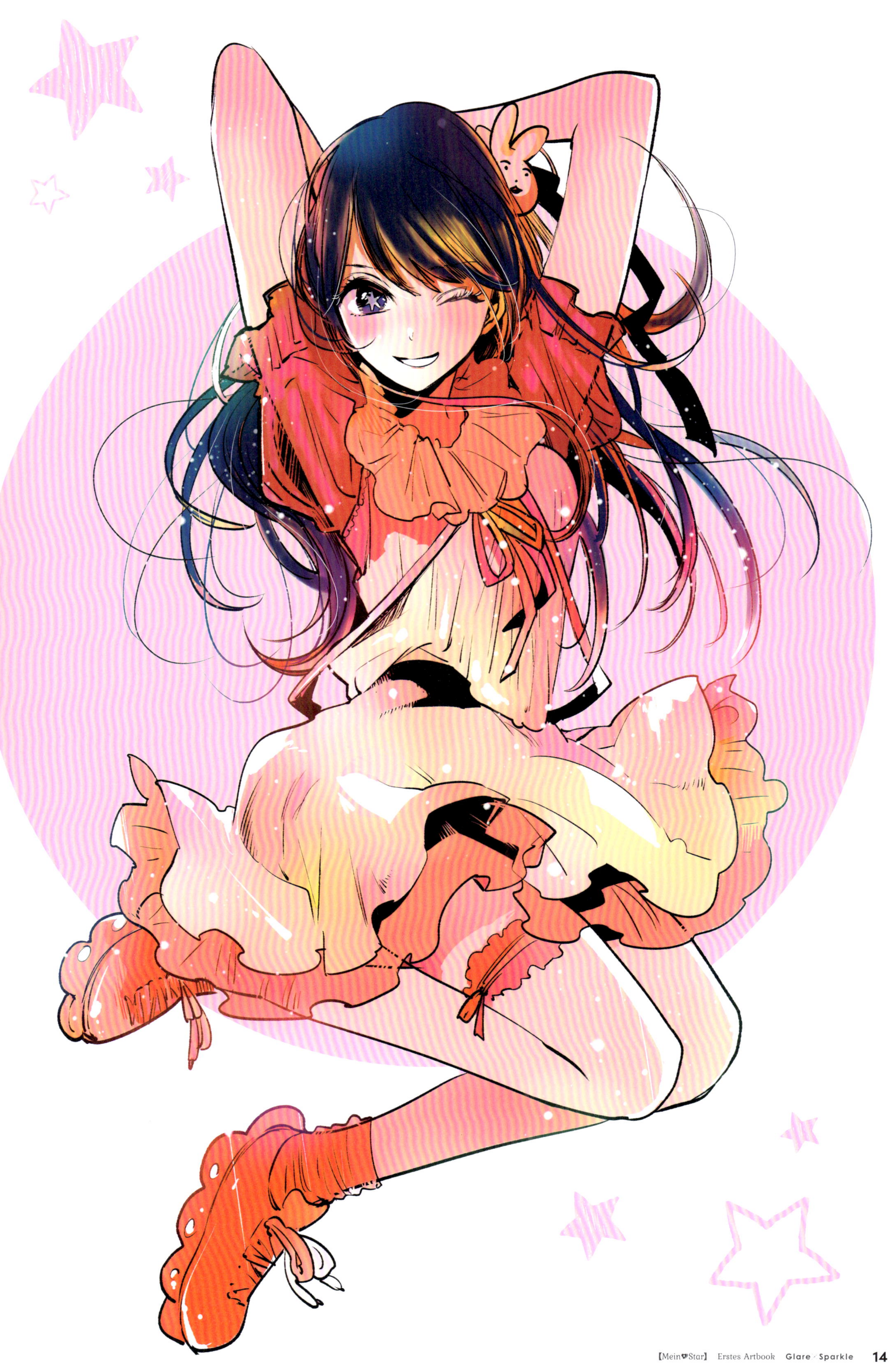

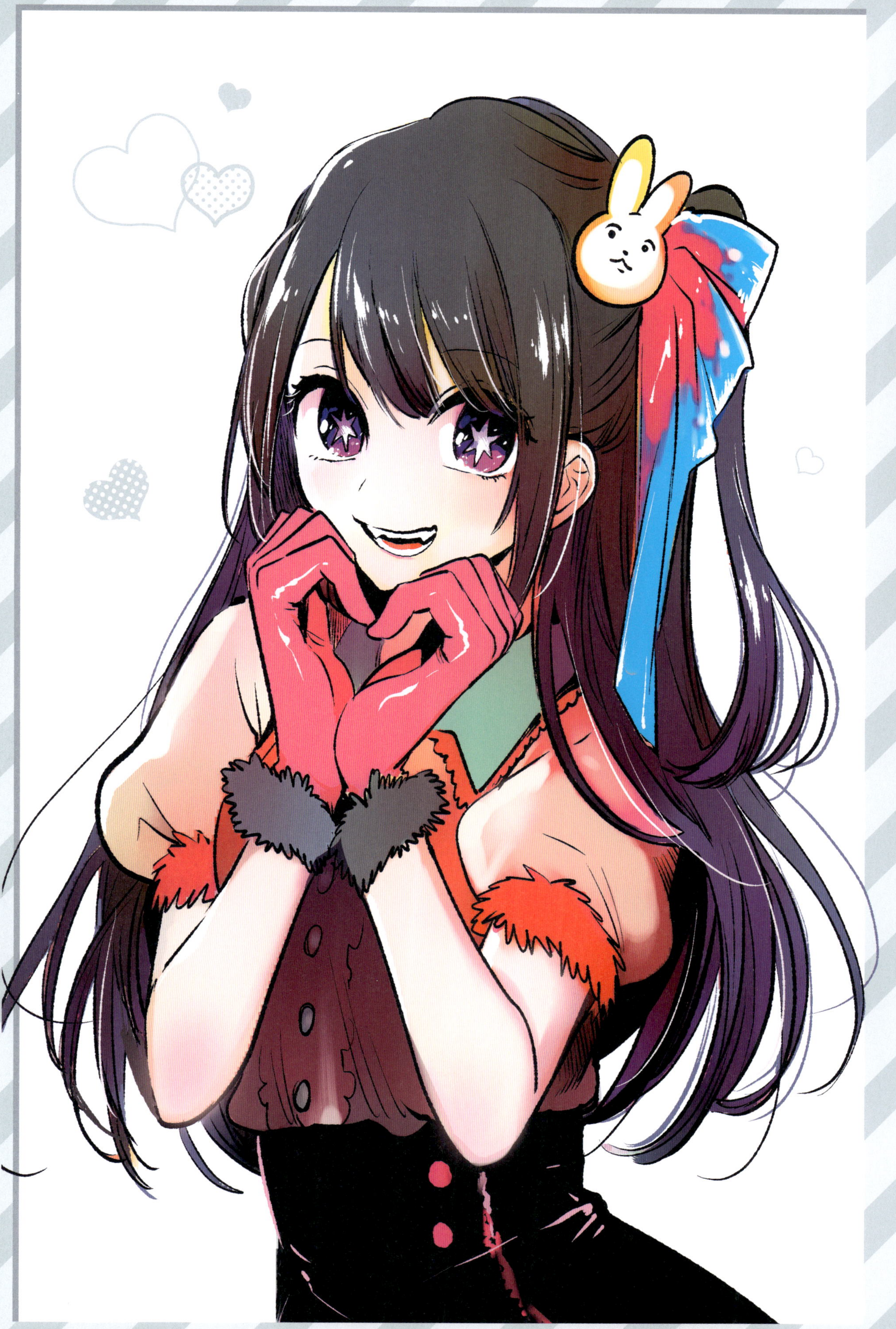

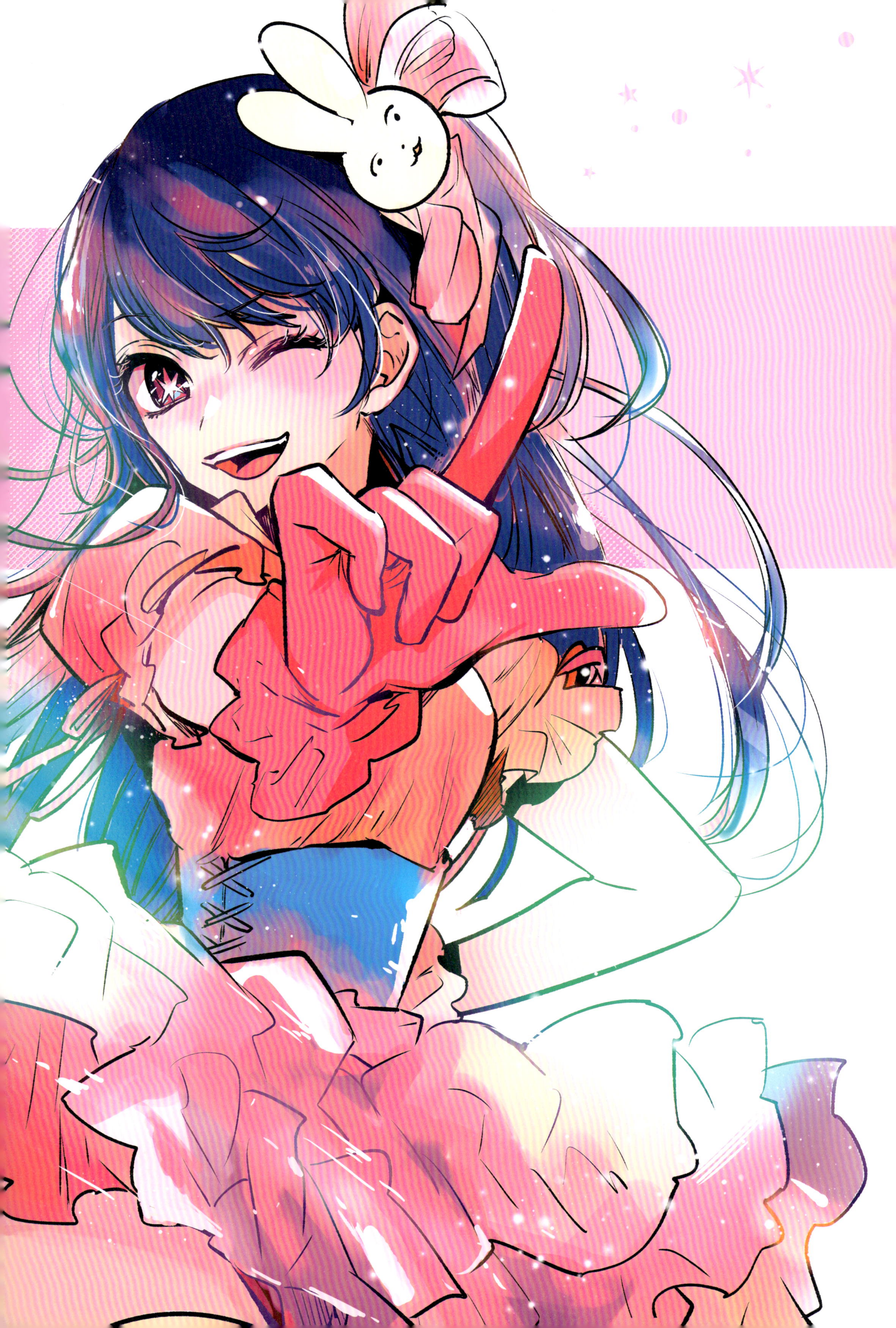

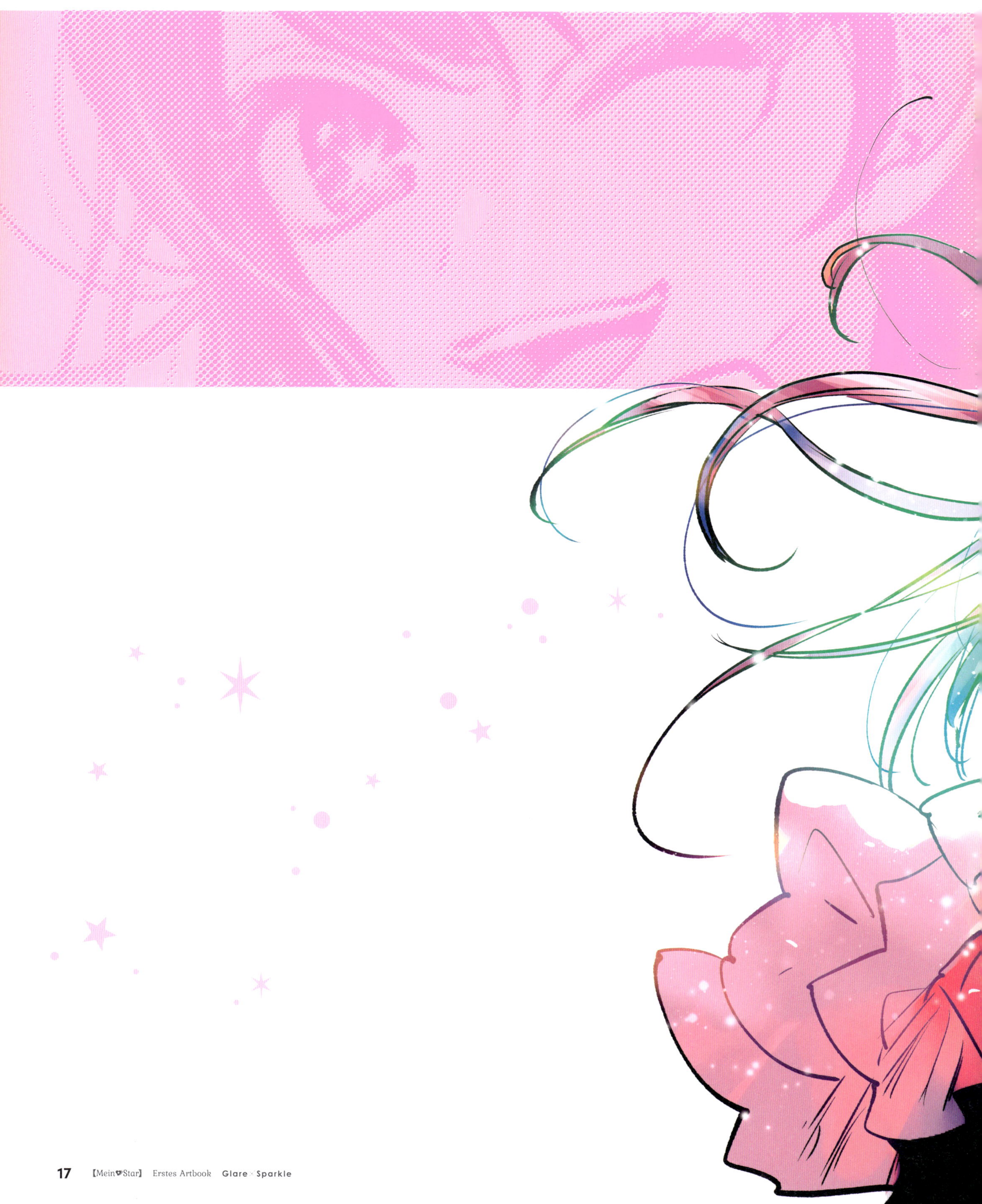

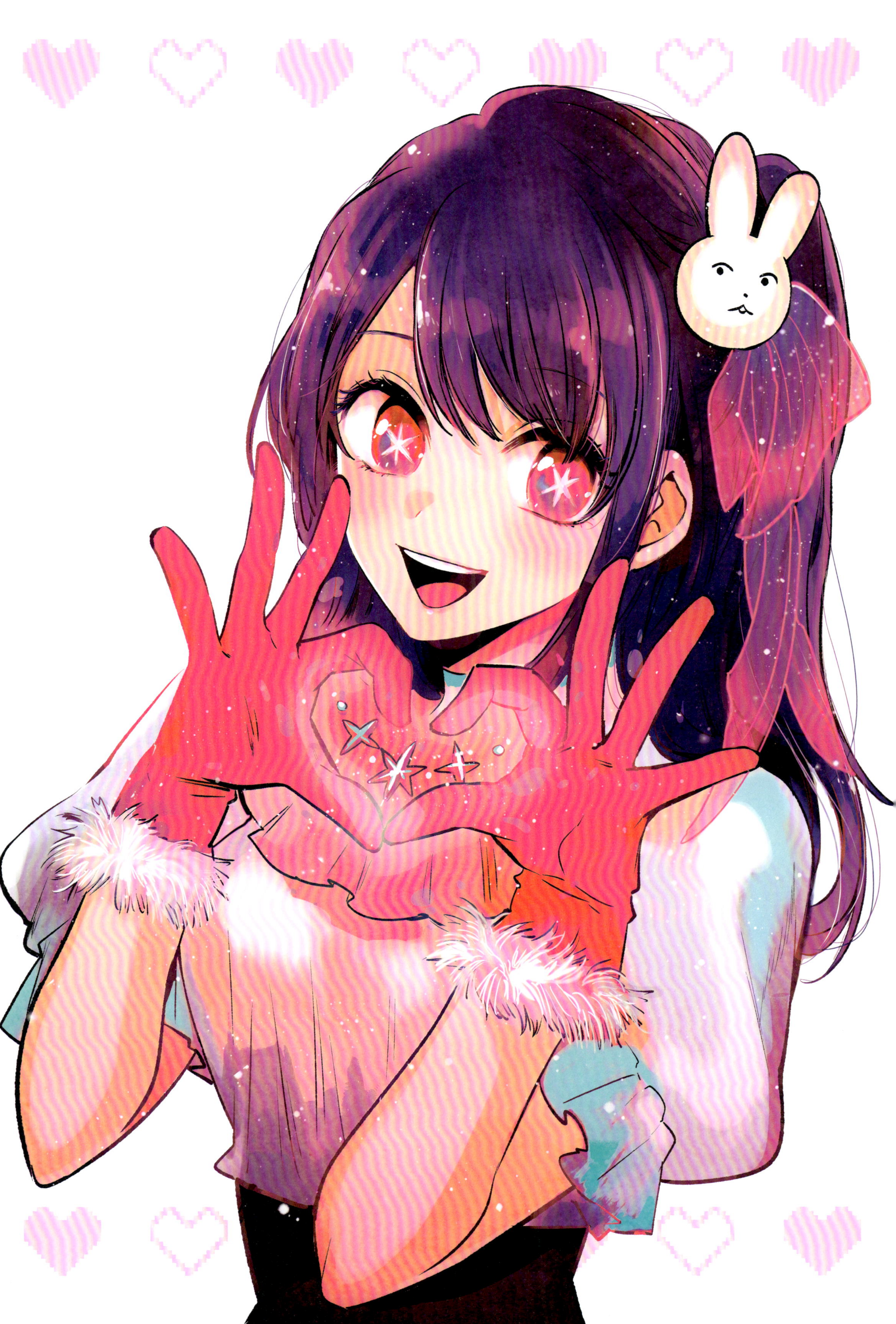

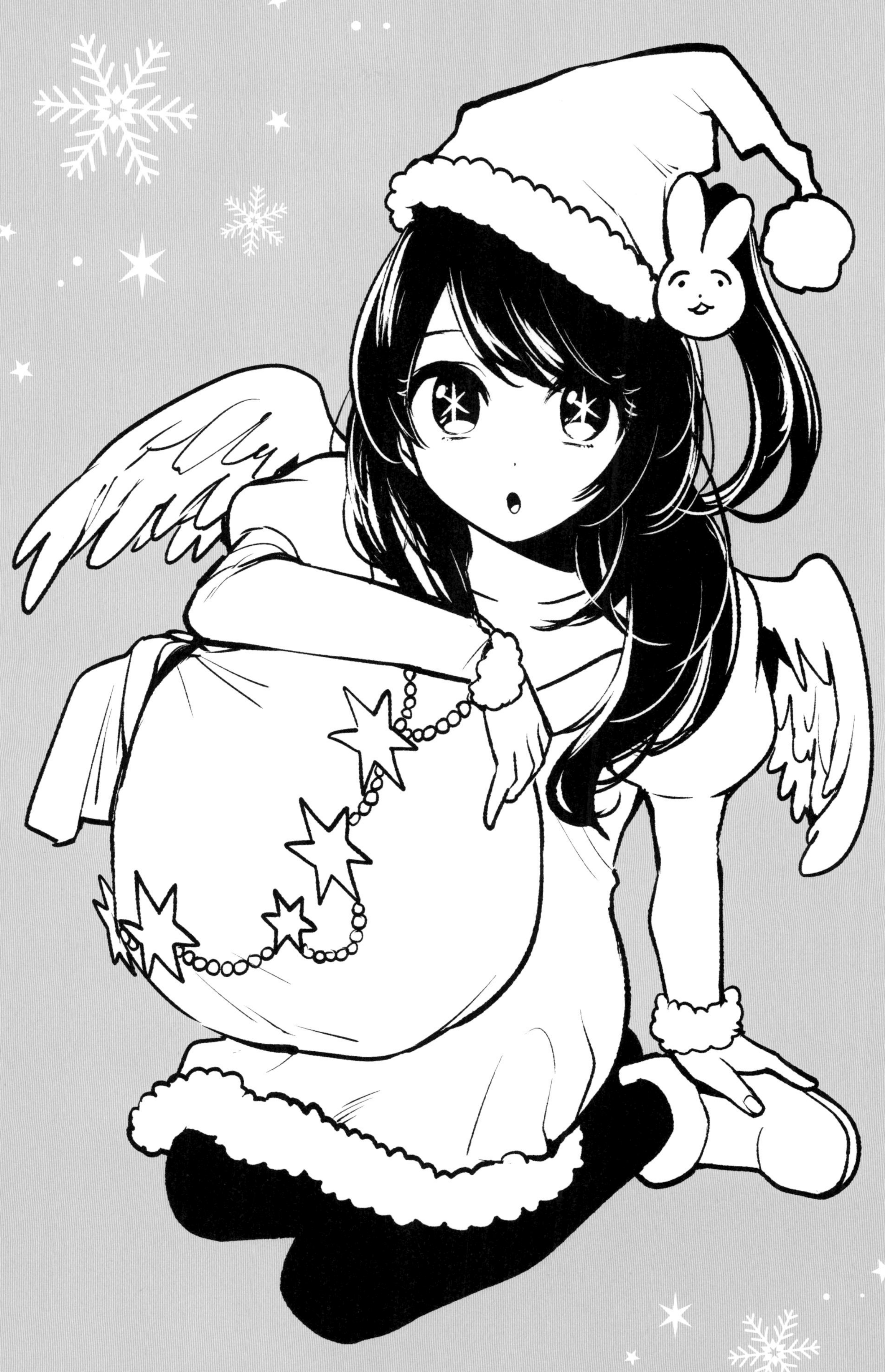

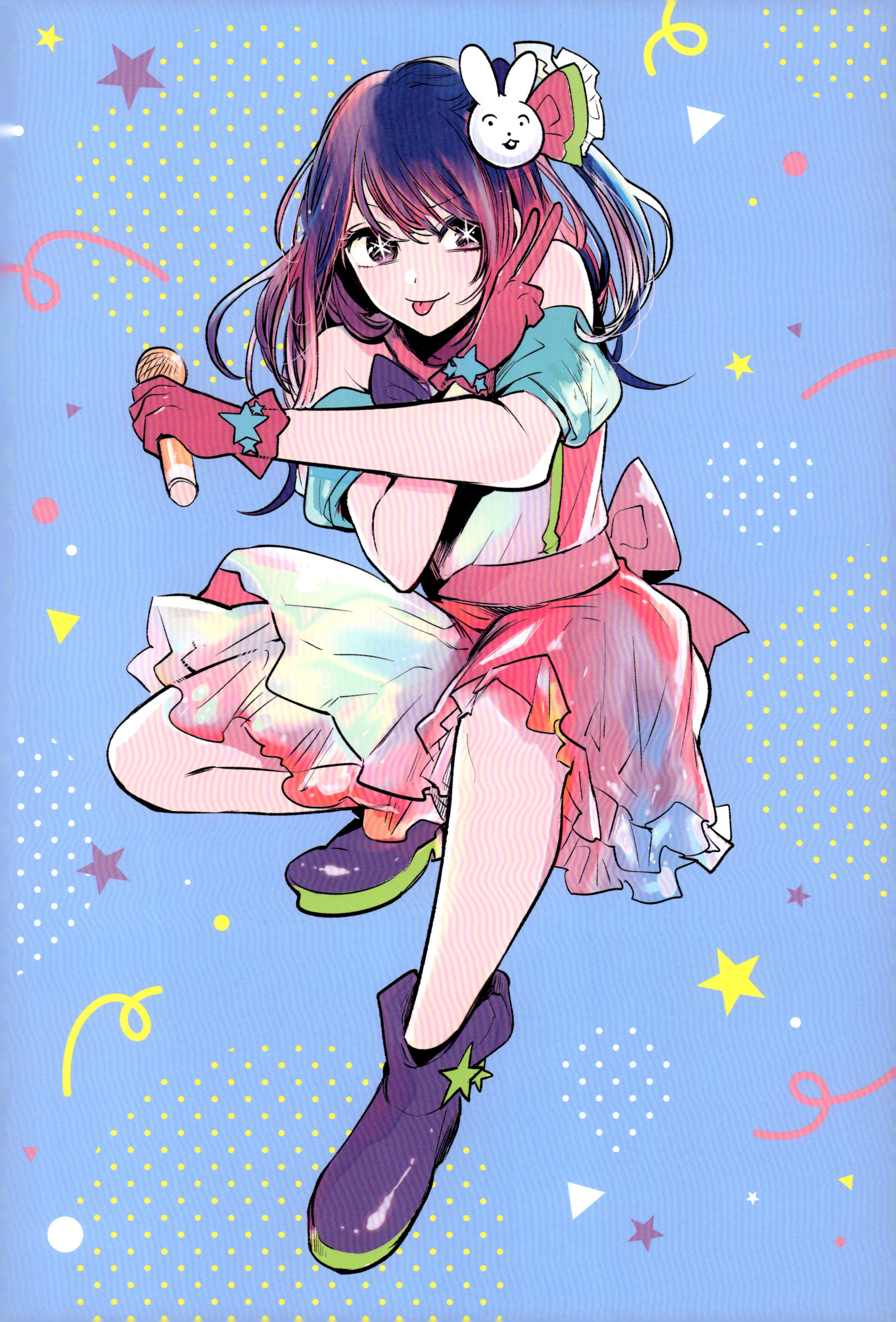

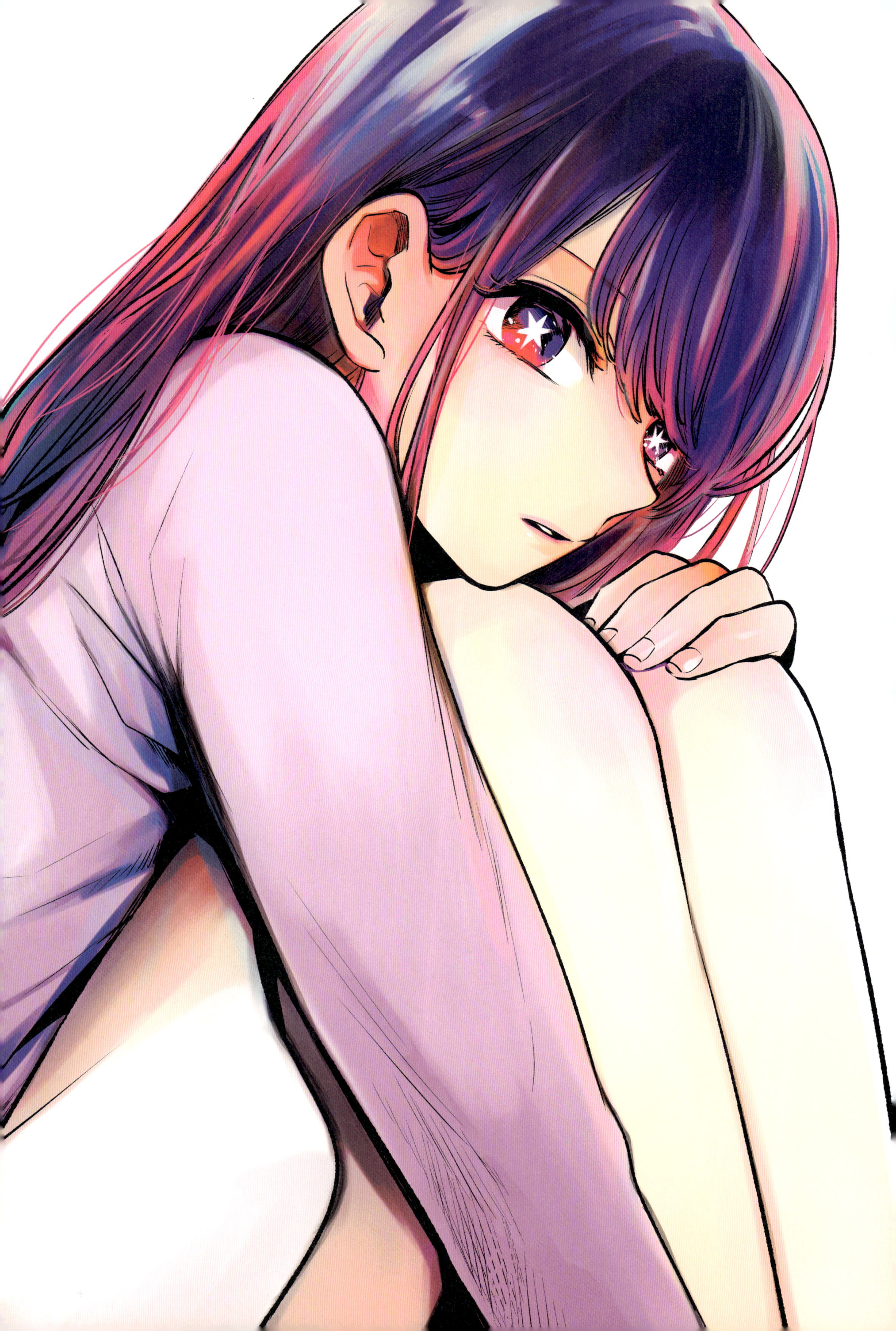

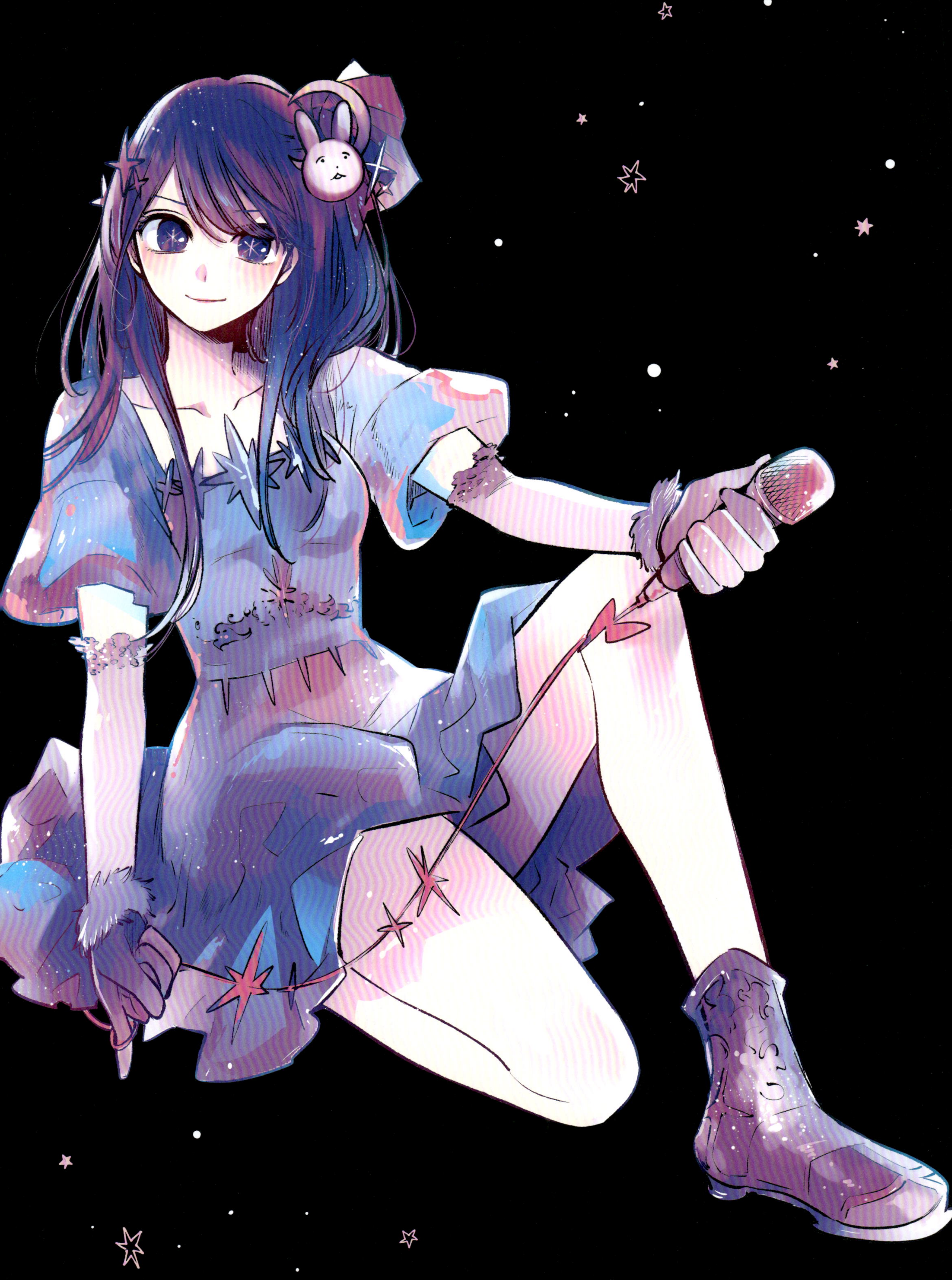

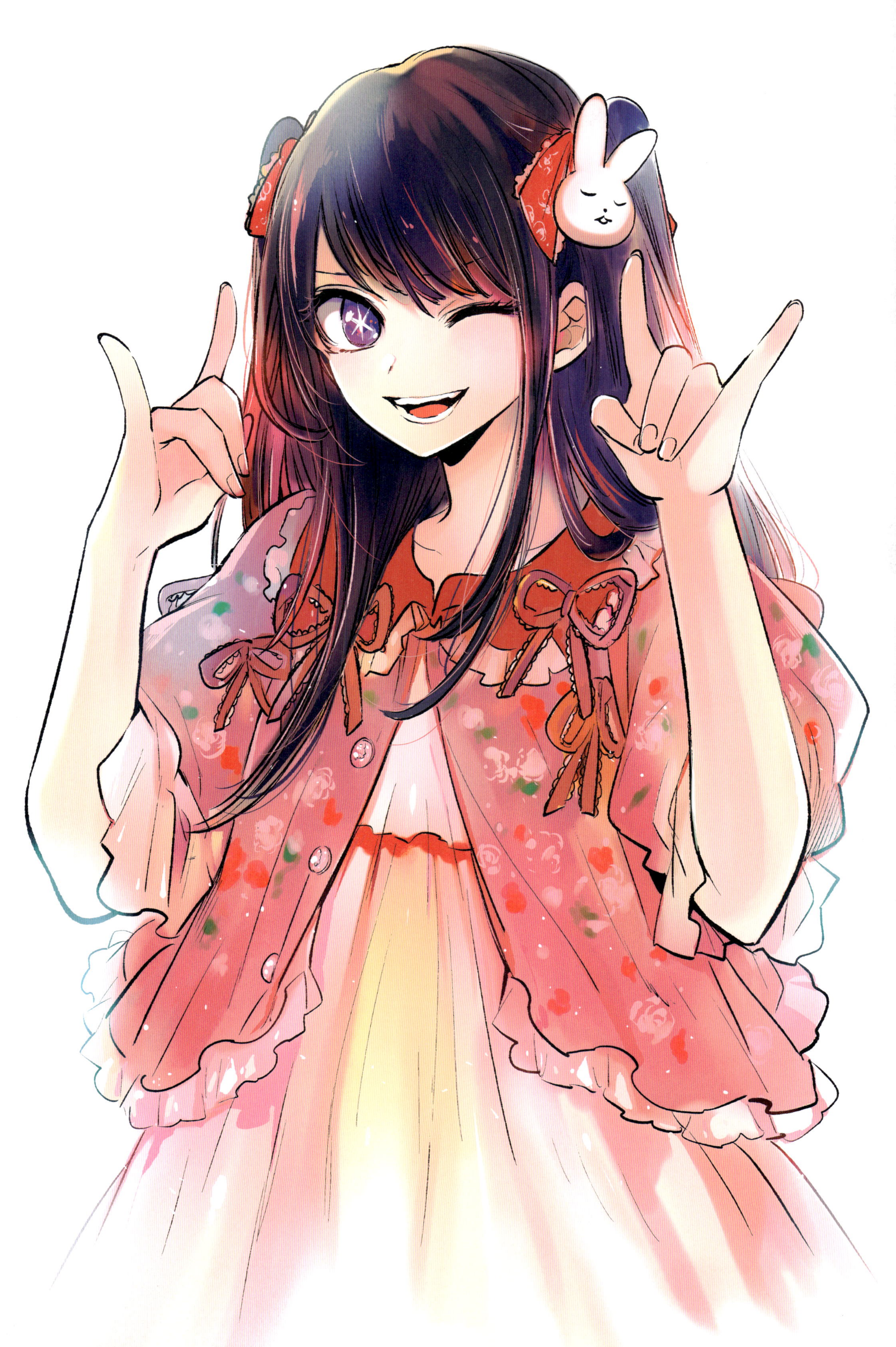

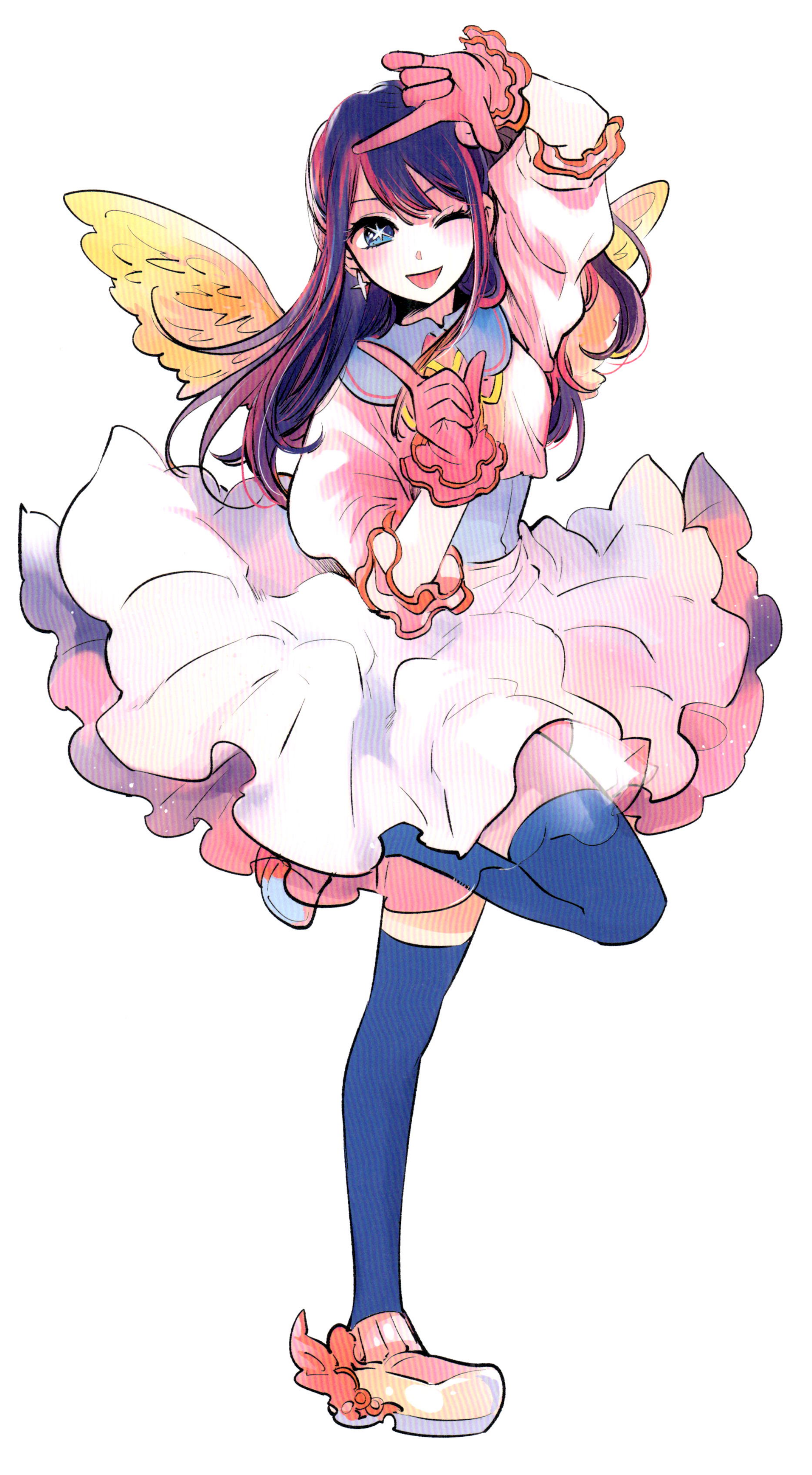

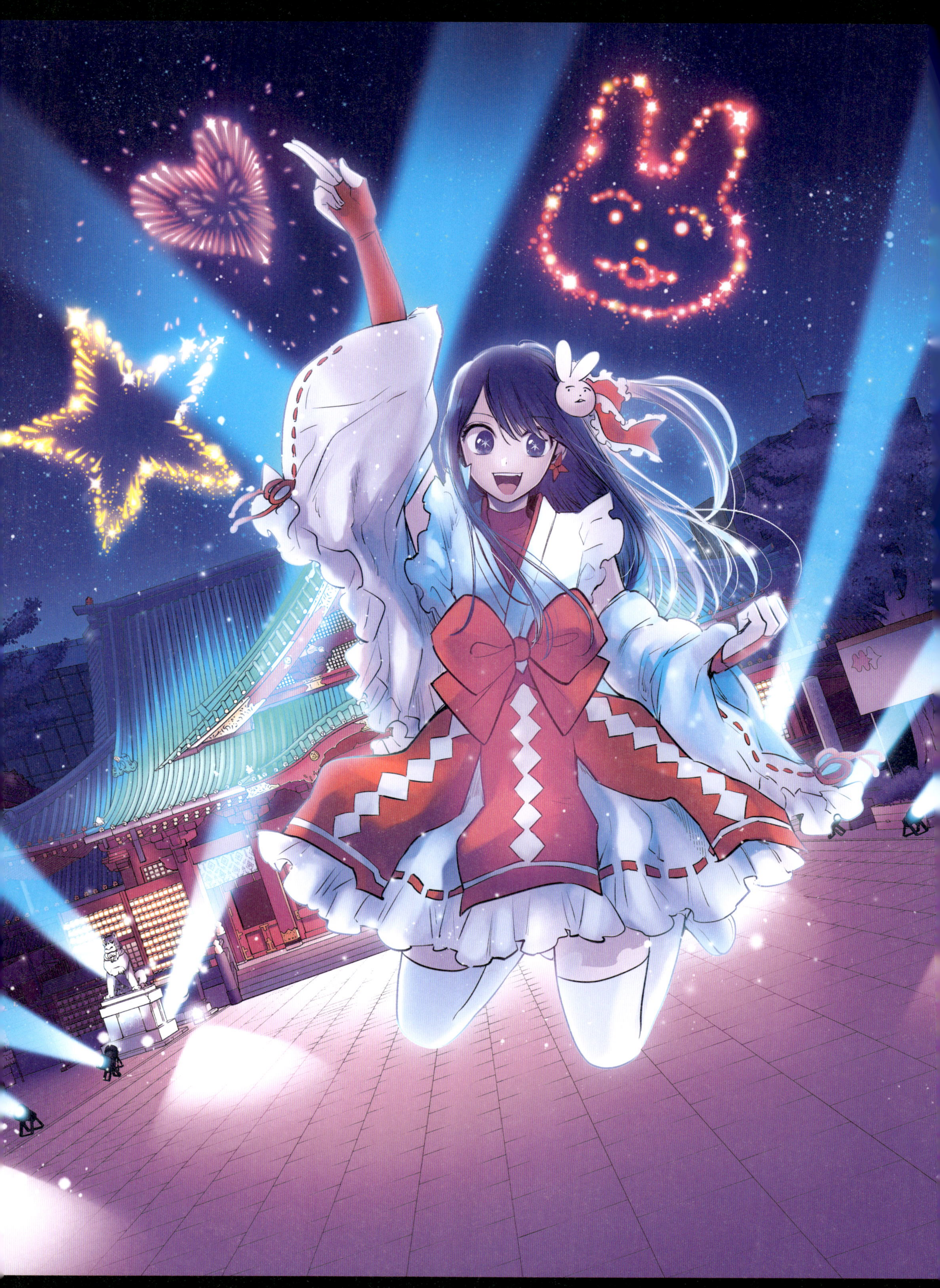

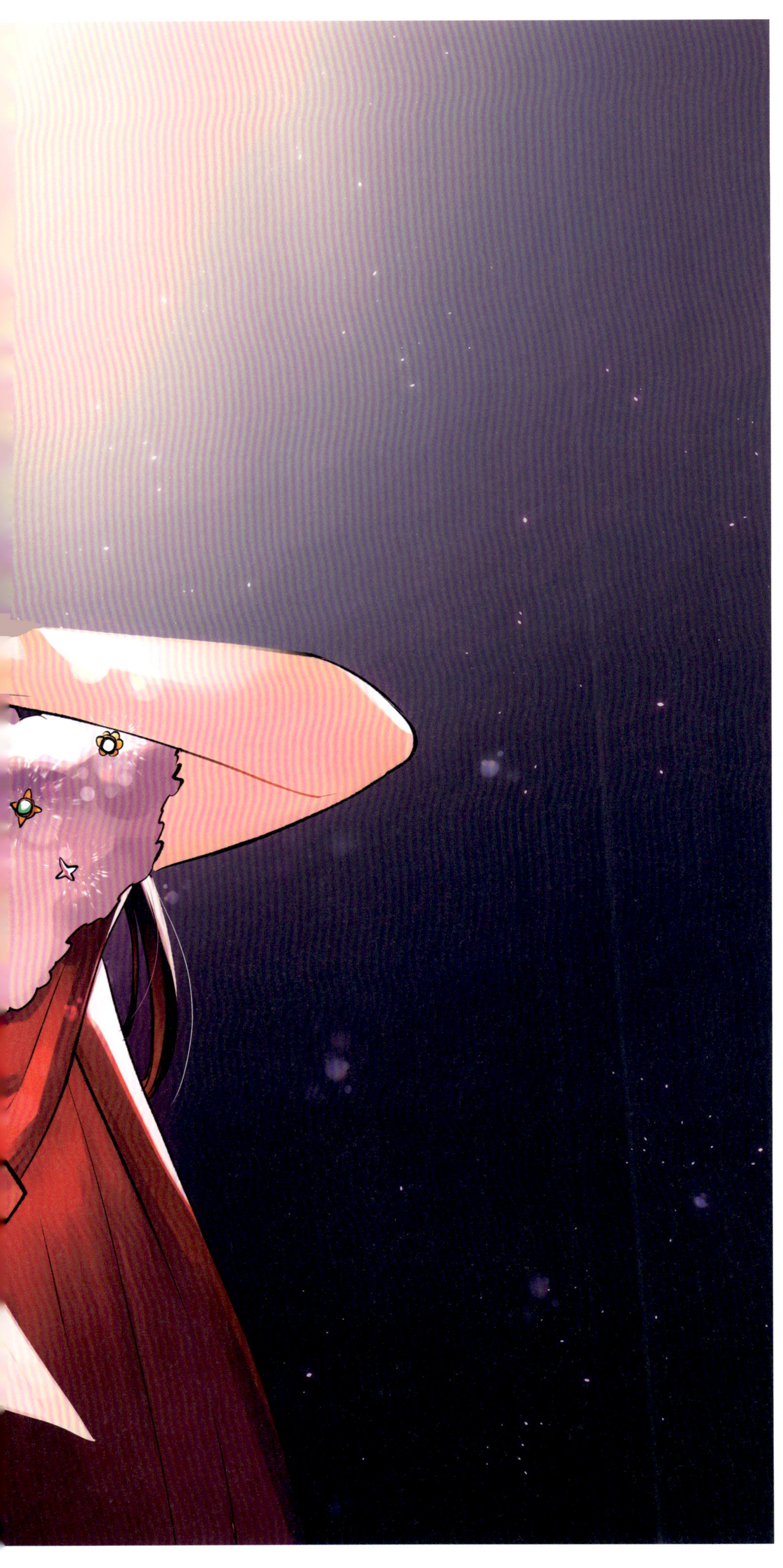

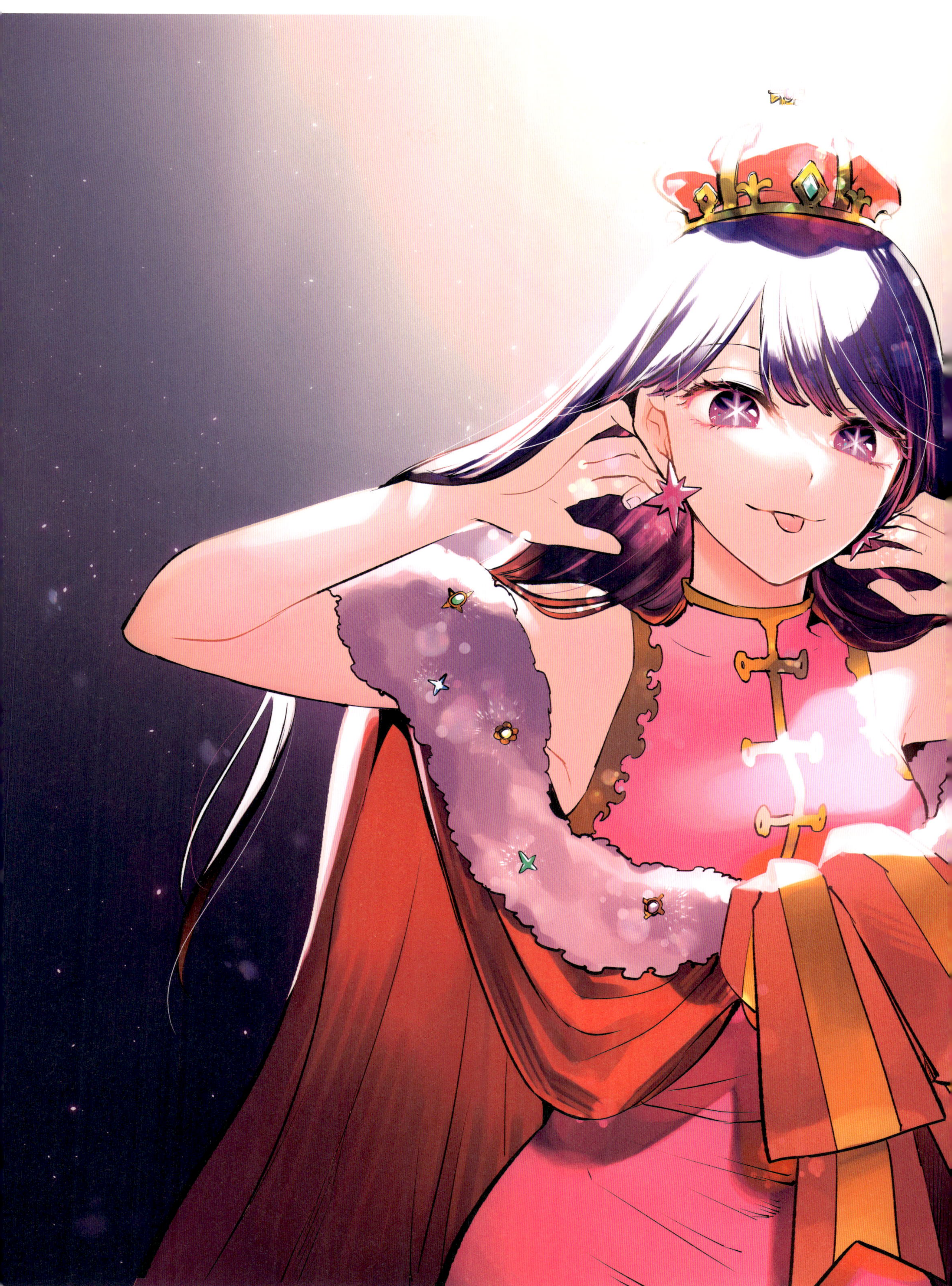

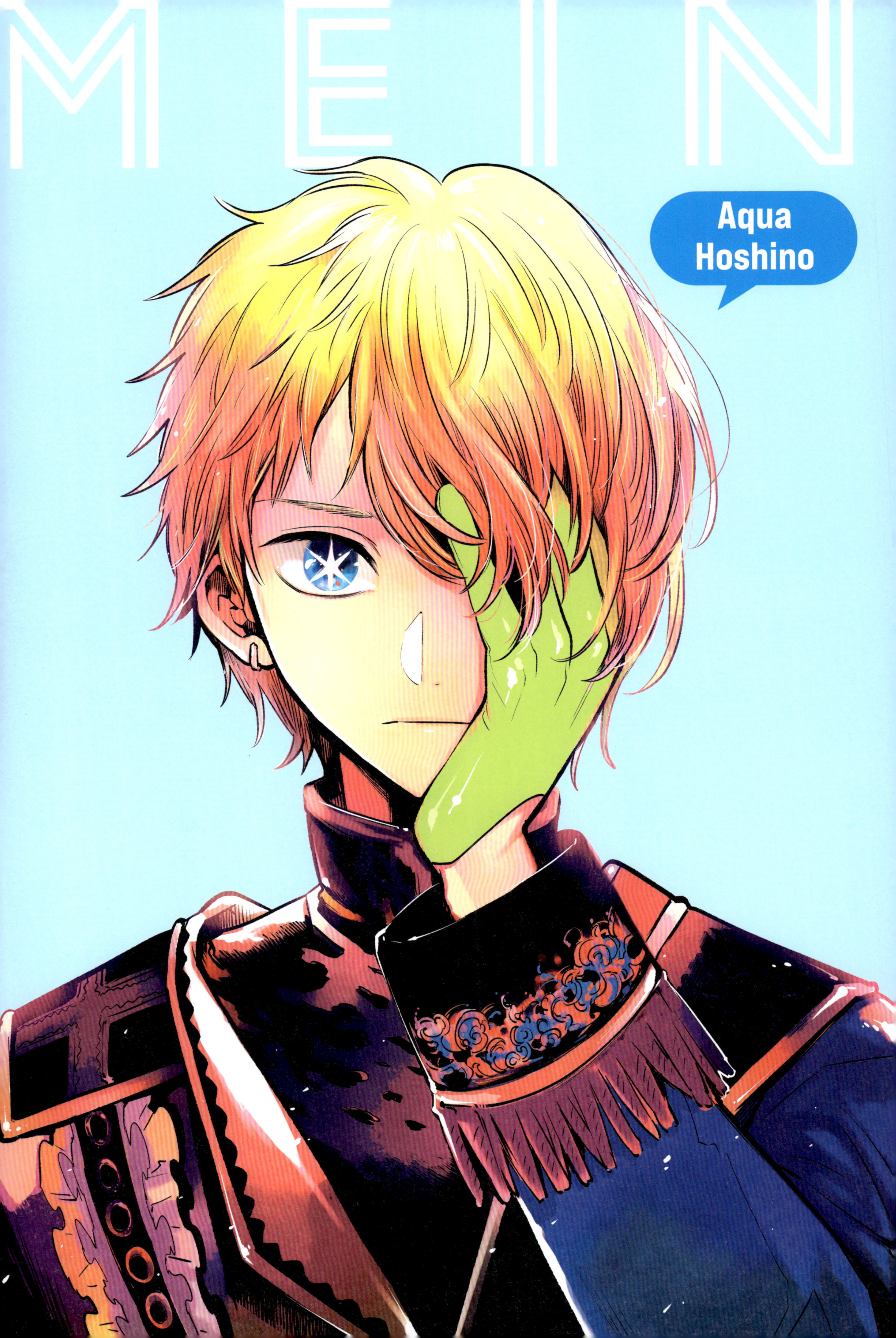
MEIN
Aqua
Hoshino

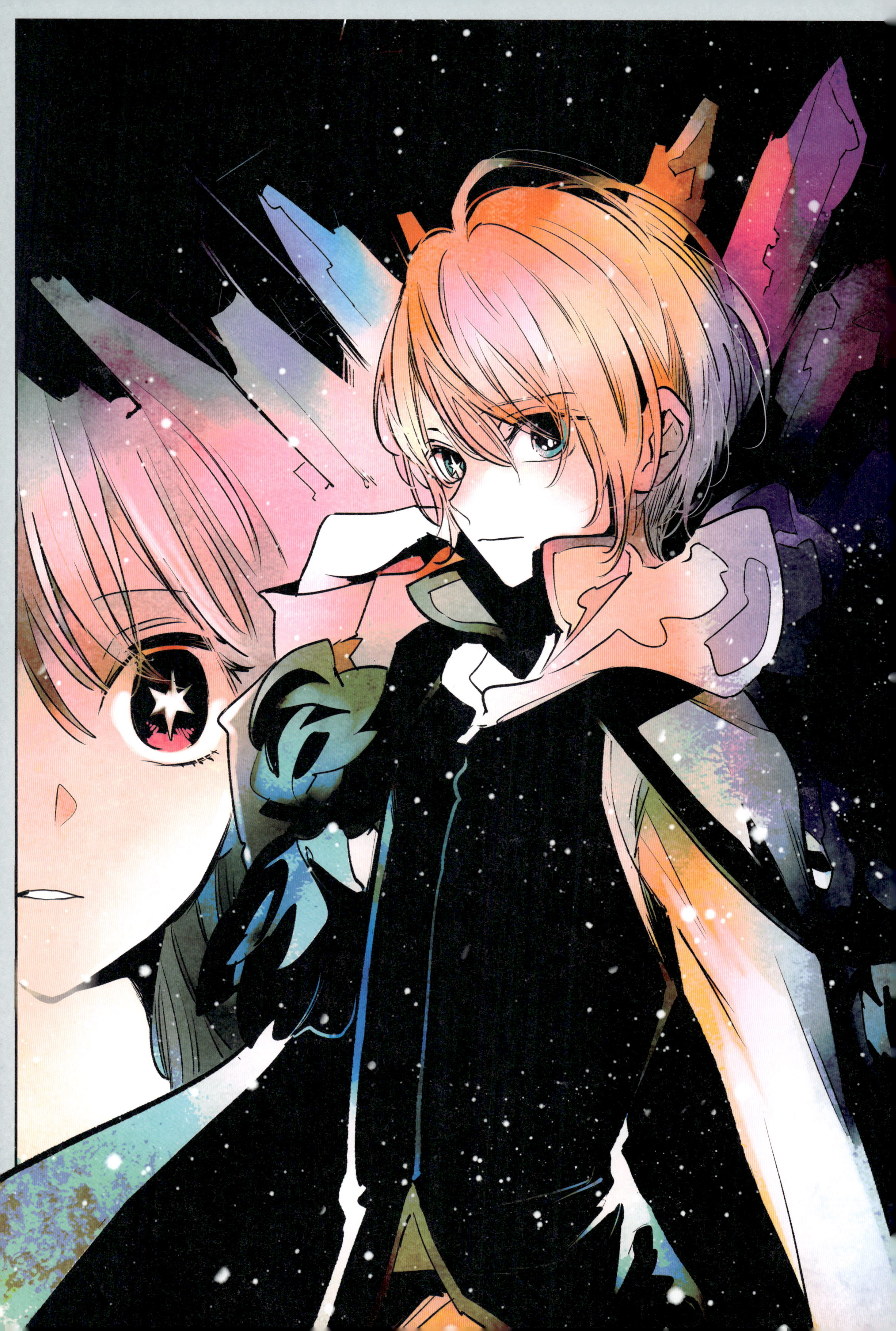

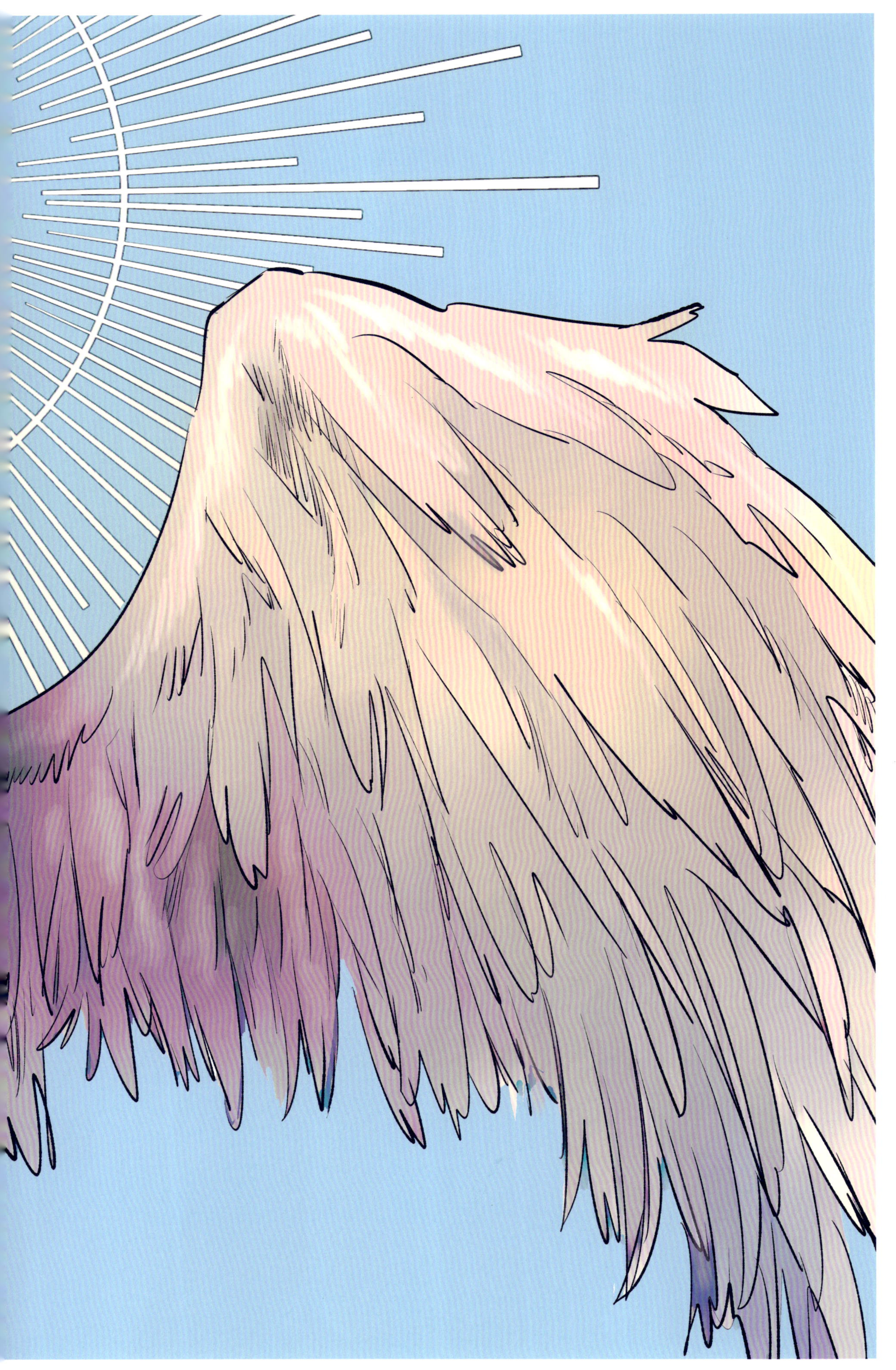

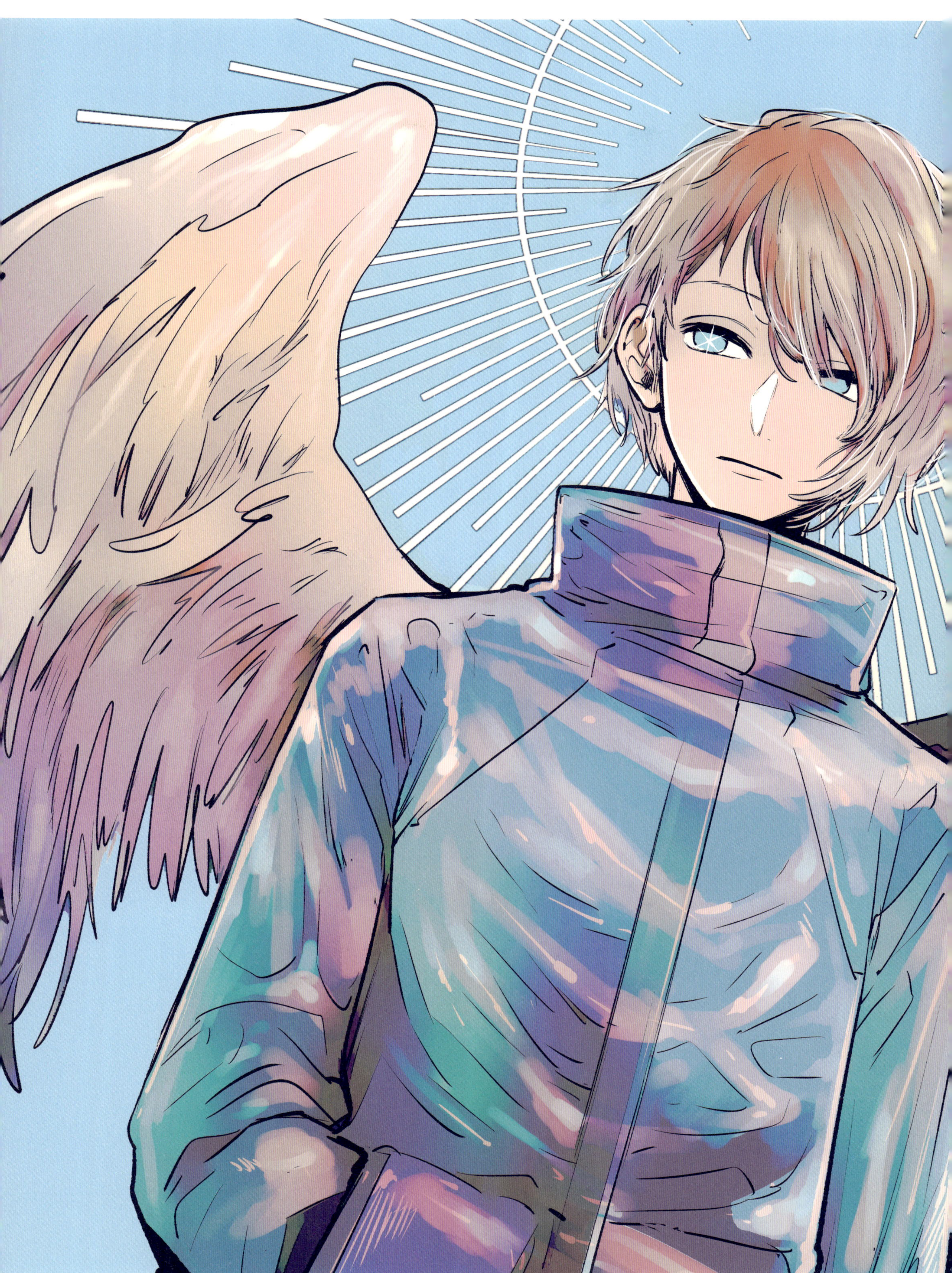

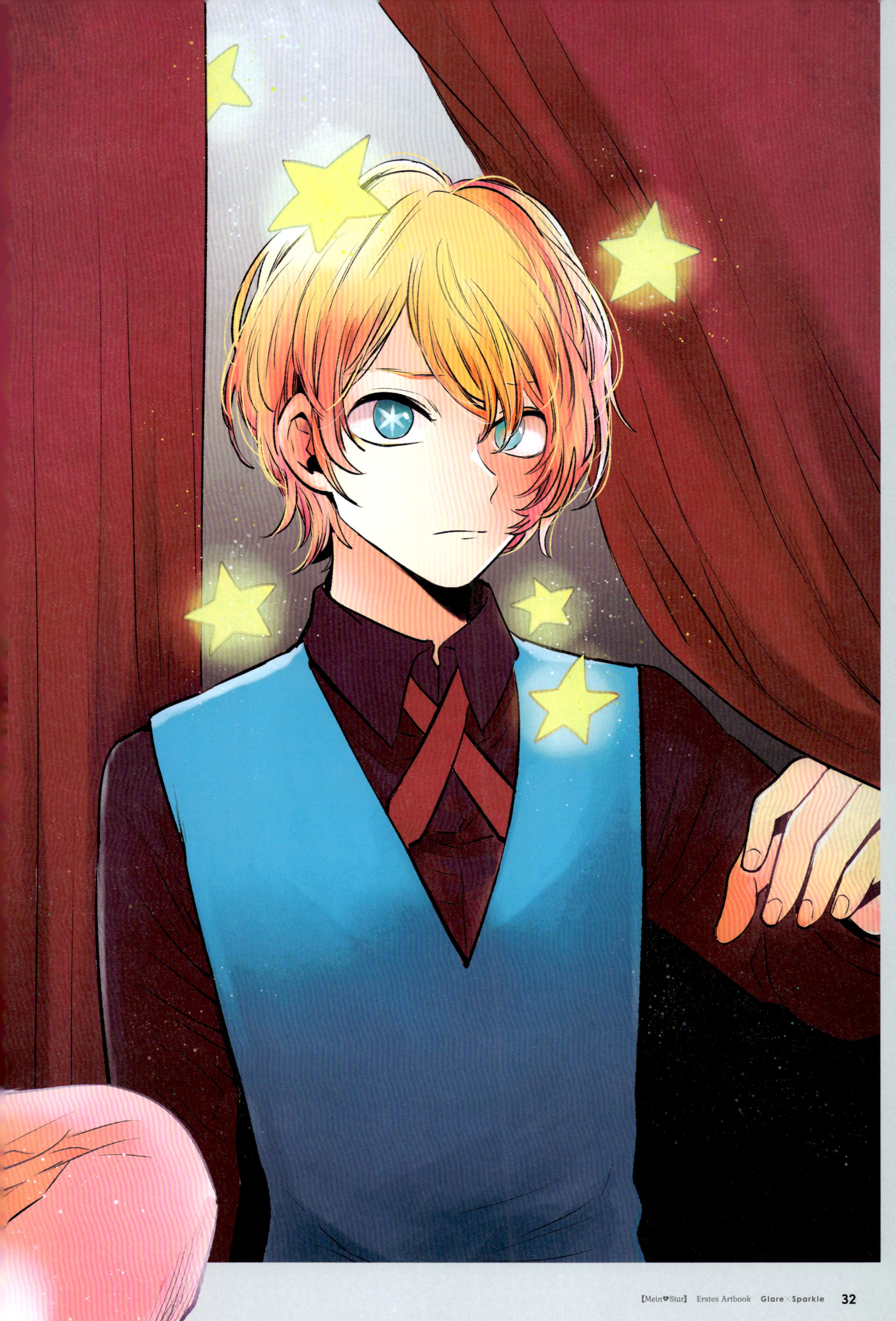

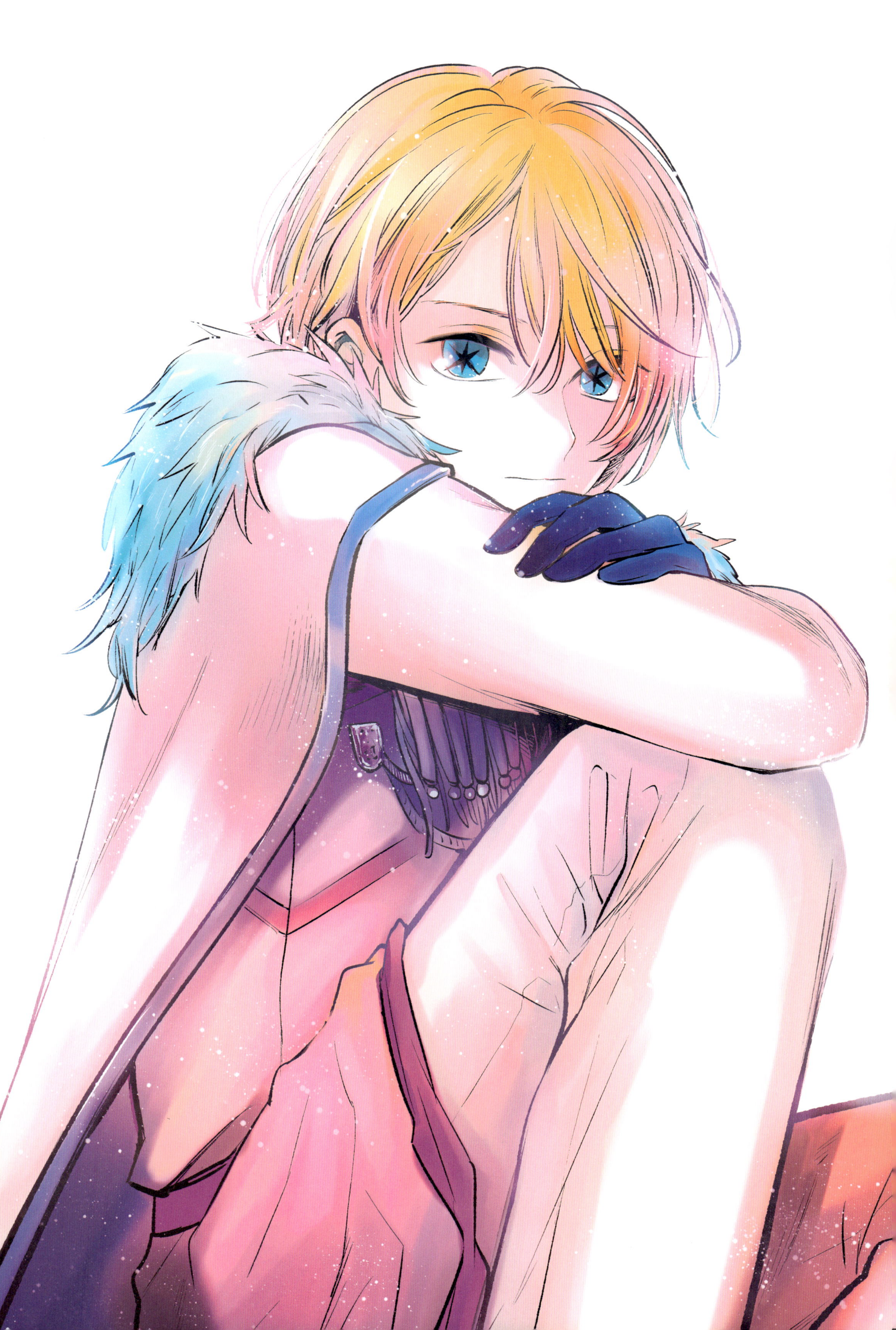

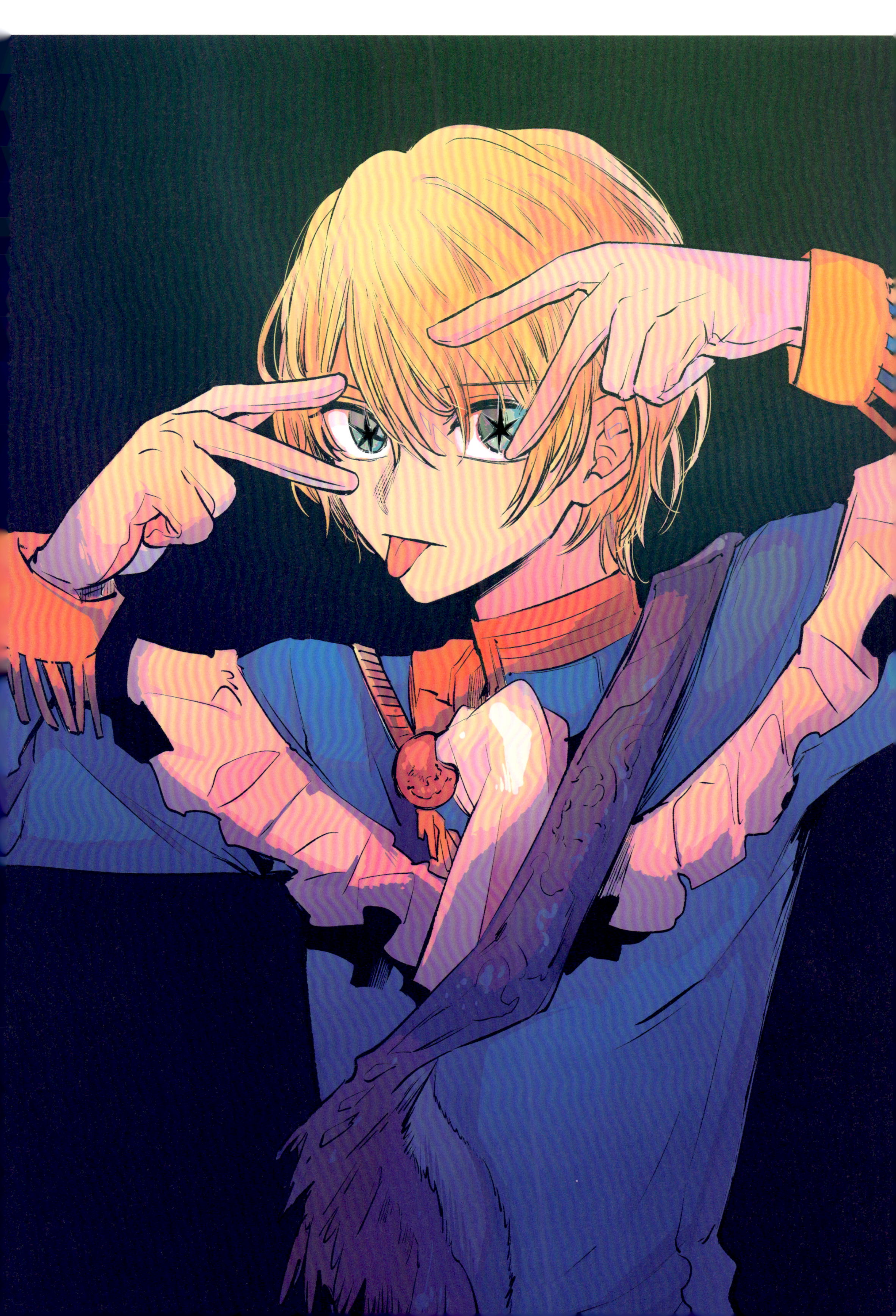

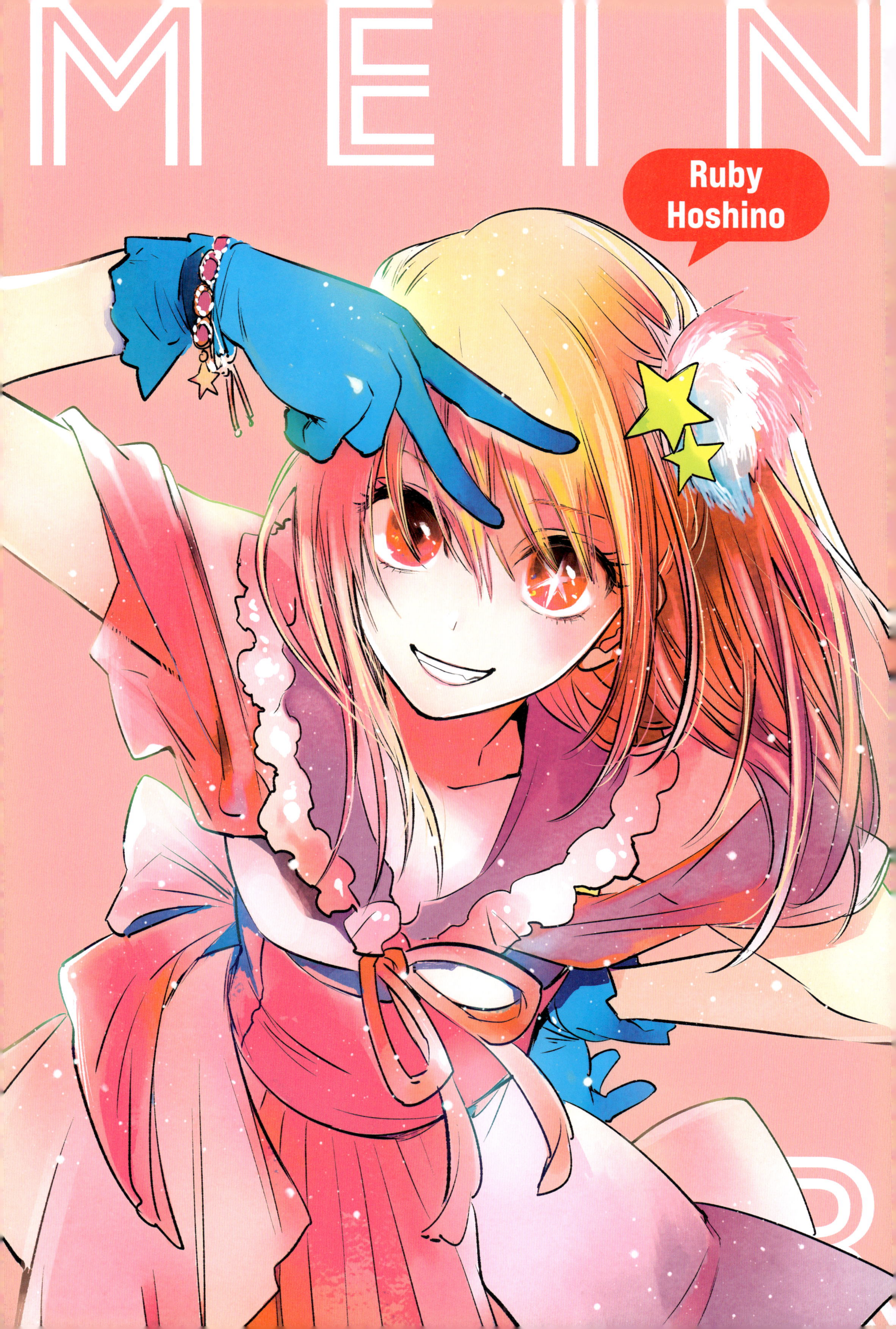
MEIN
Ruby
Hoshino

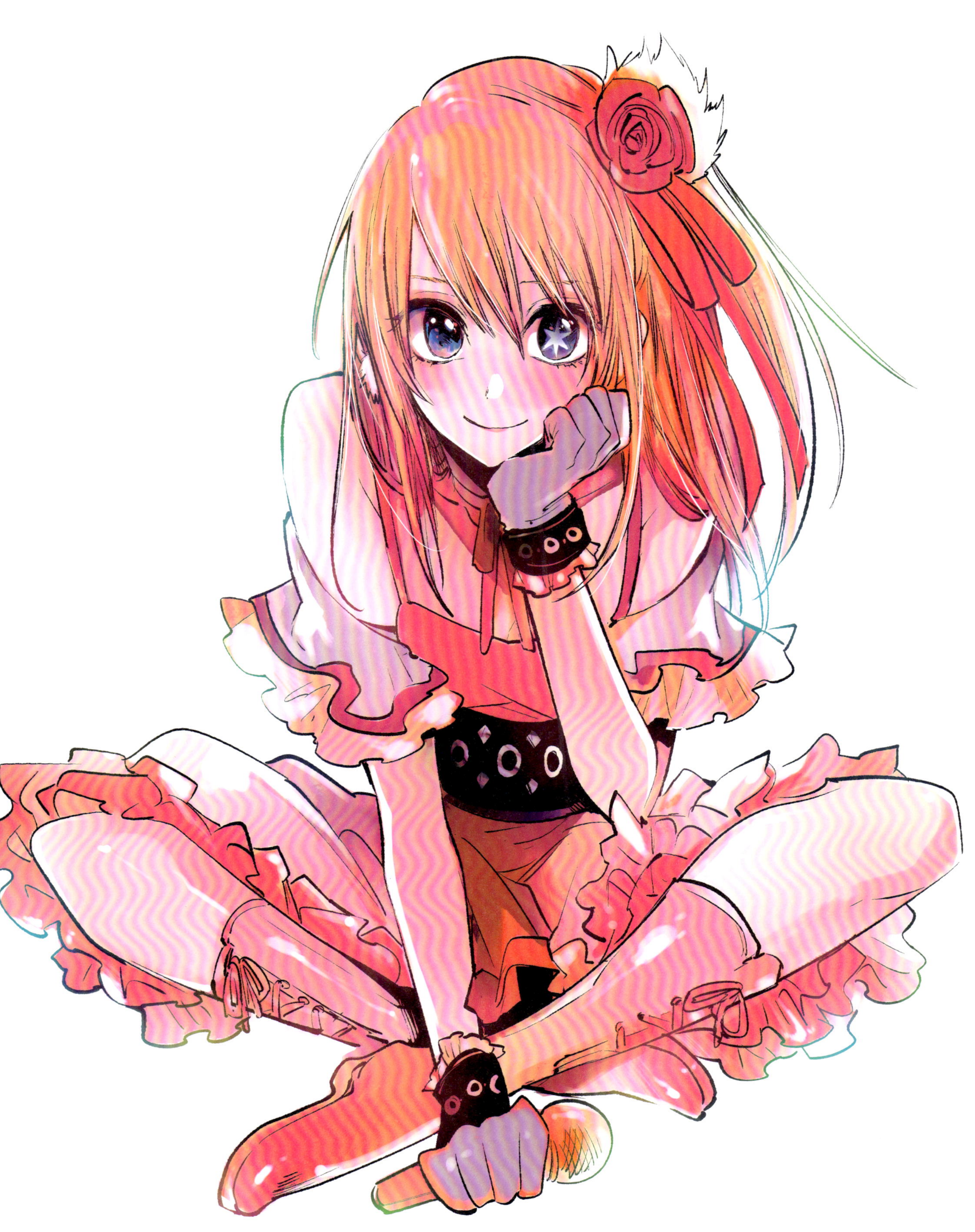

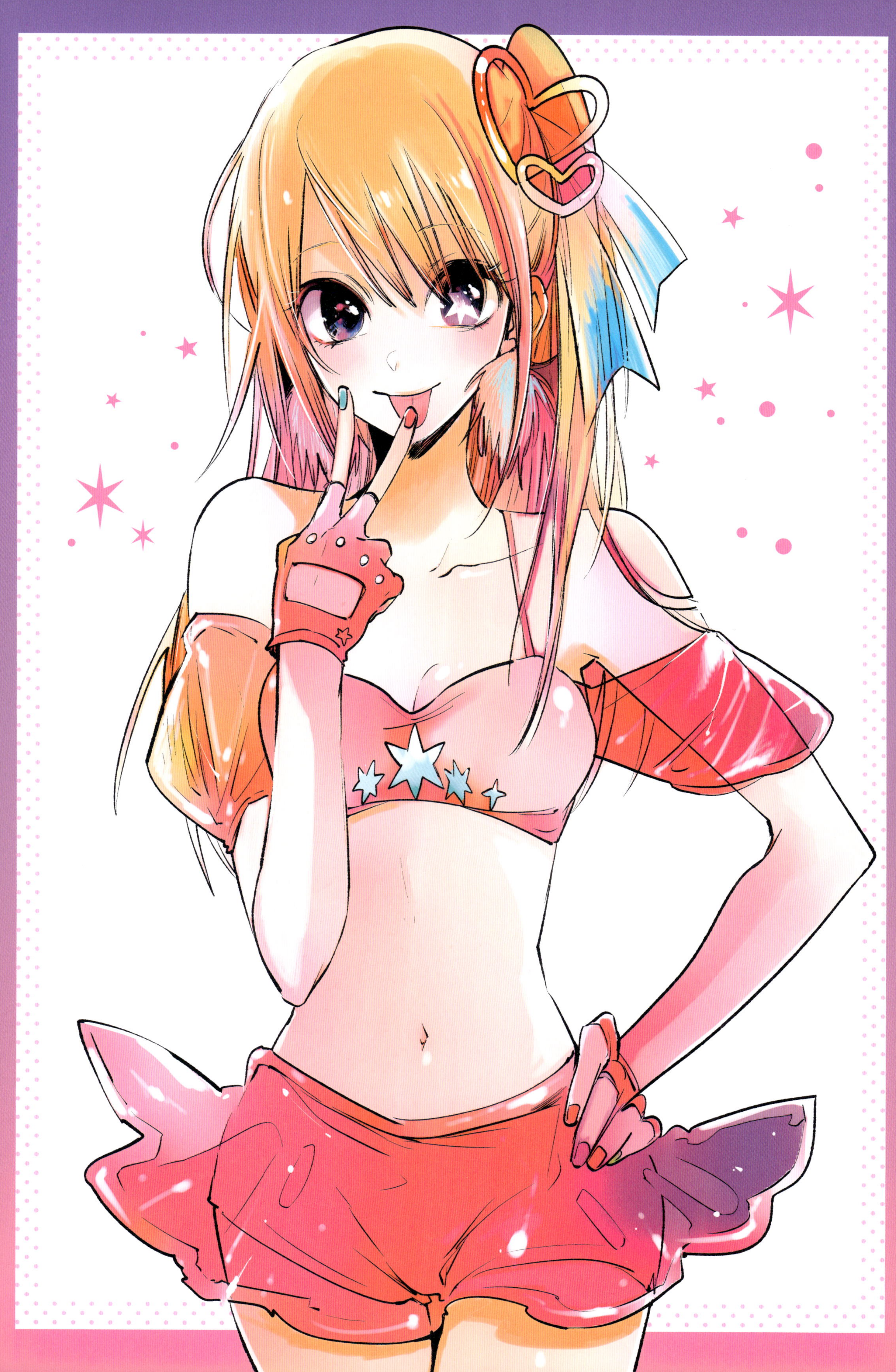

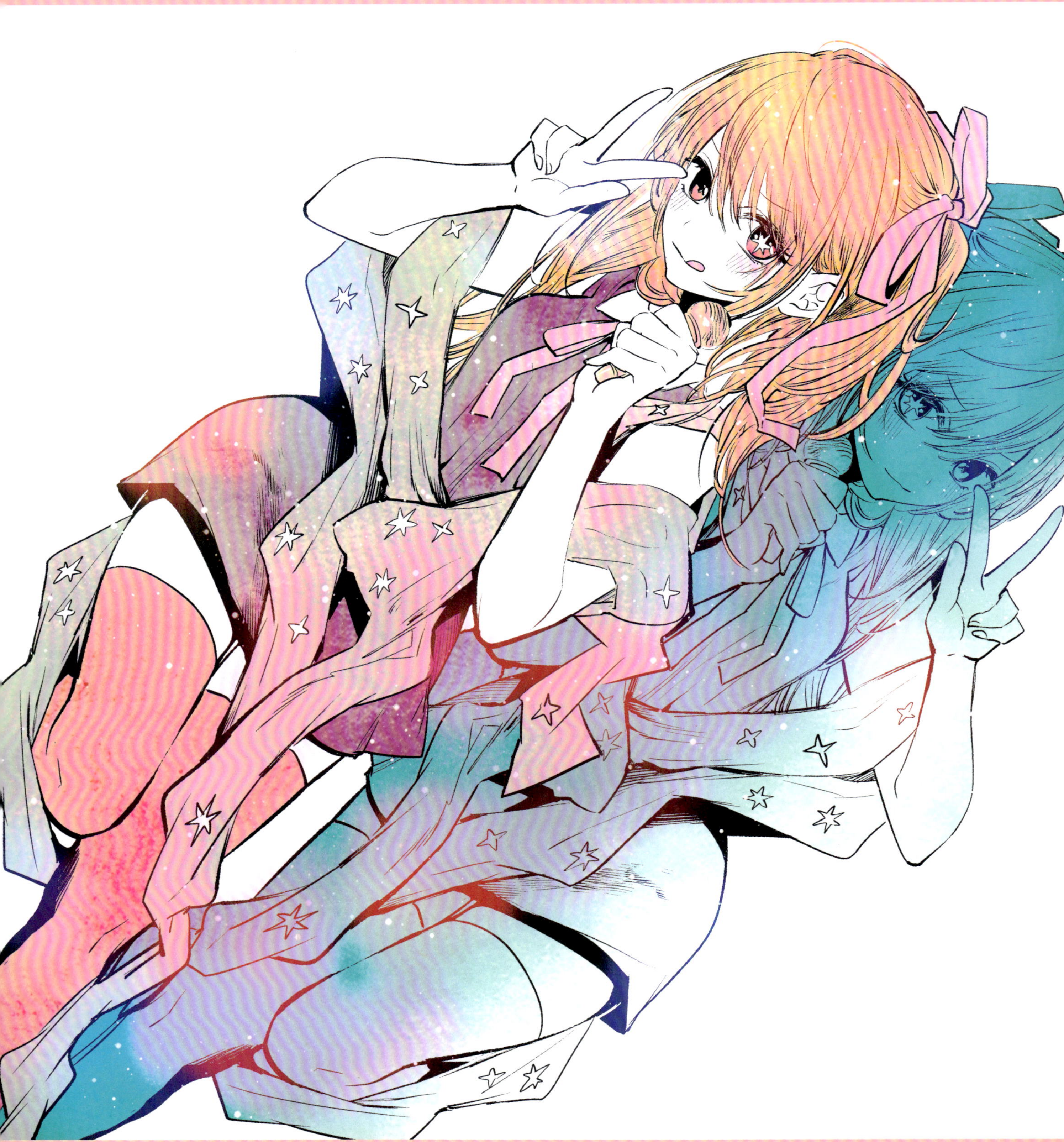

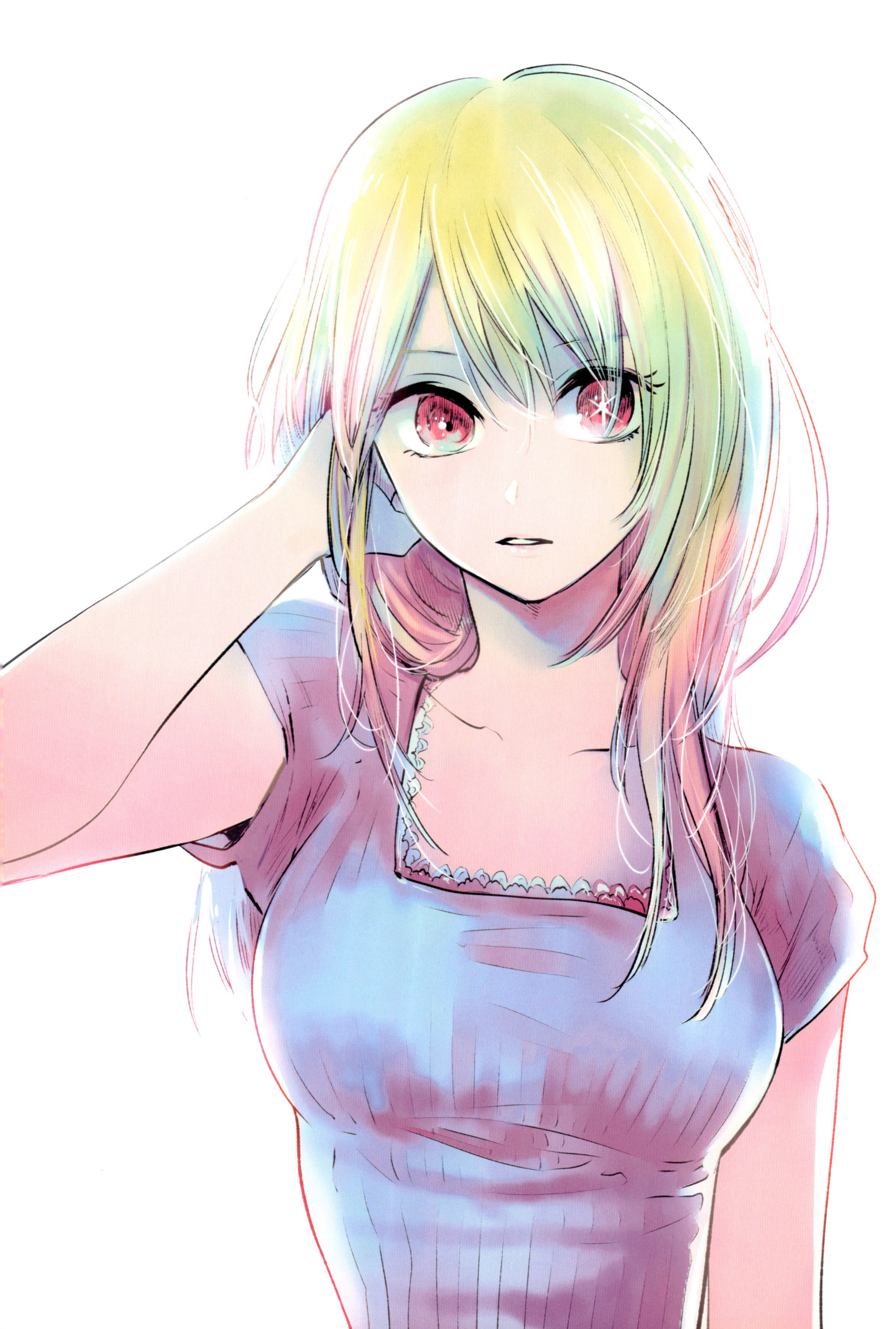

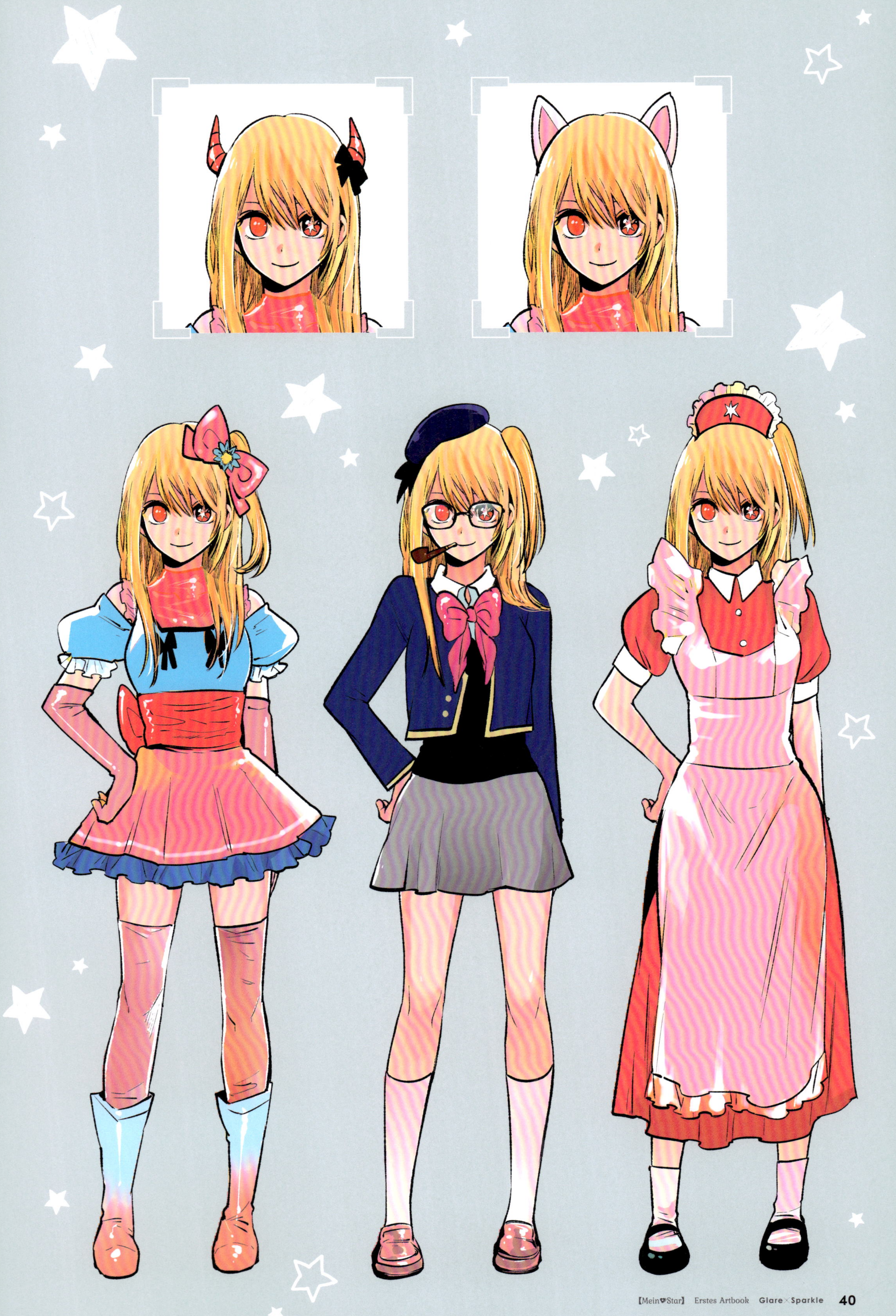

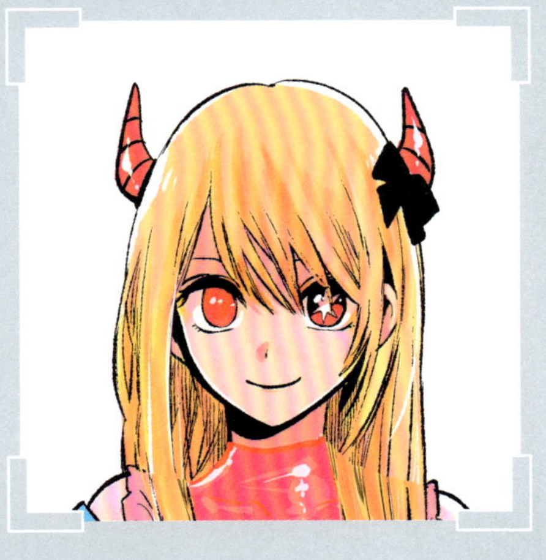

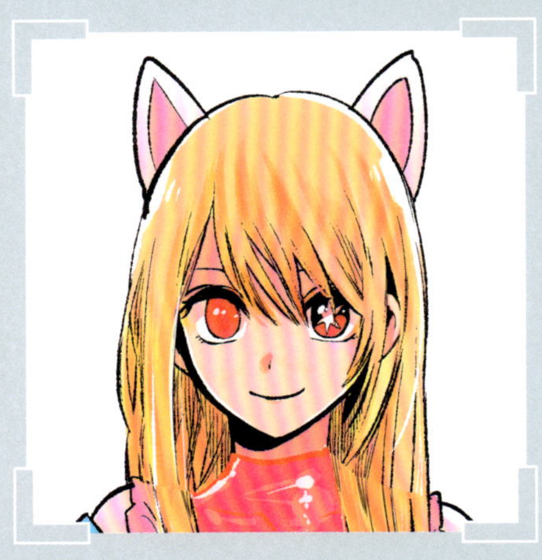

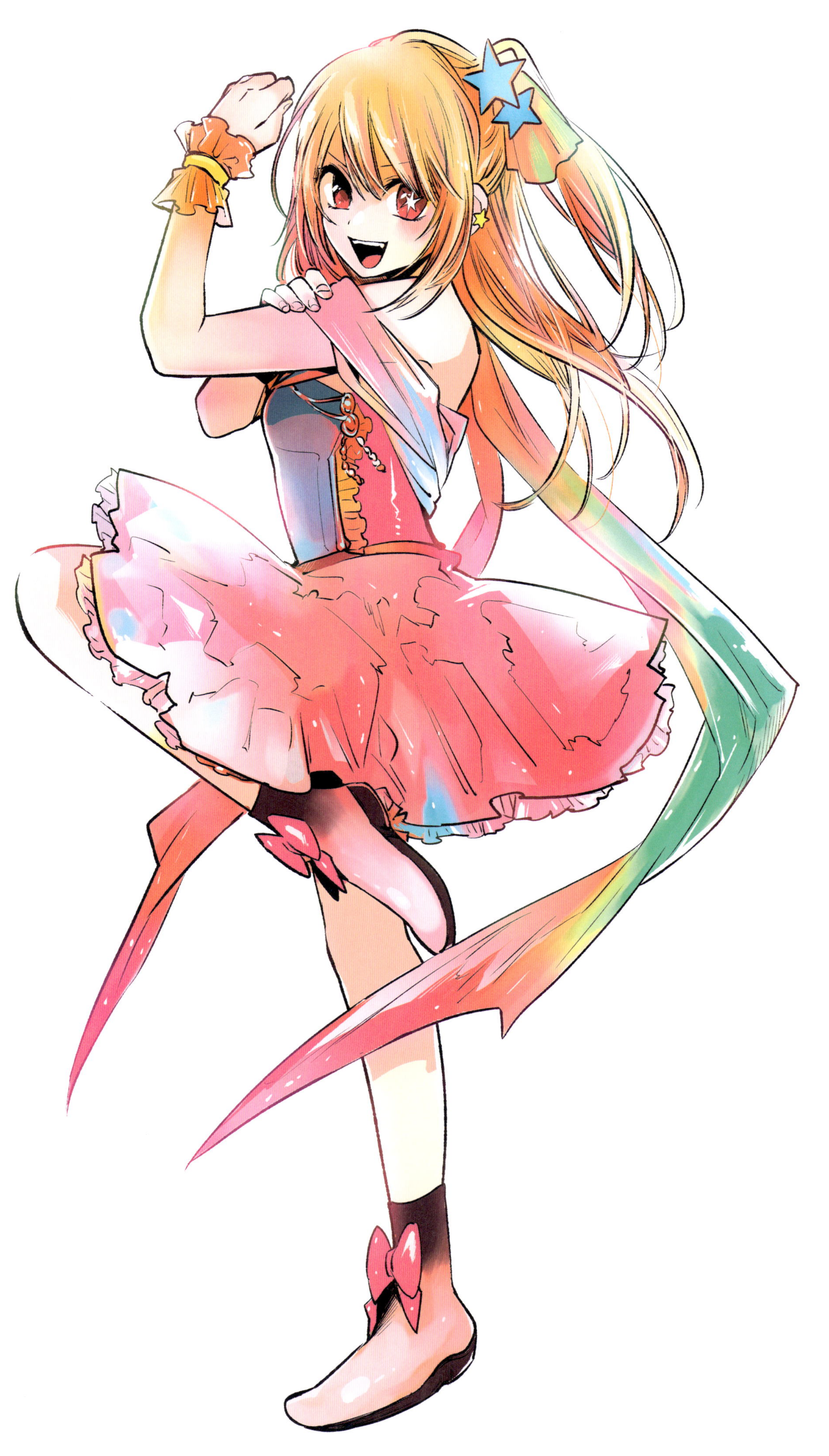

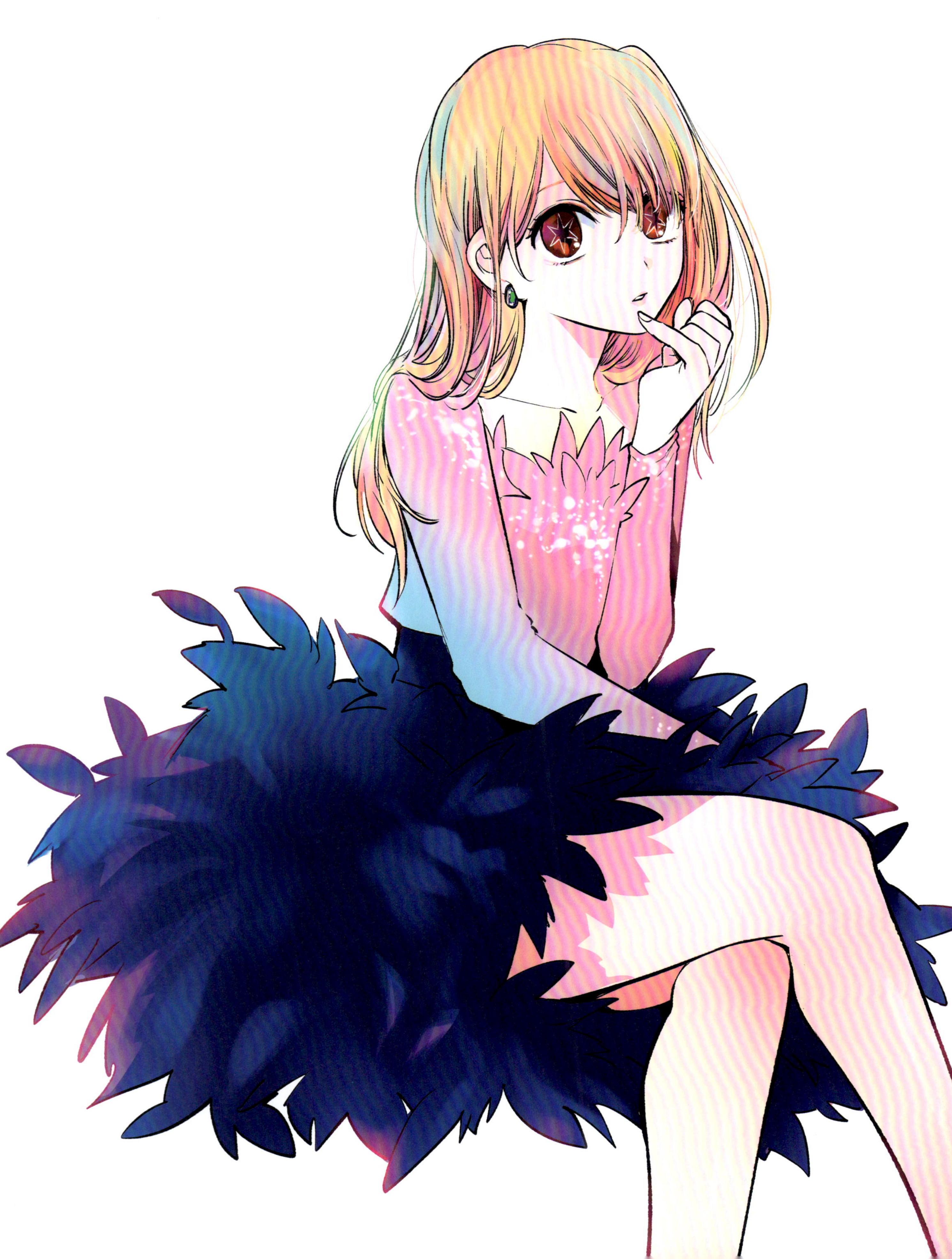

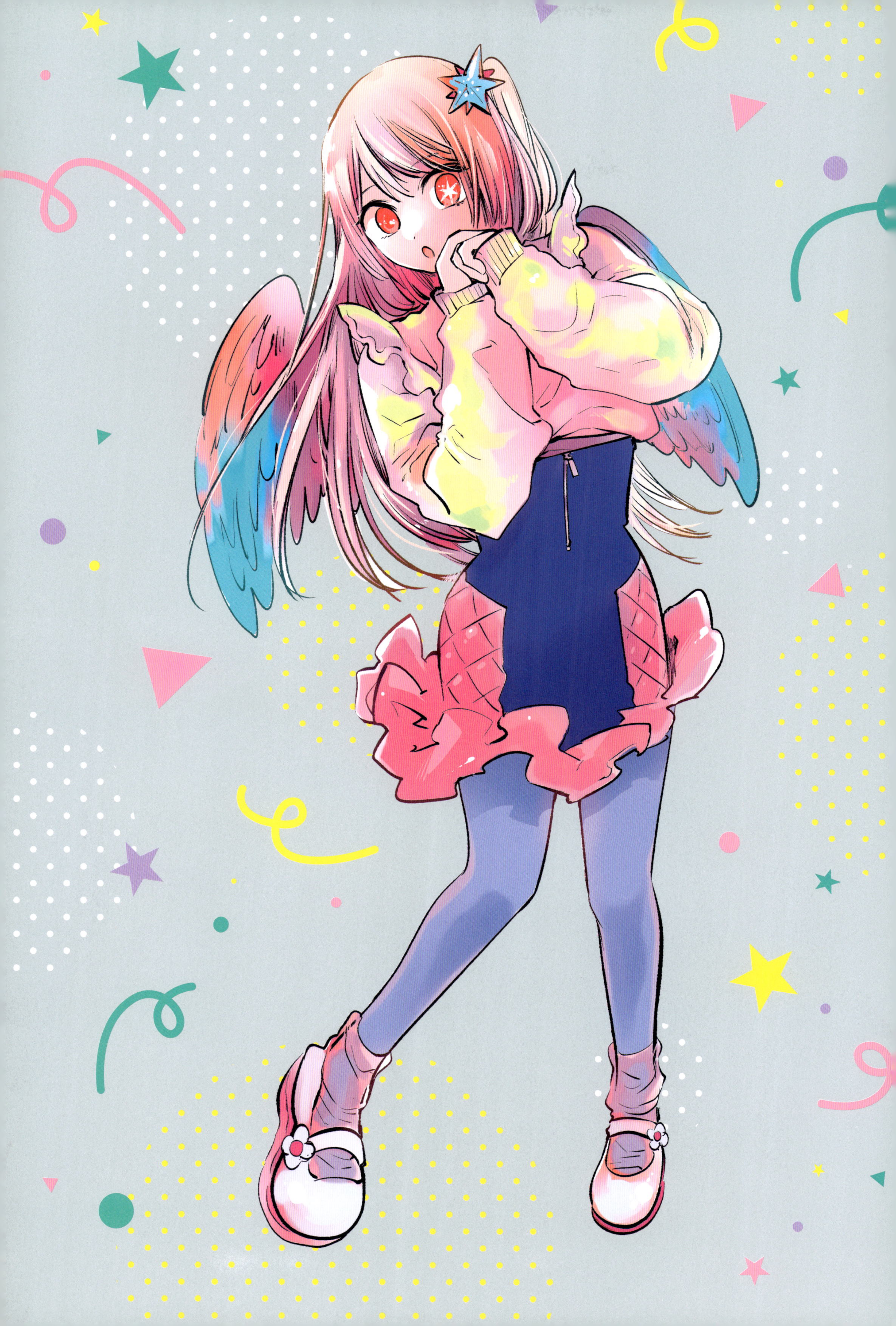

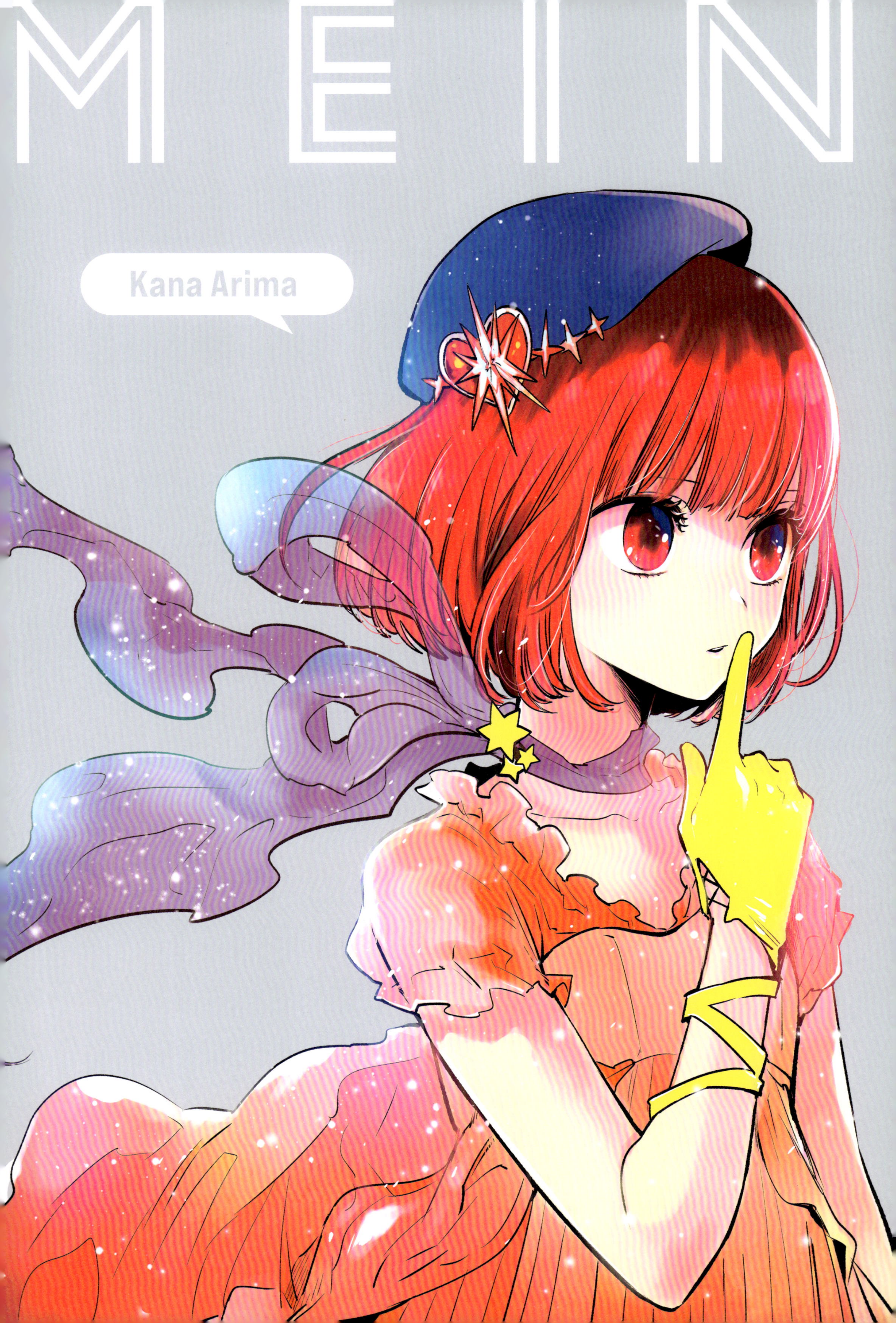
MEIN
Kana Arima

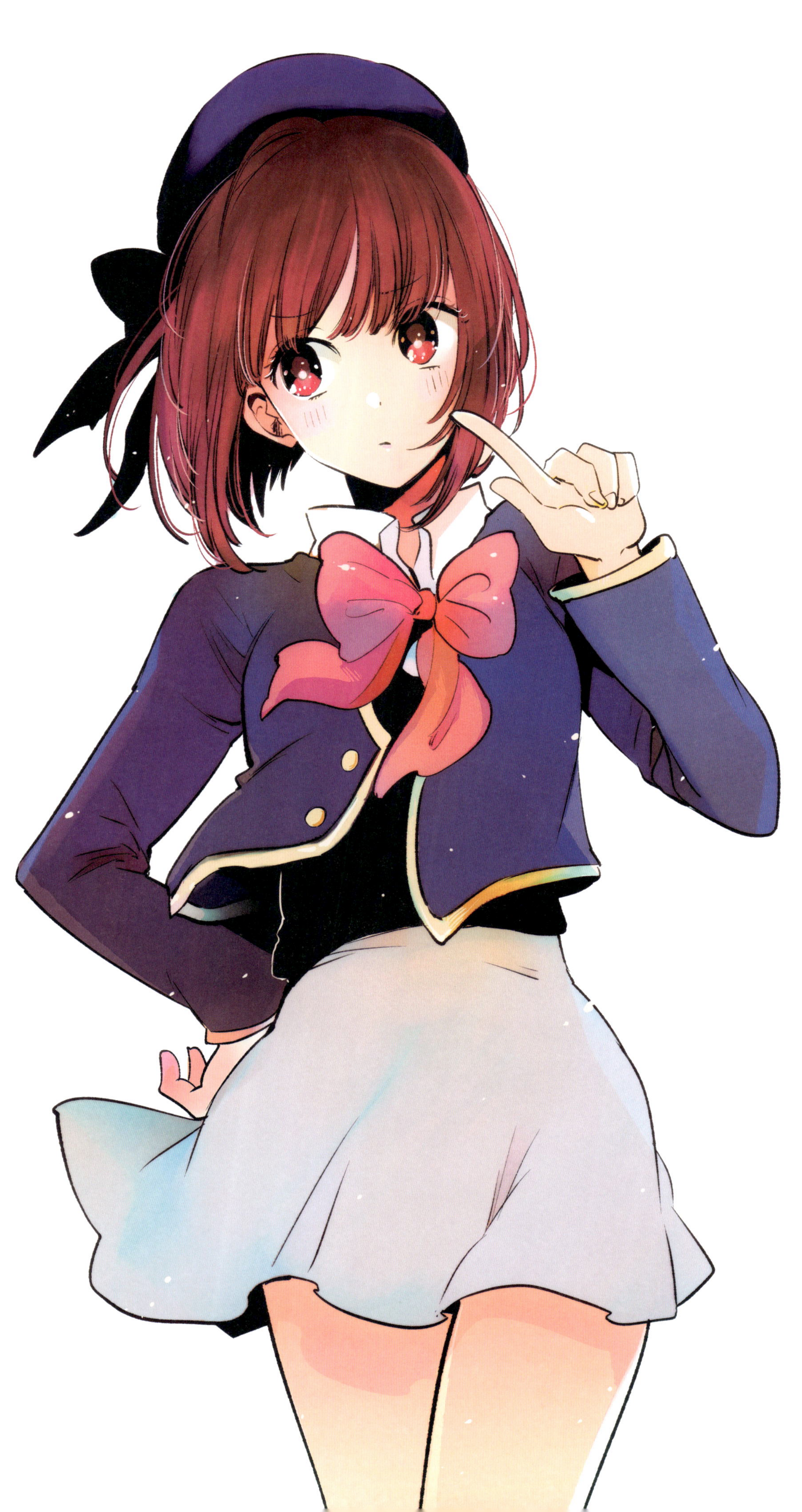

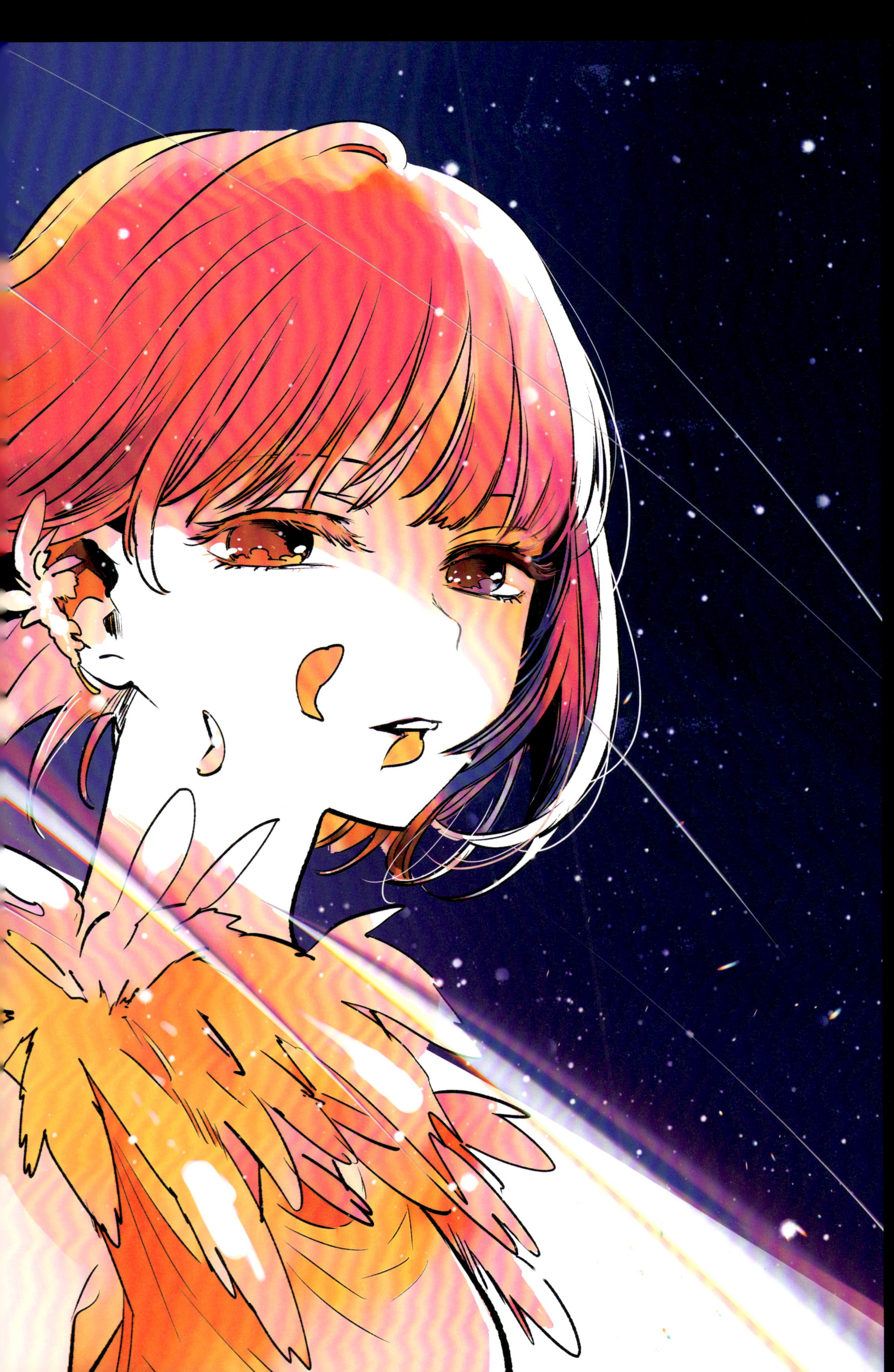

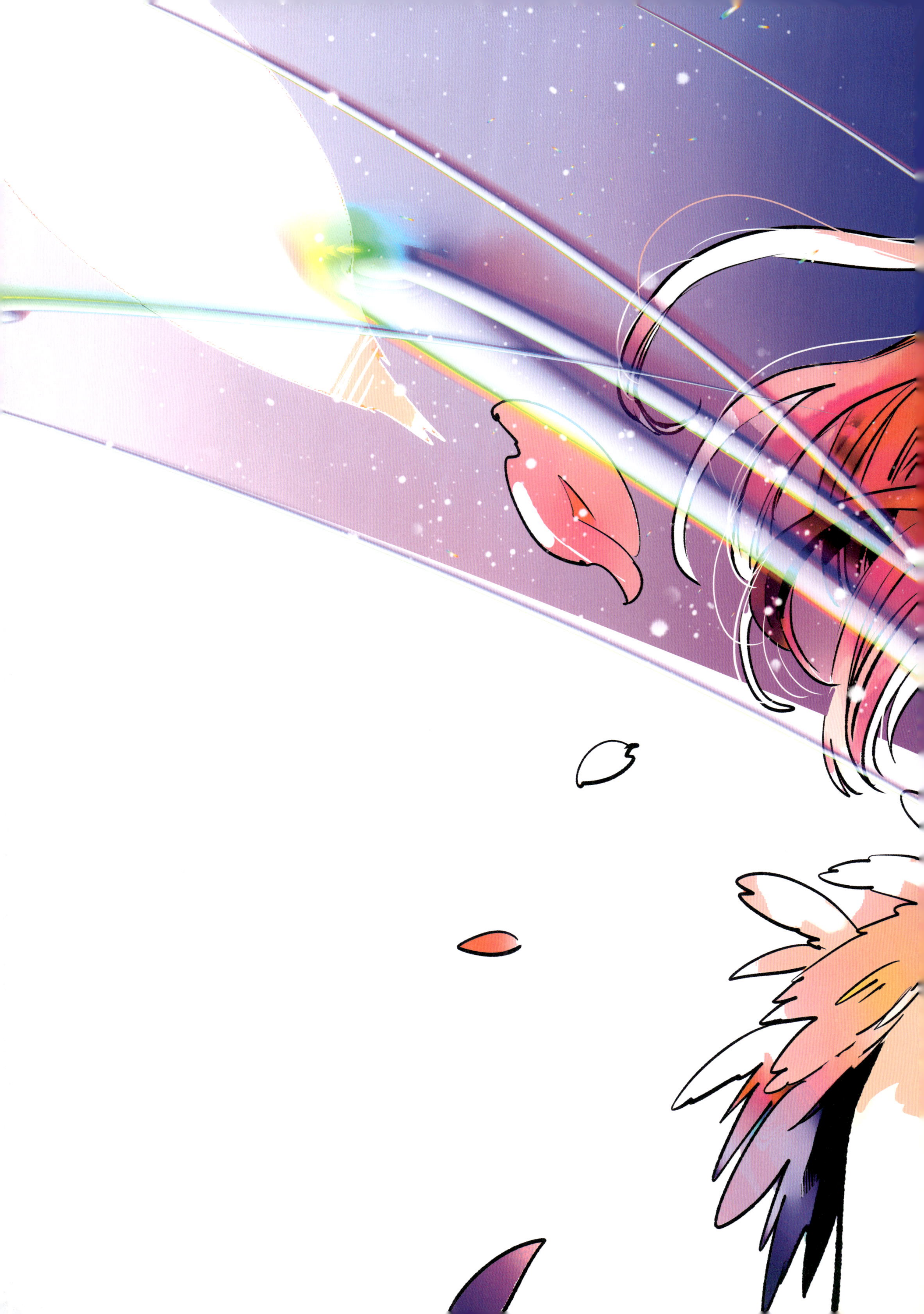

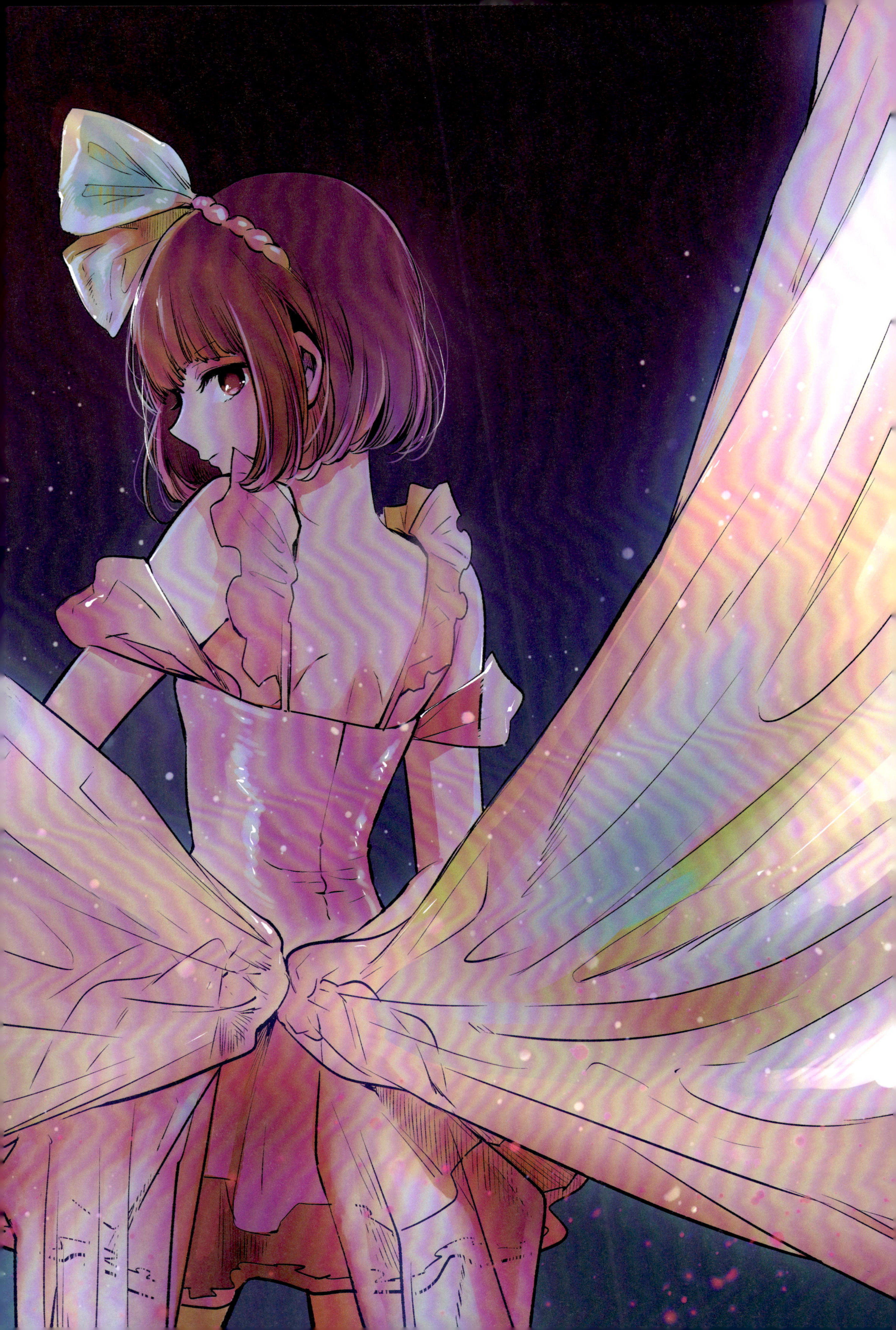

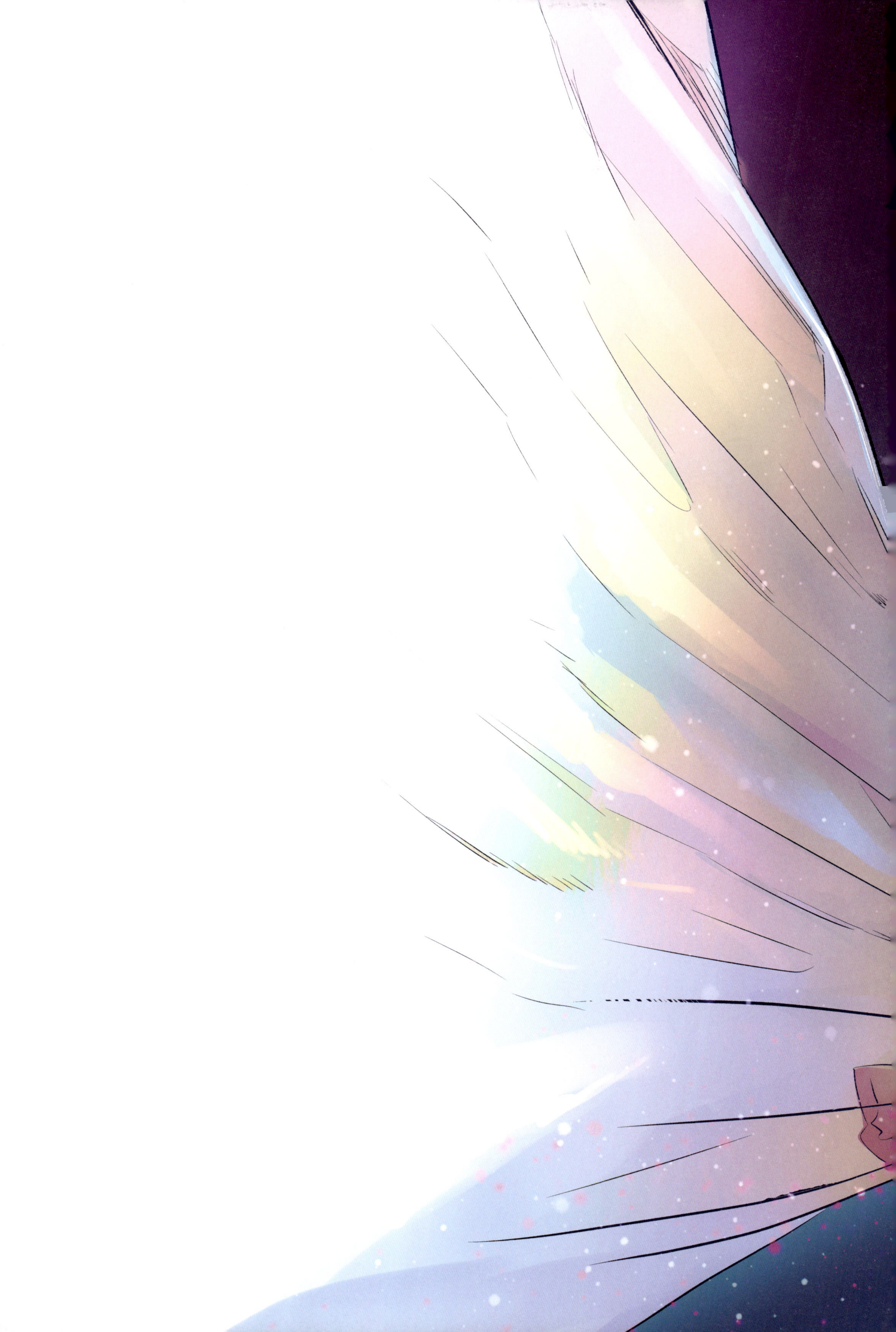

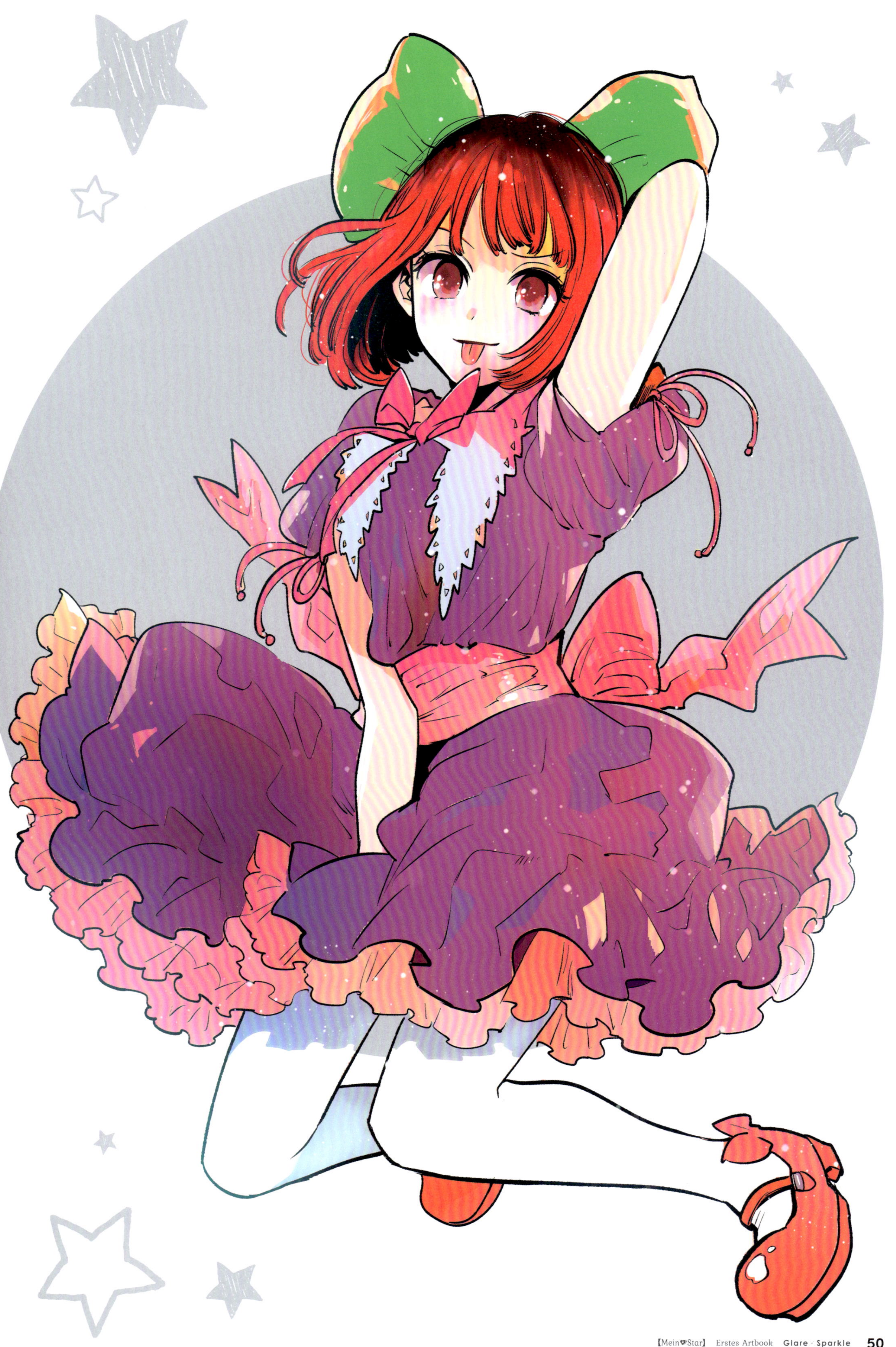

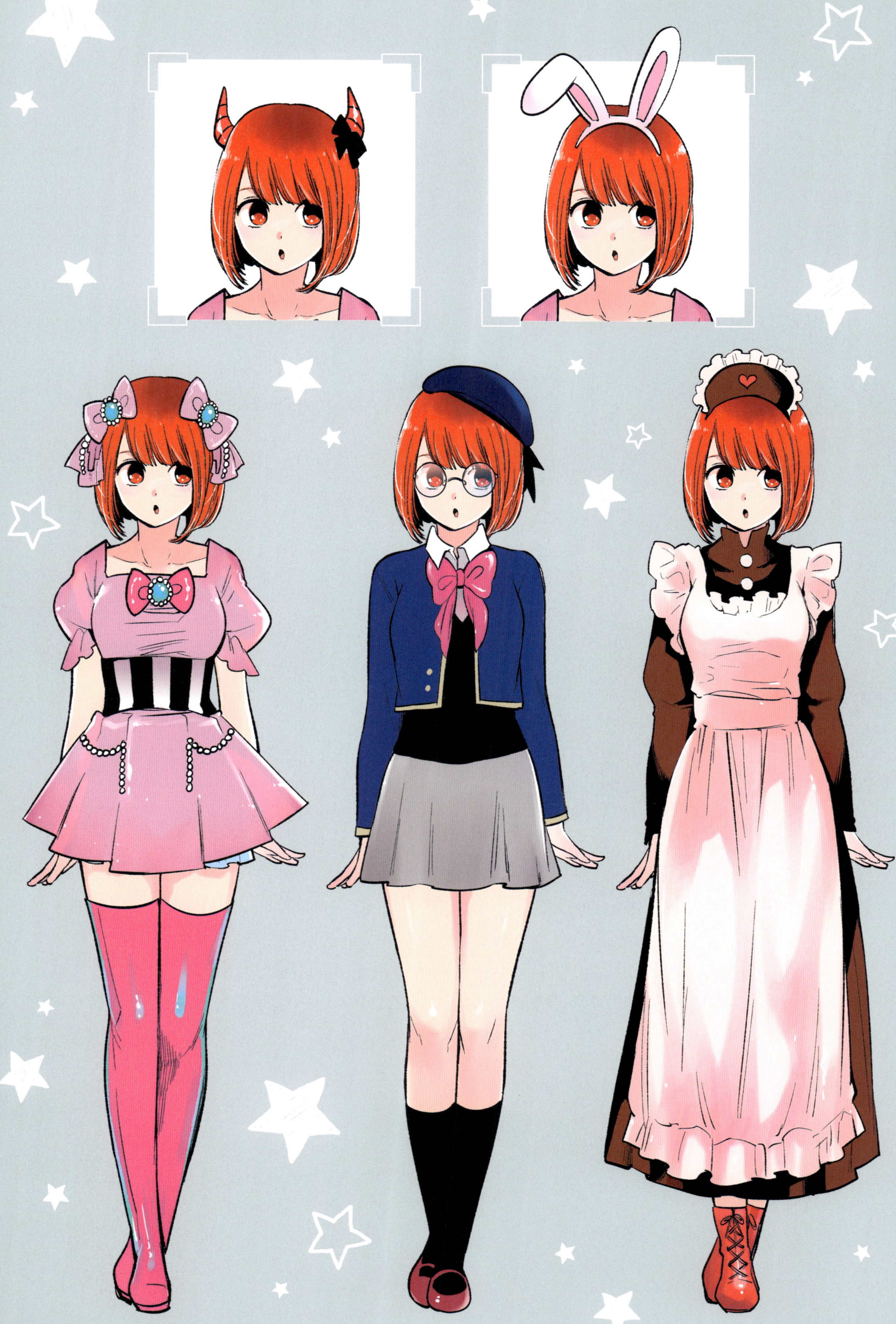

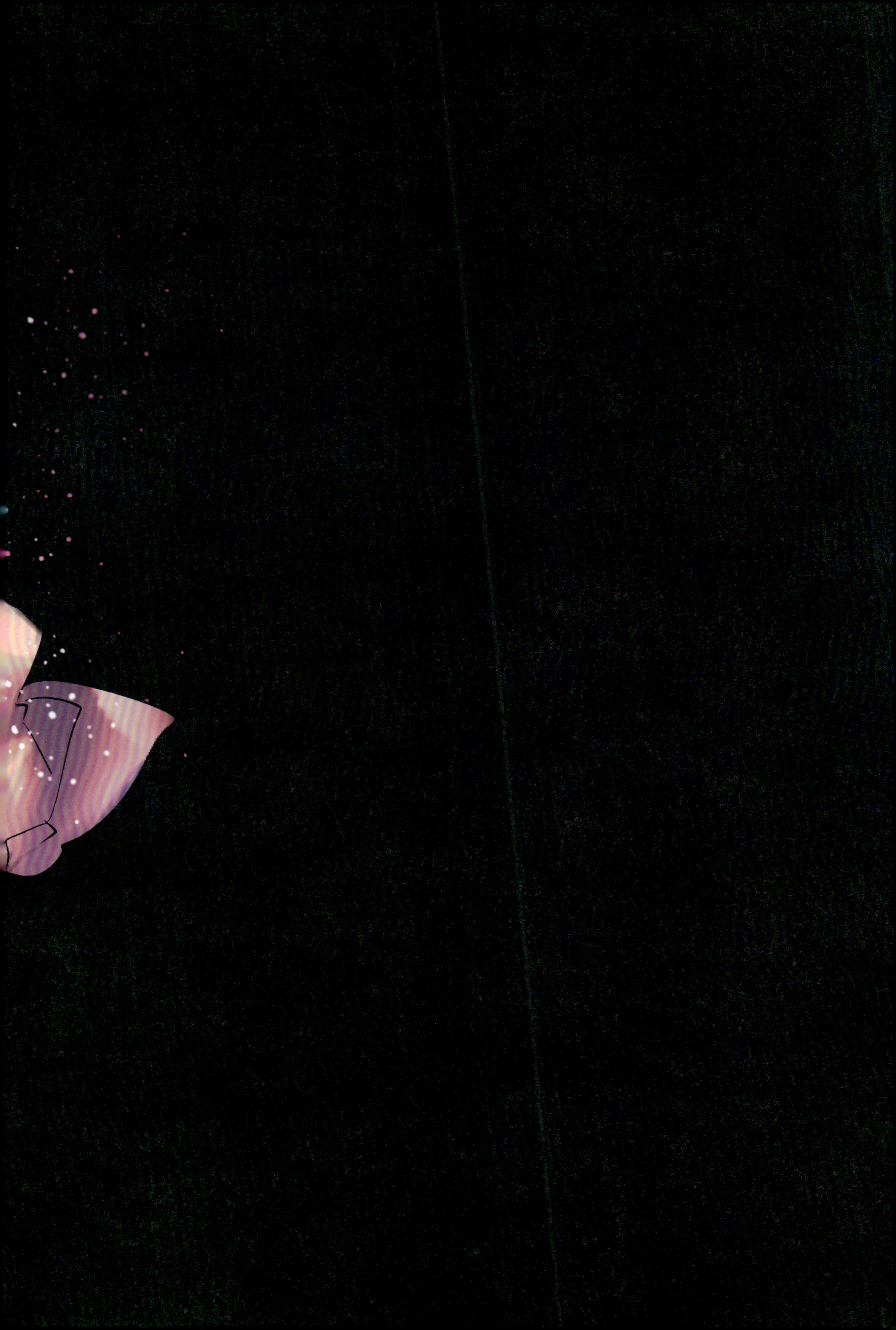

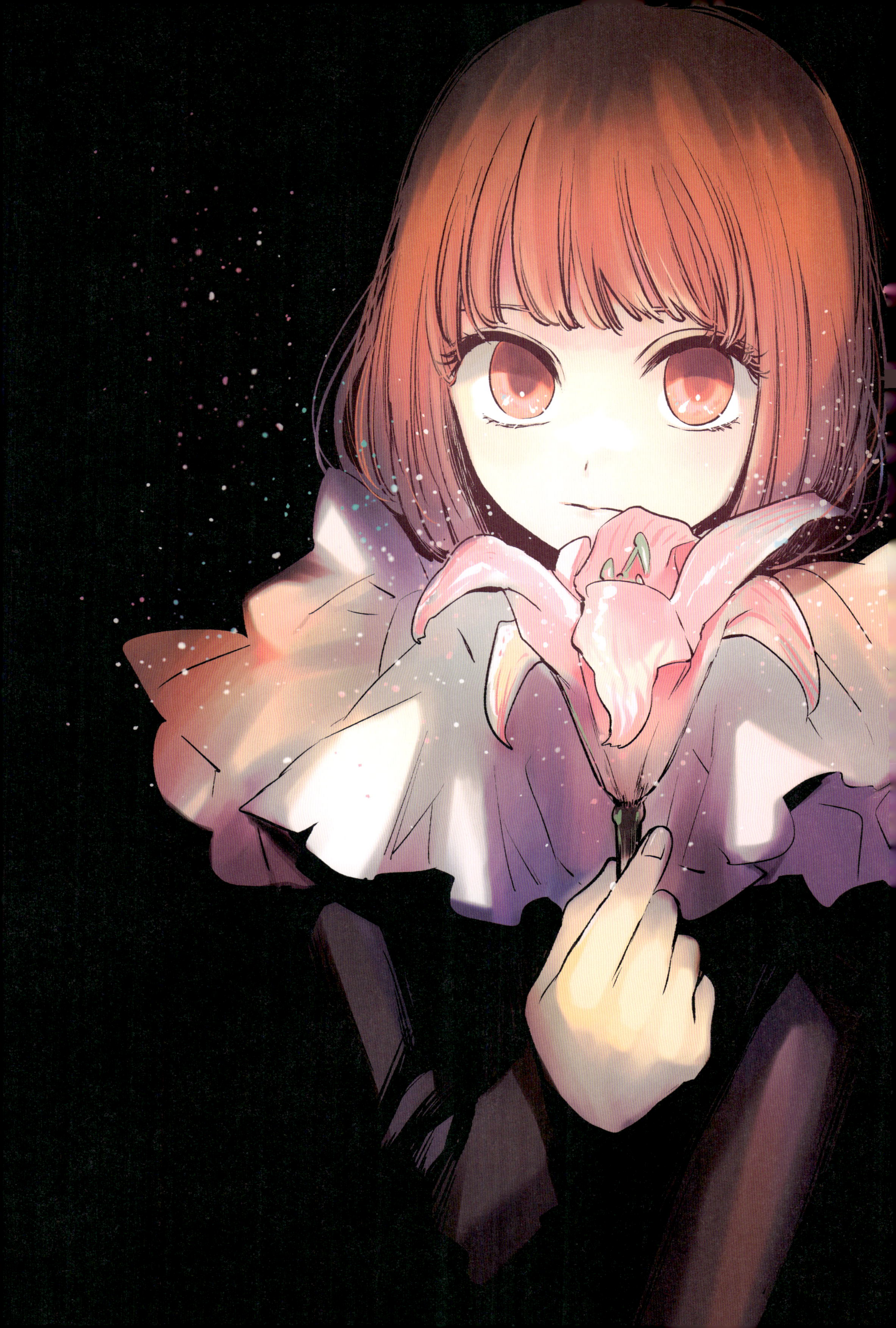

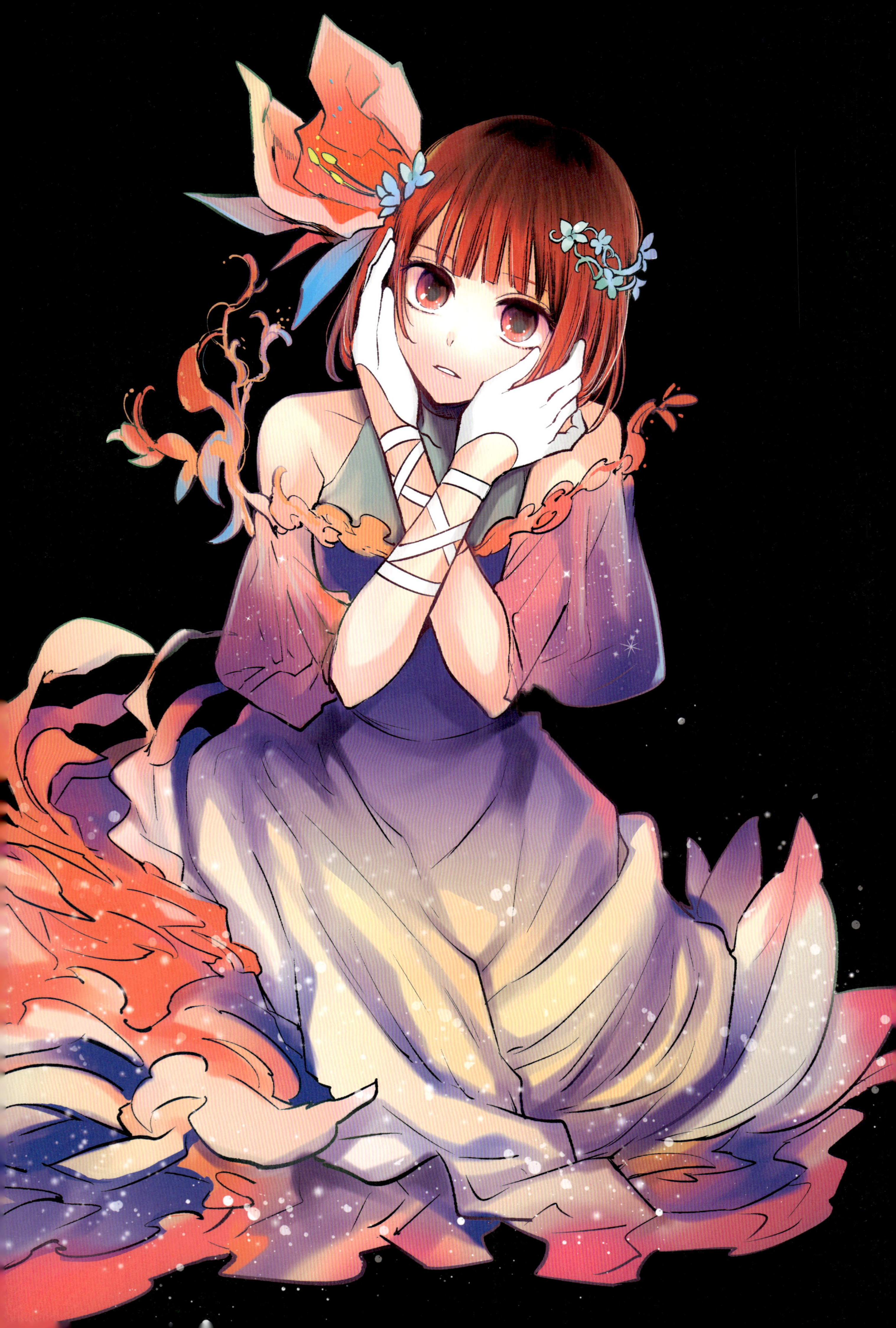

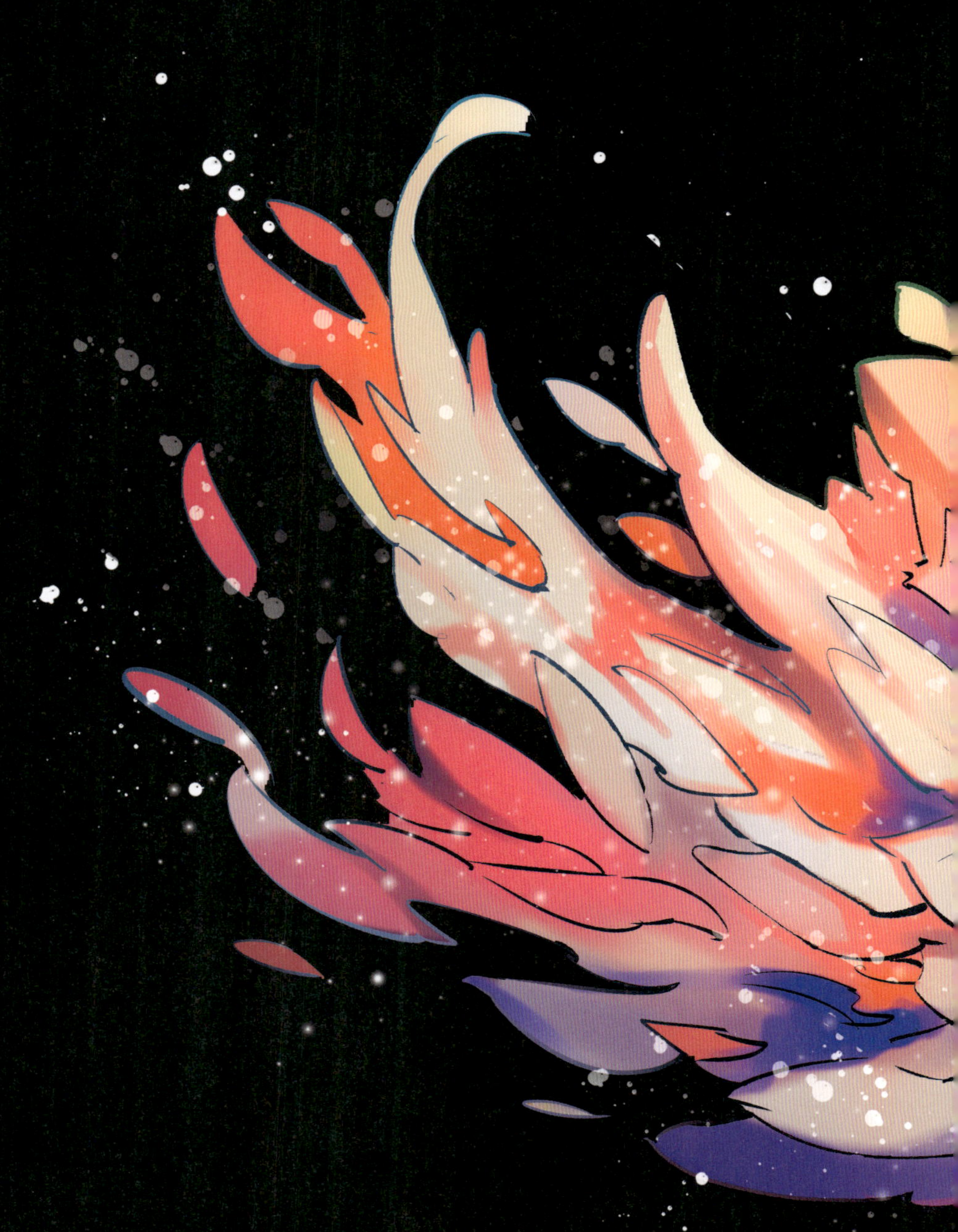

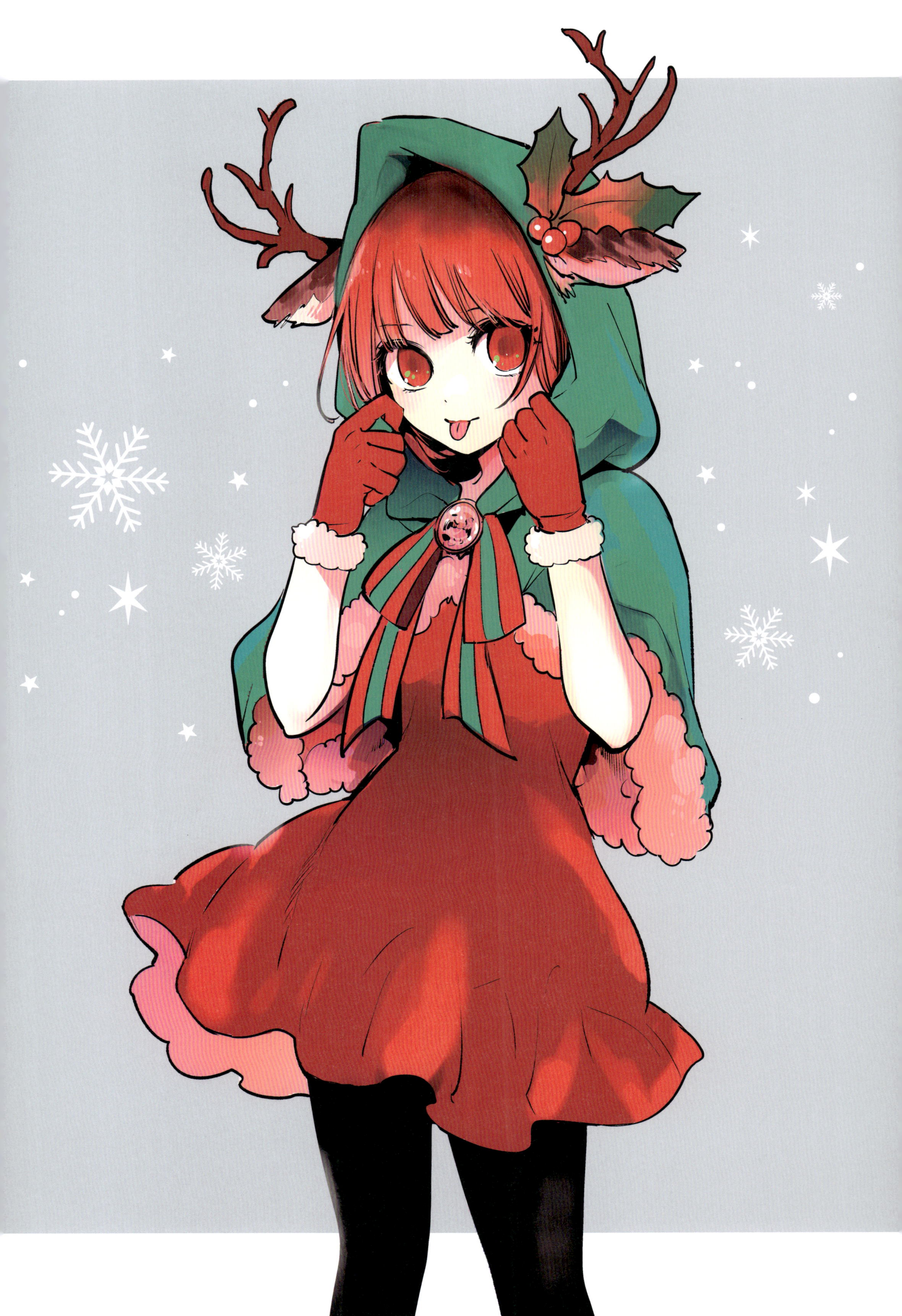

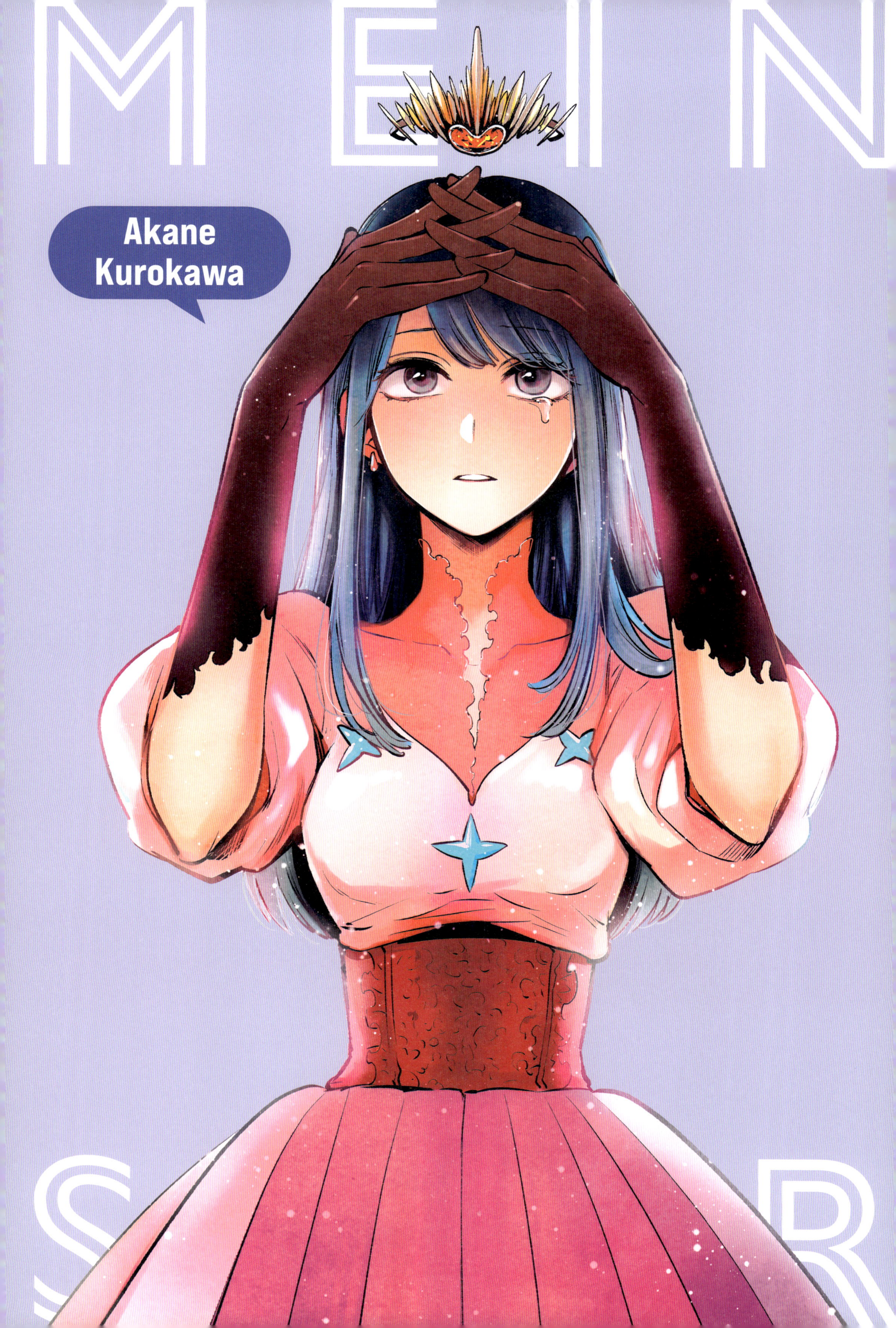
MEIN
Akane Kurokawa

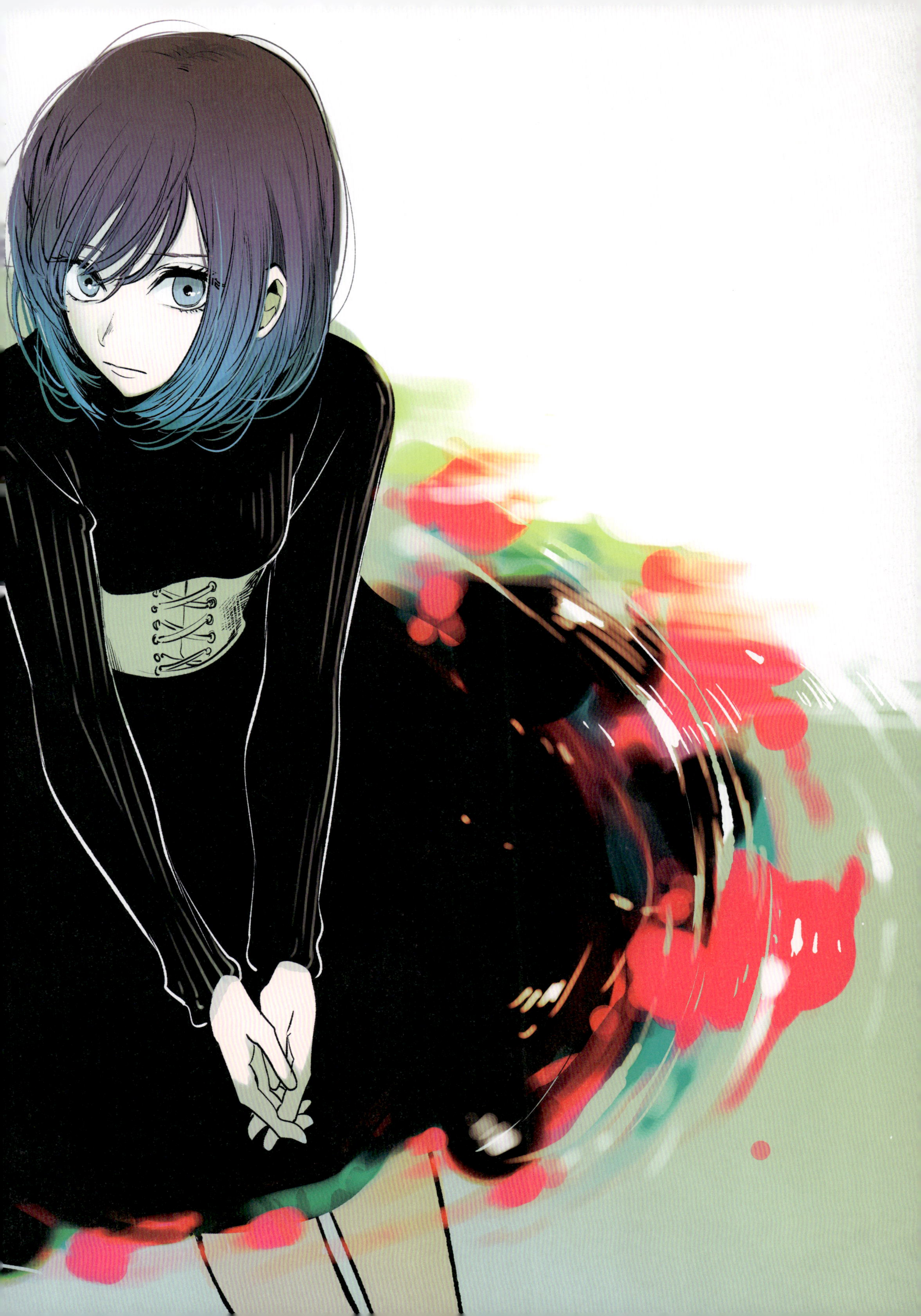

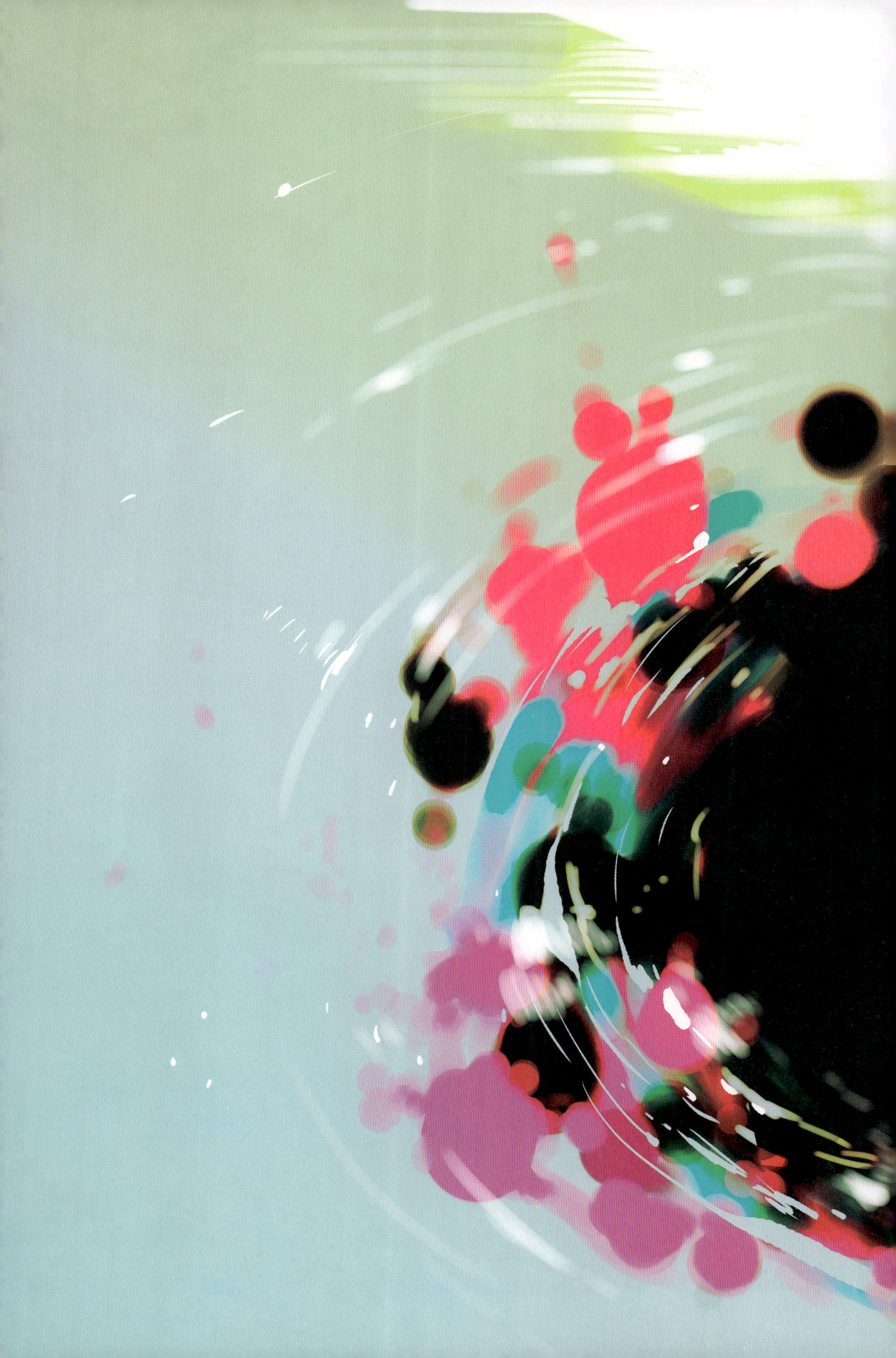

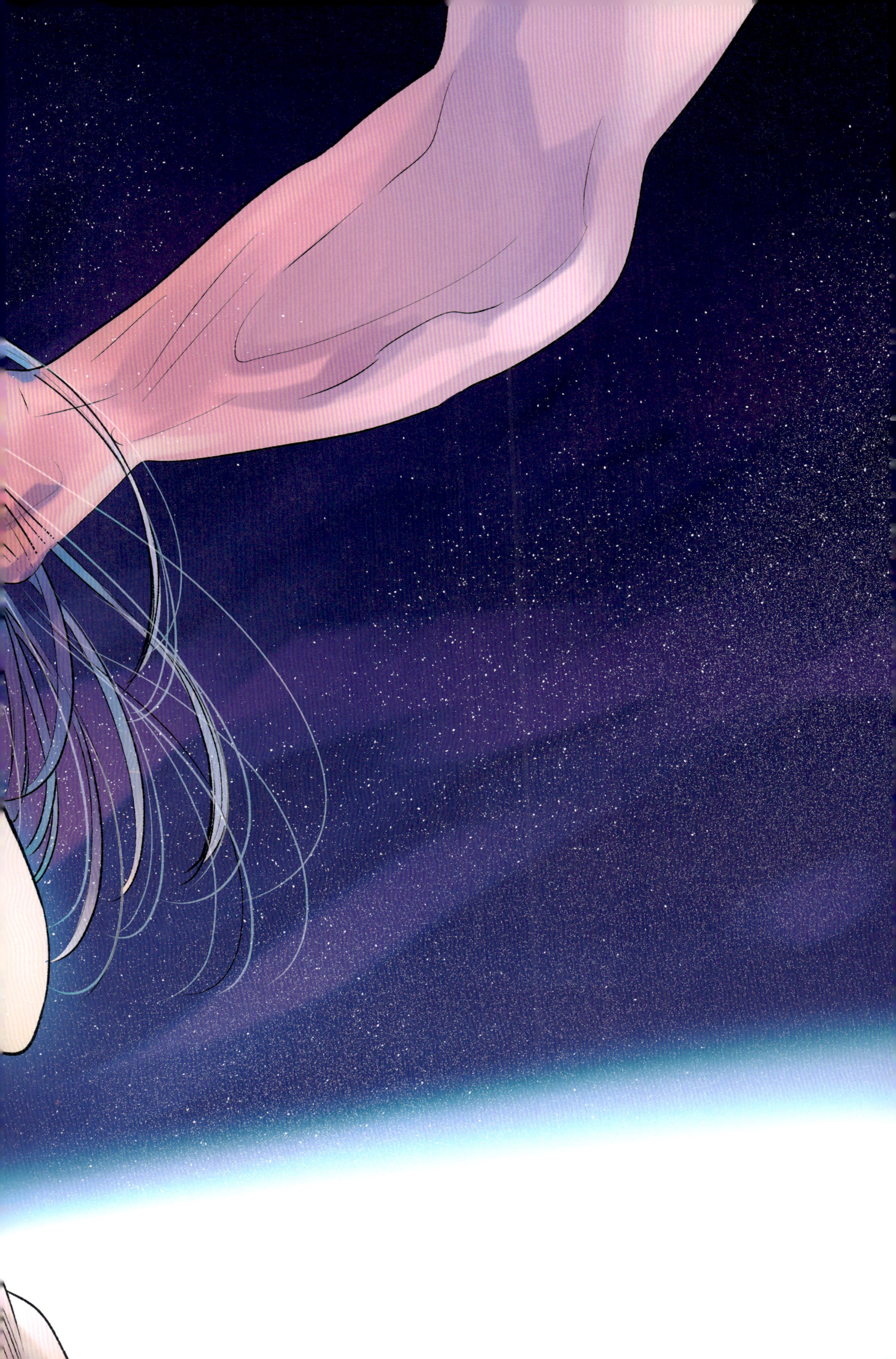

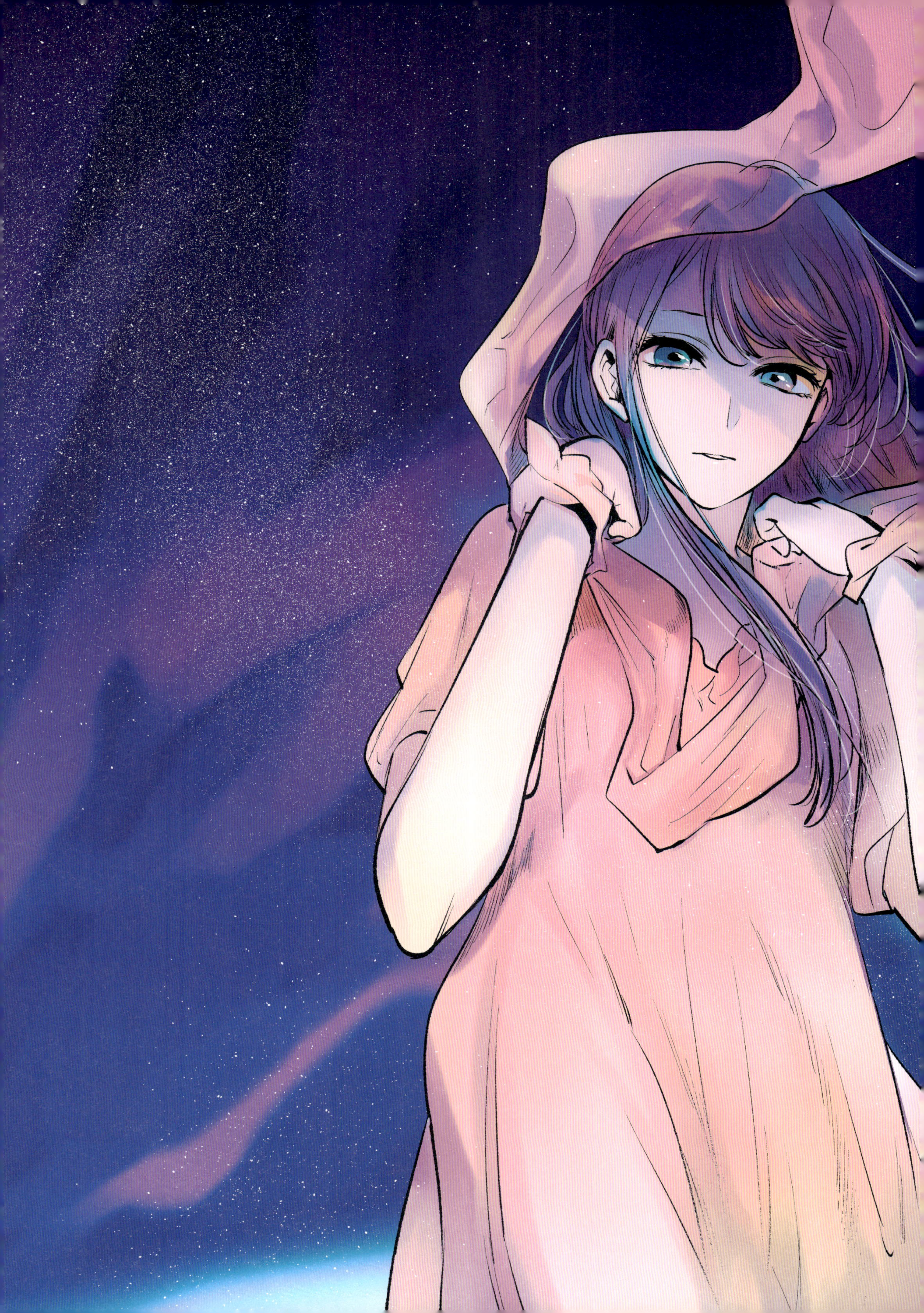

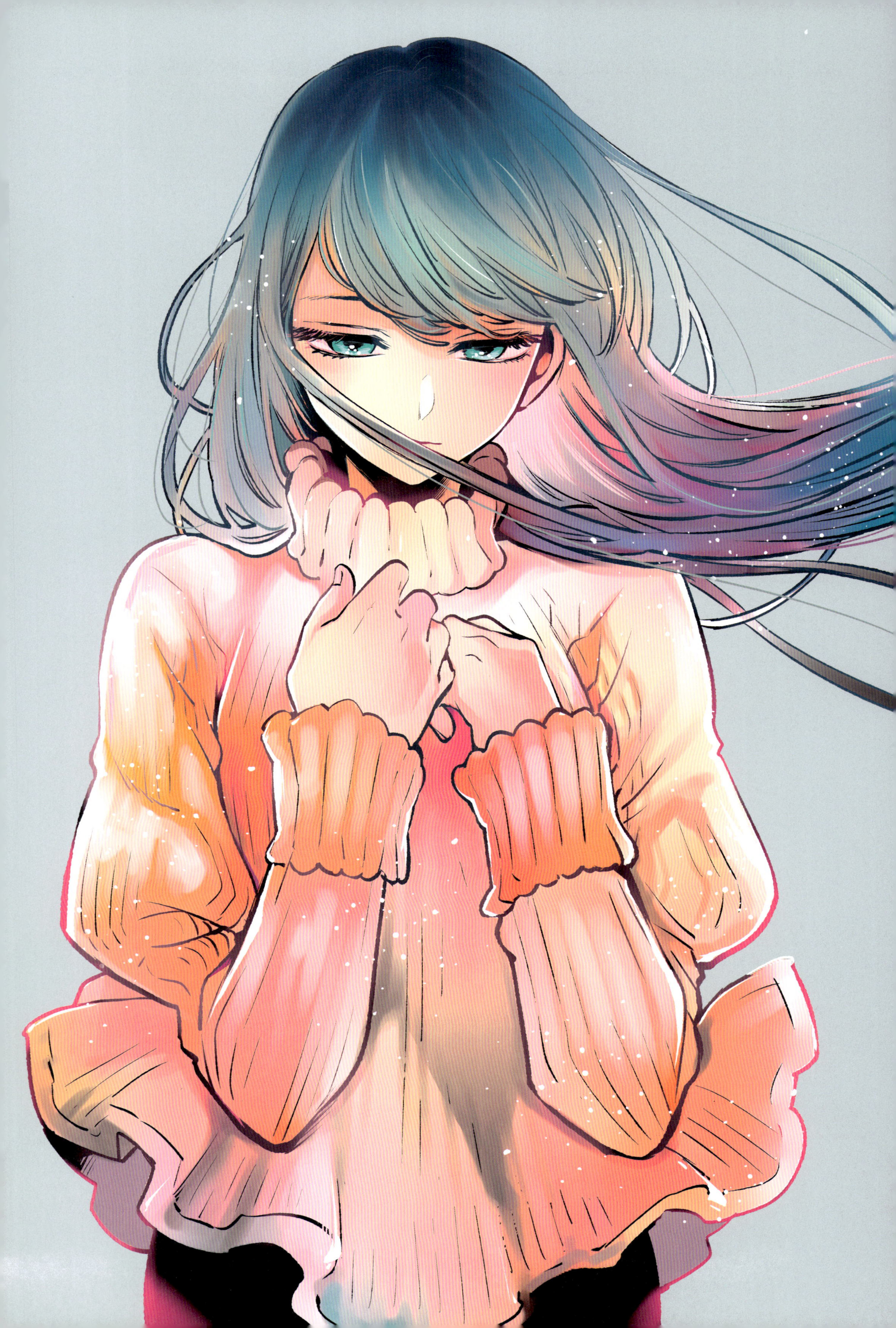

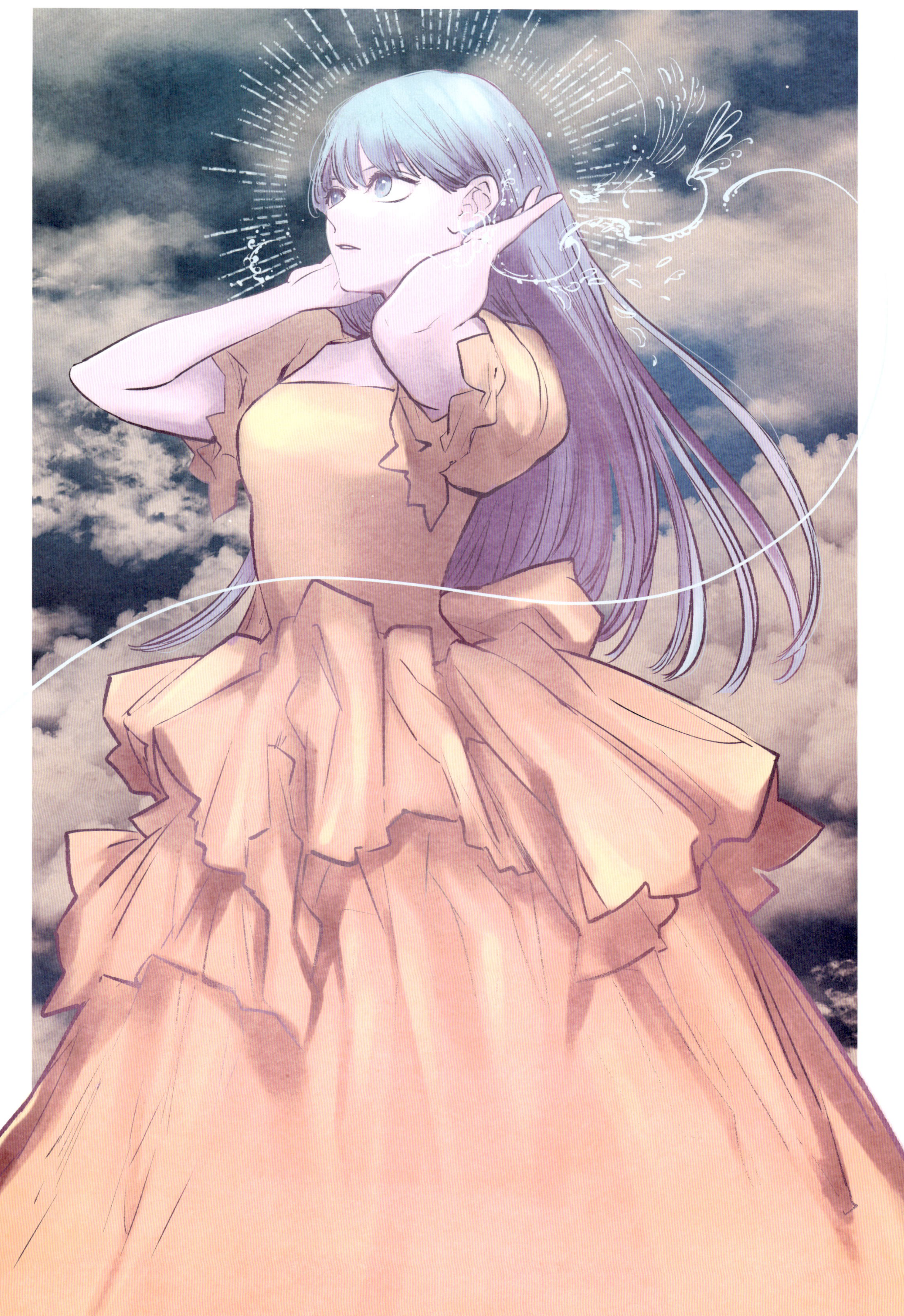

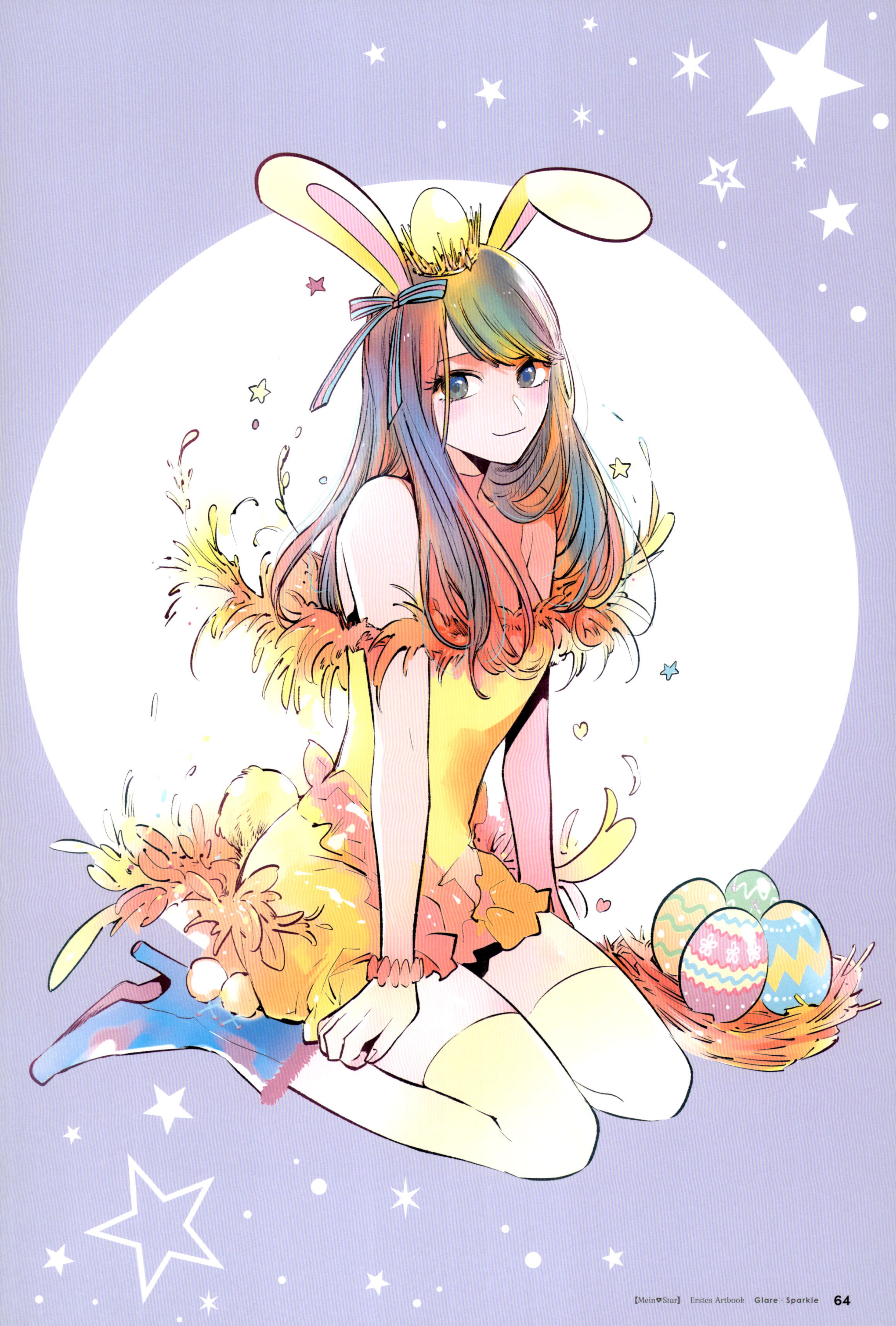

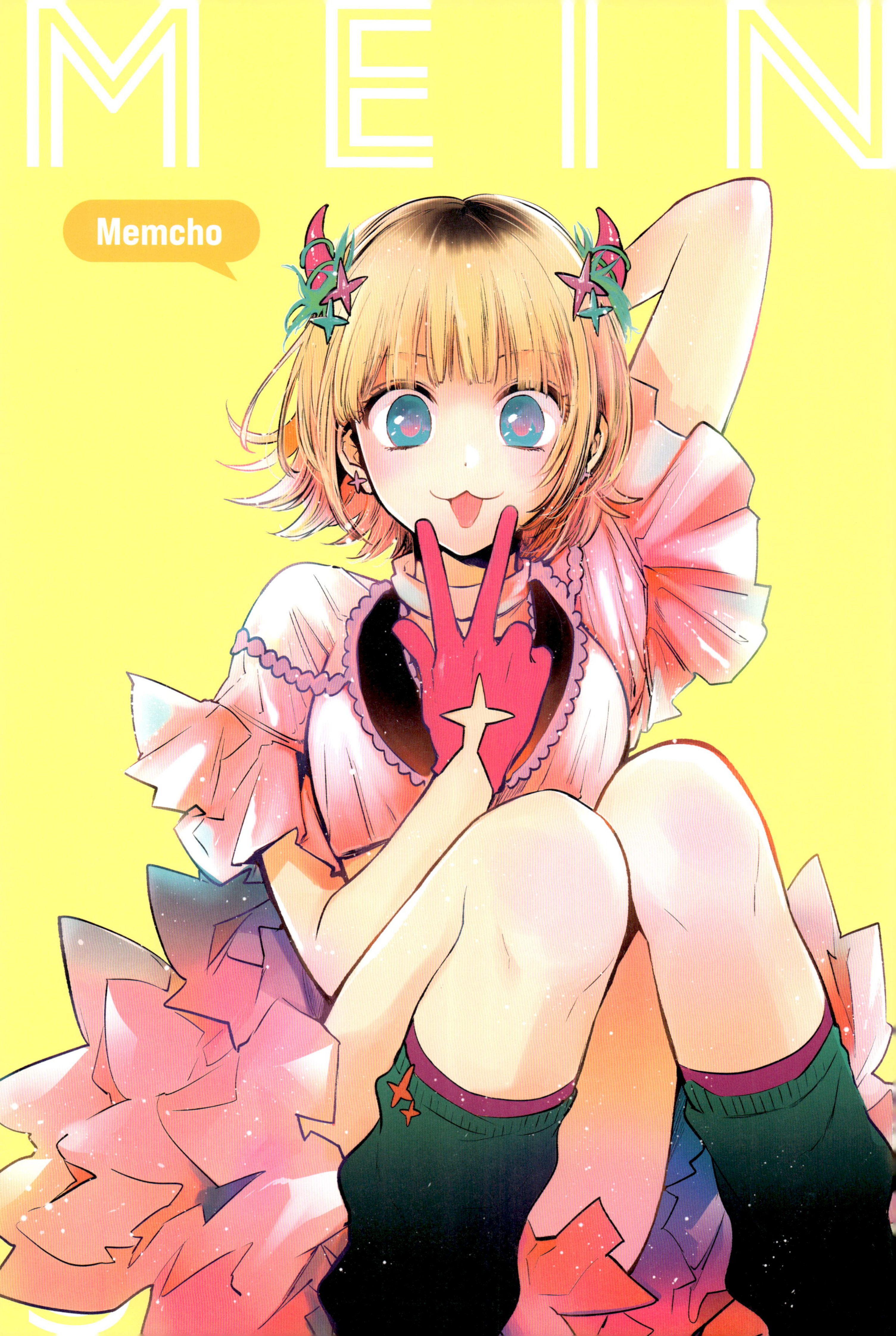
MEIN
Memcho

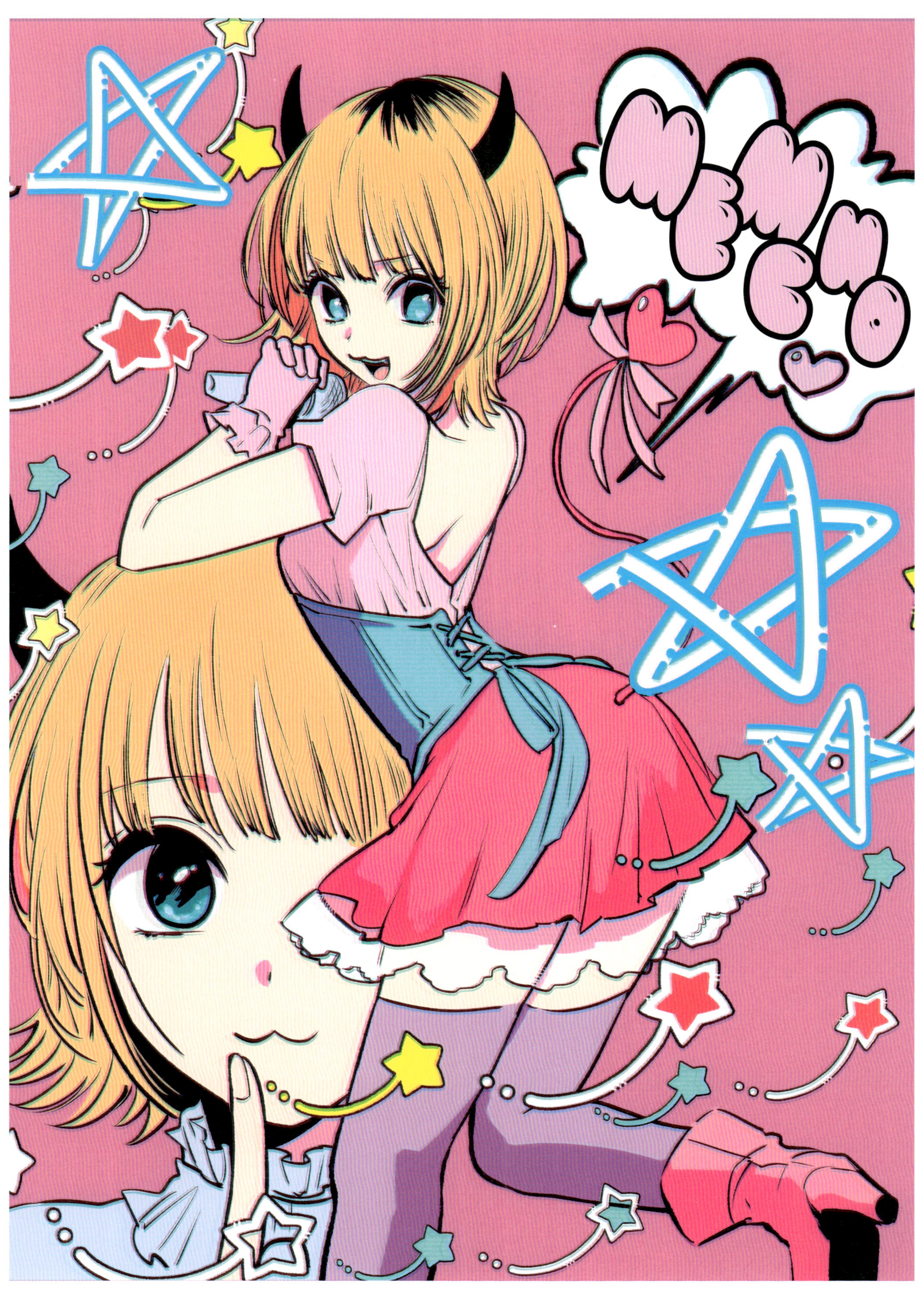
MEMEMO

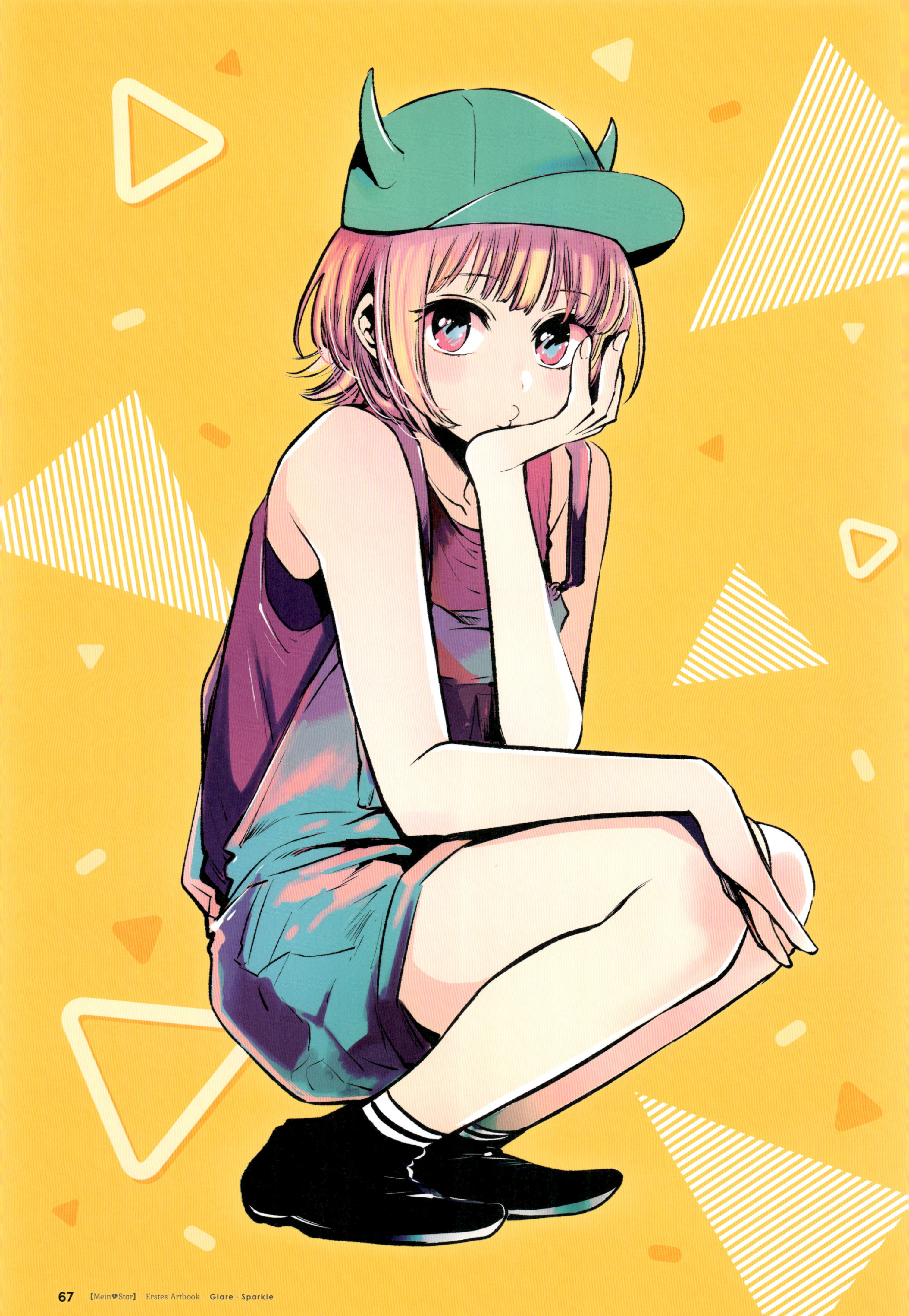

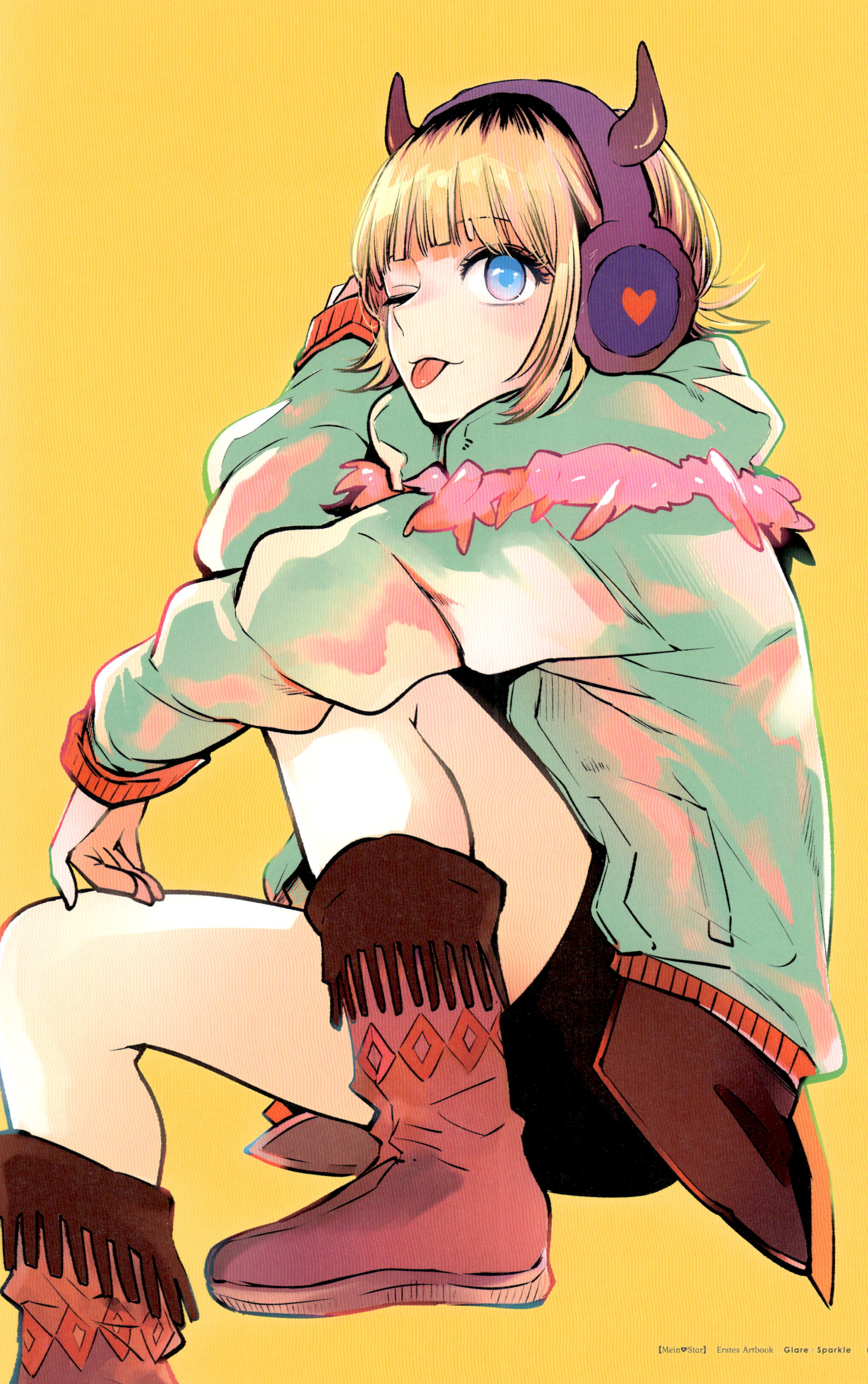

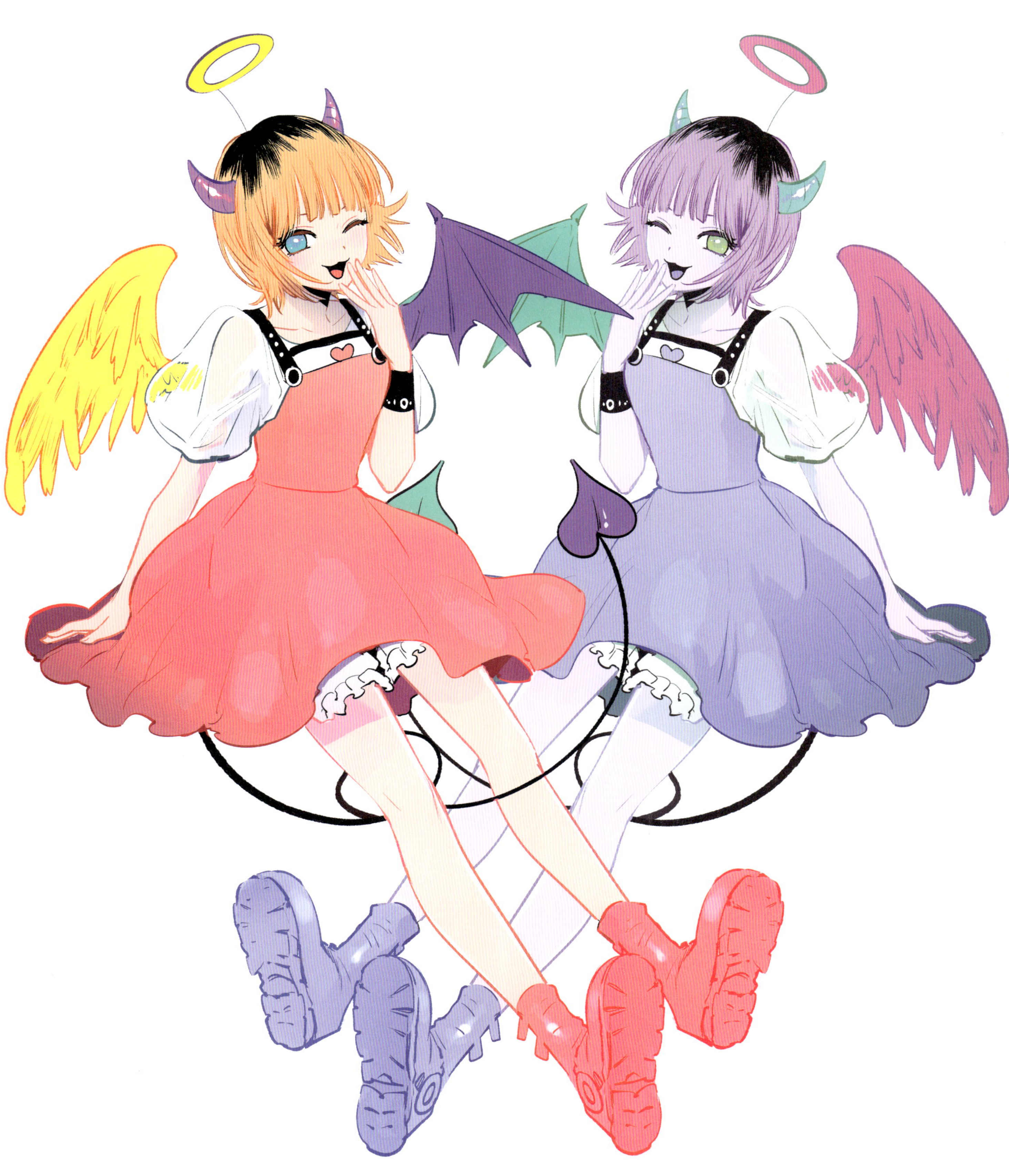

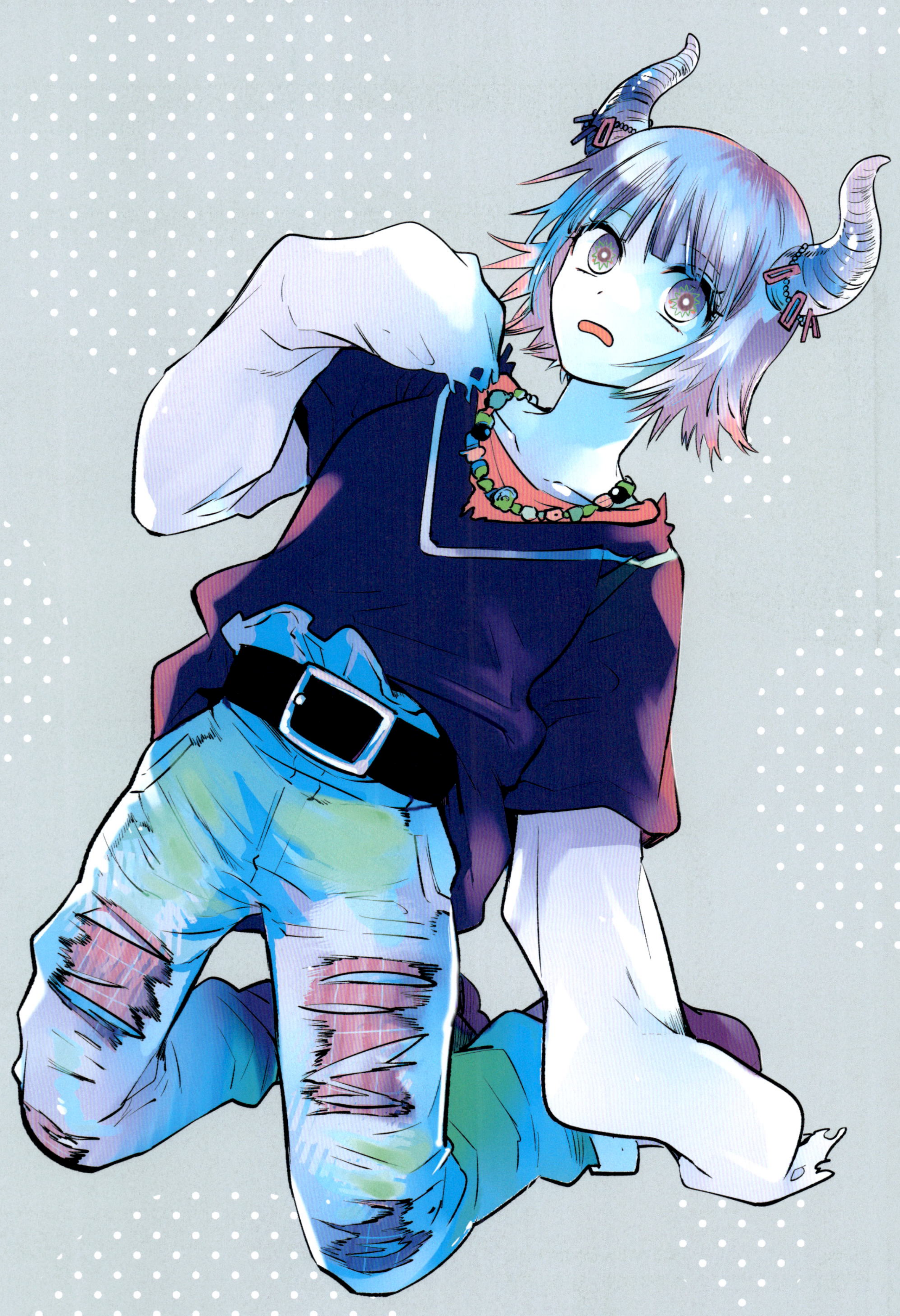

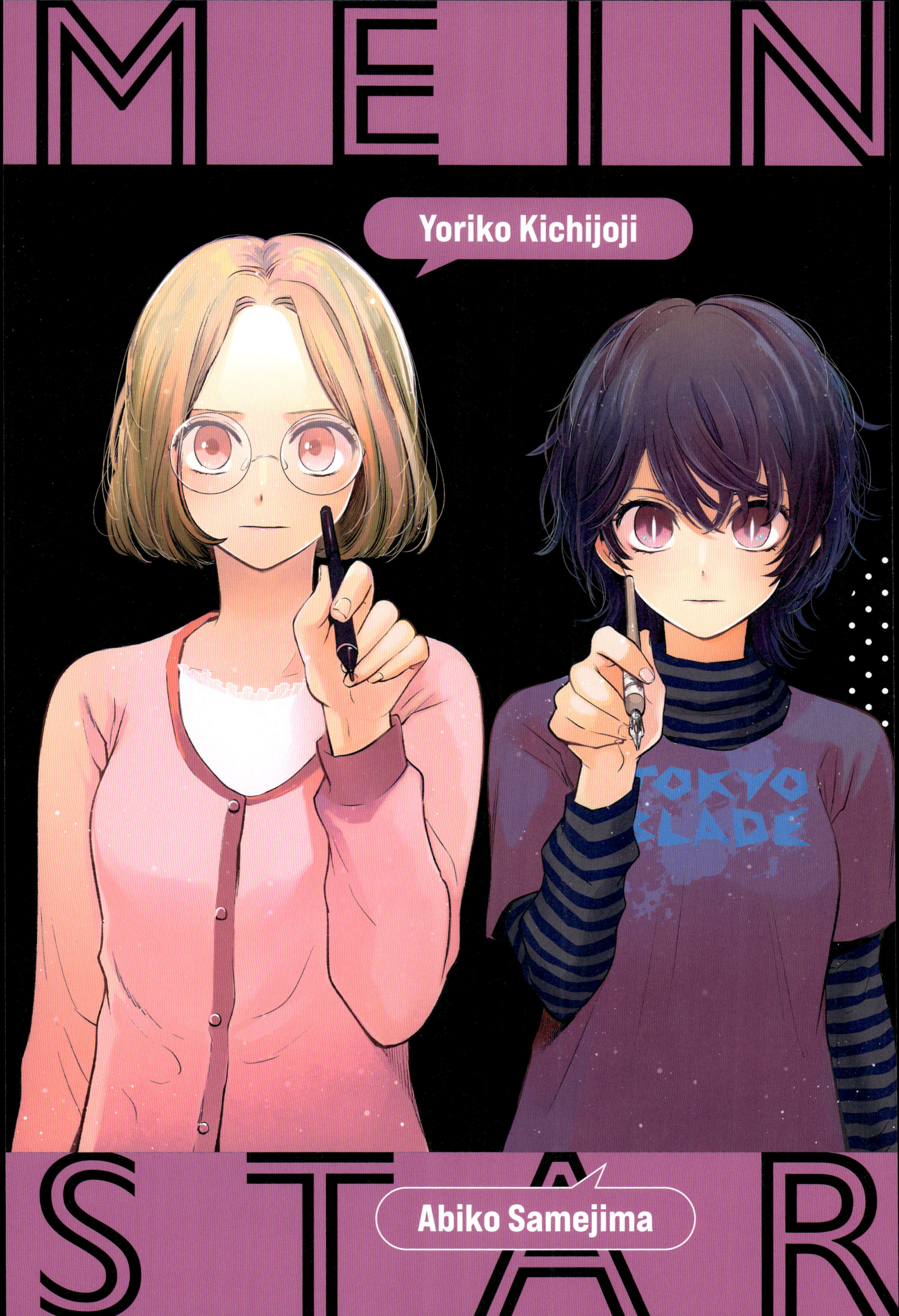
MEIN
Yoriko Kichijoji
TOKYO BLADE
STAR
Abiko Samejima

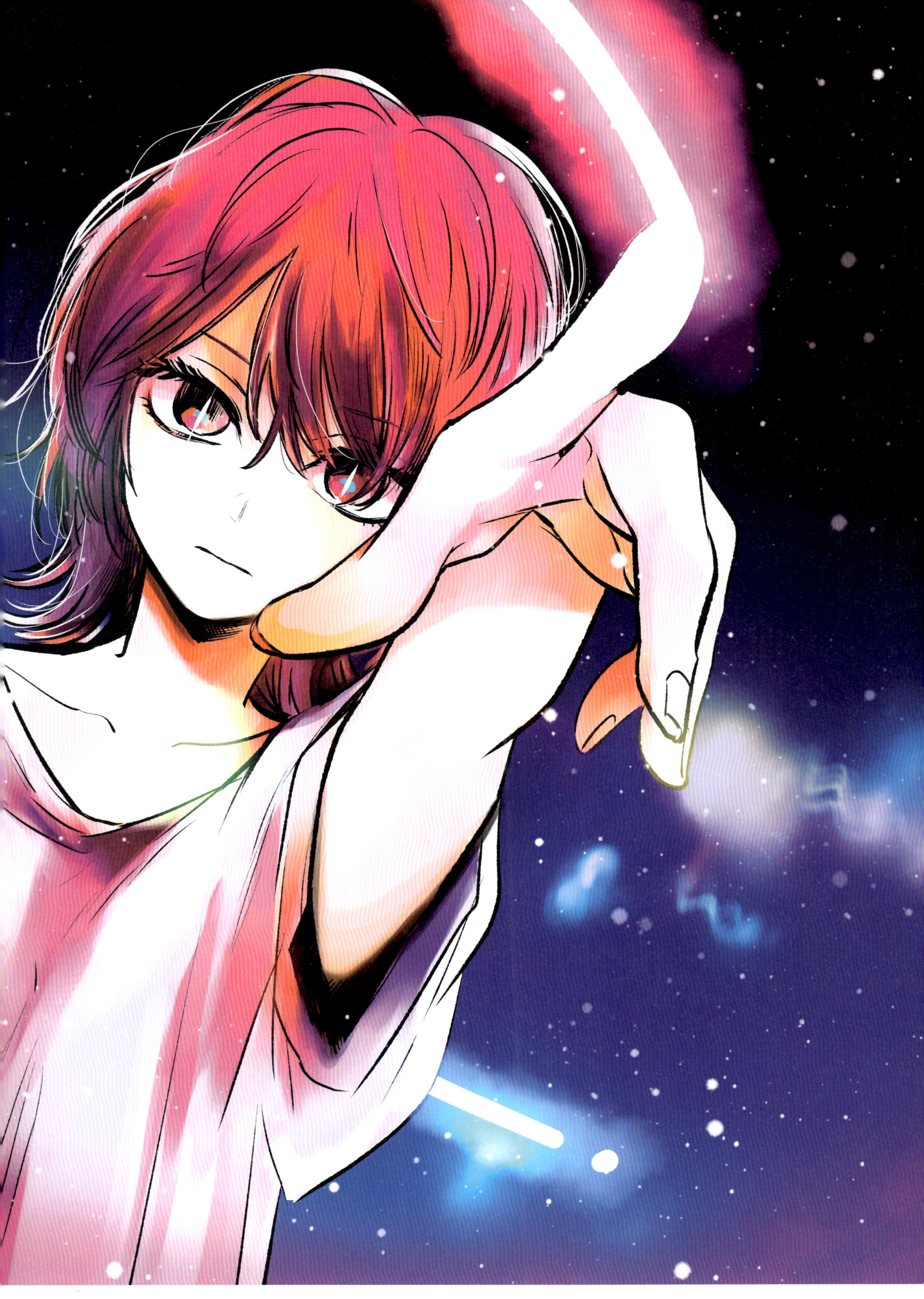

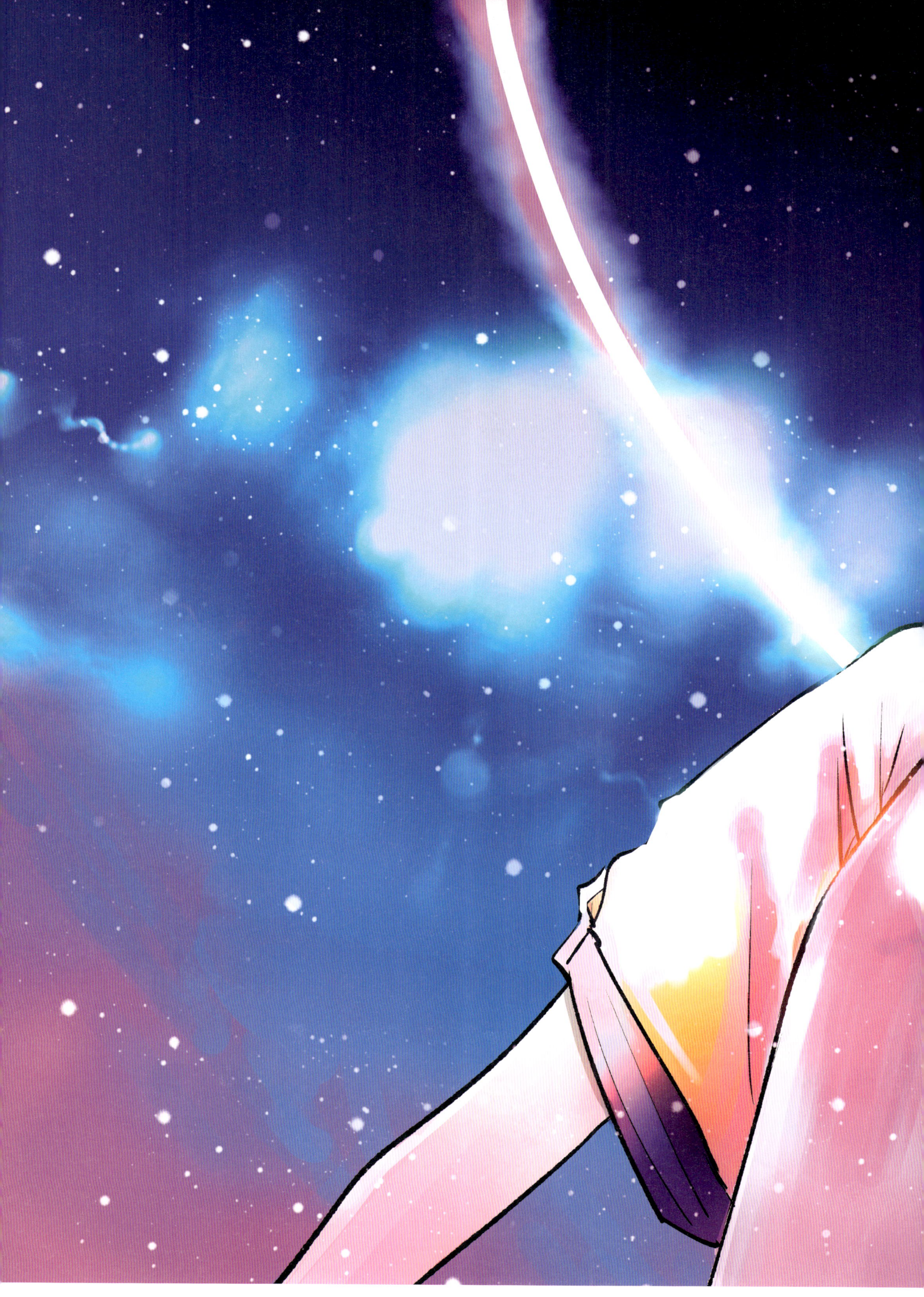

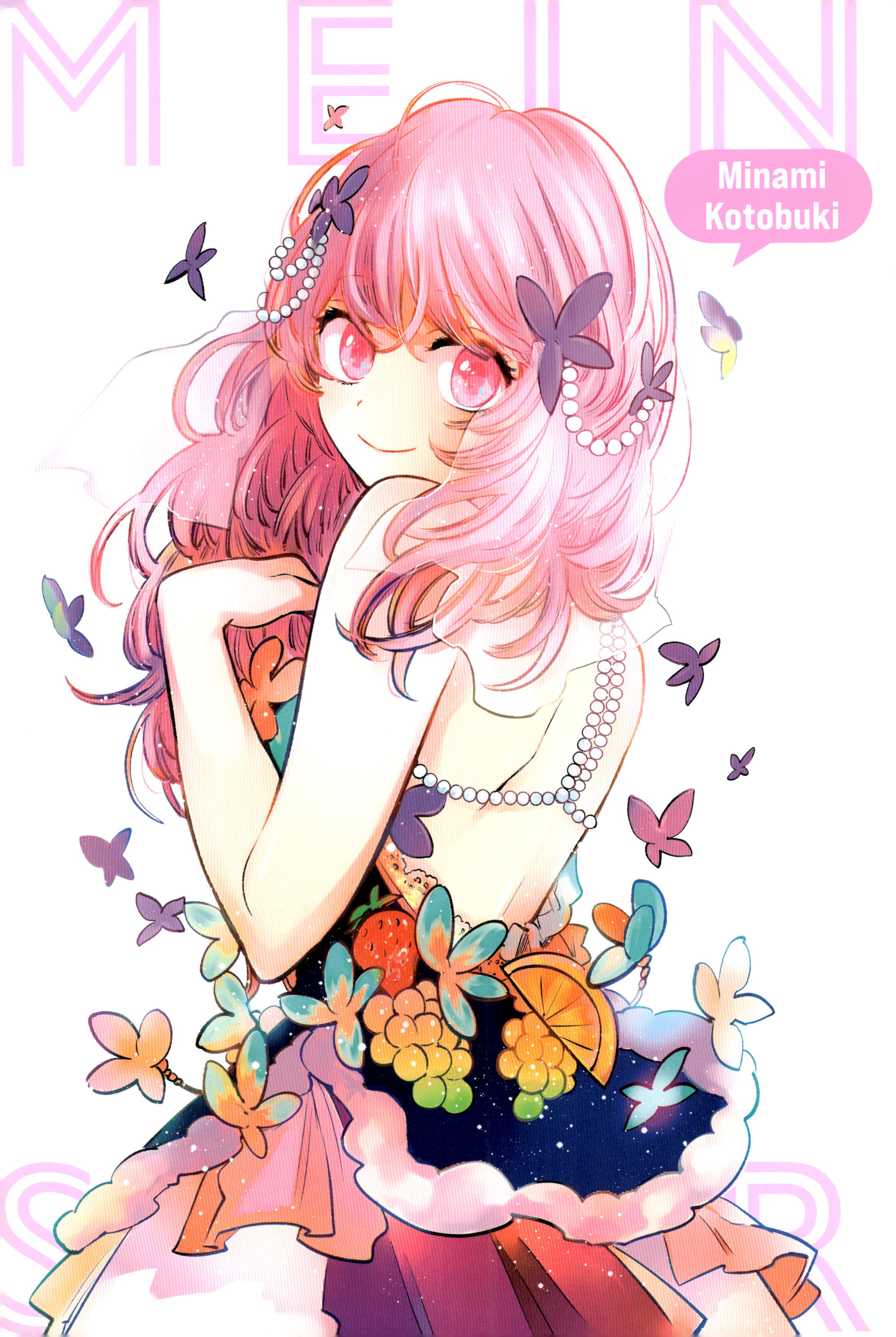
MEIN
Minami Kotobuki

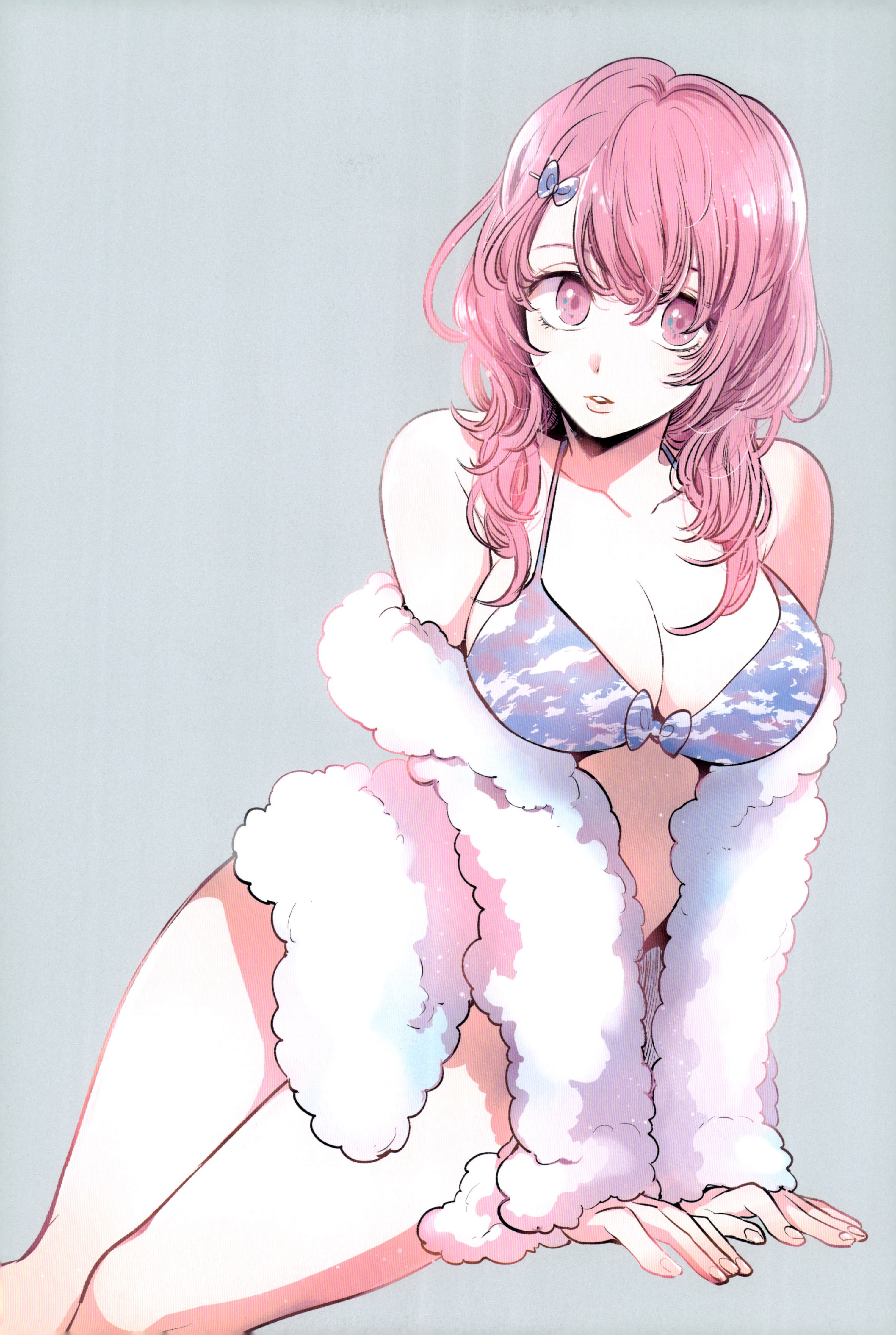

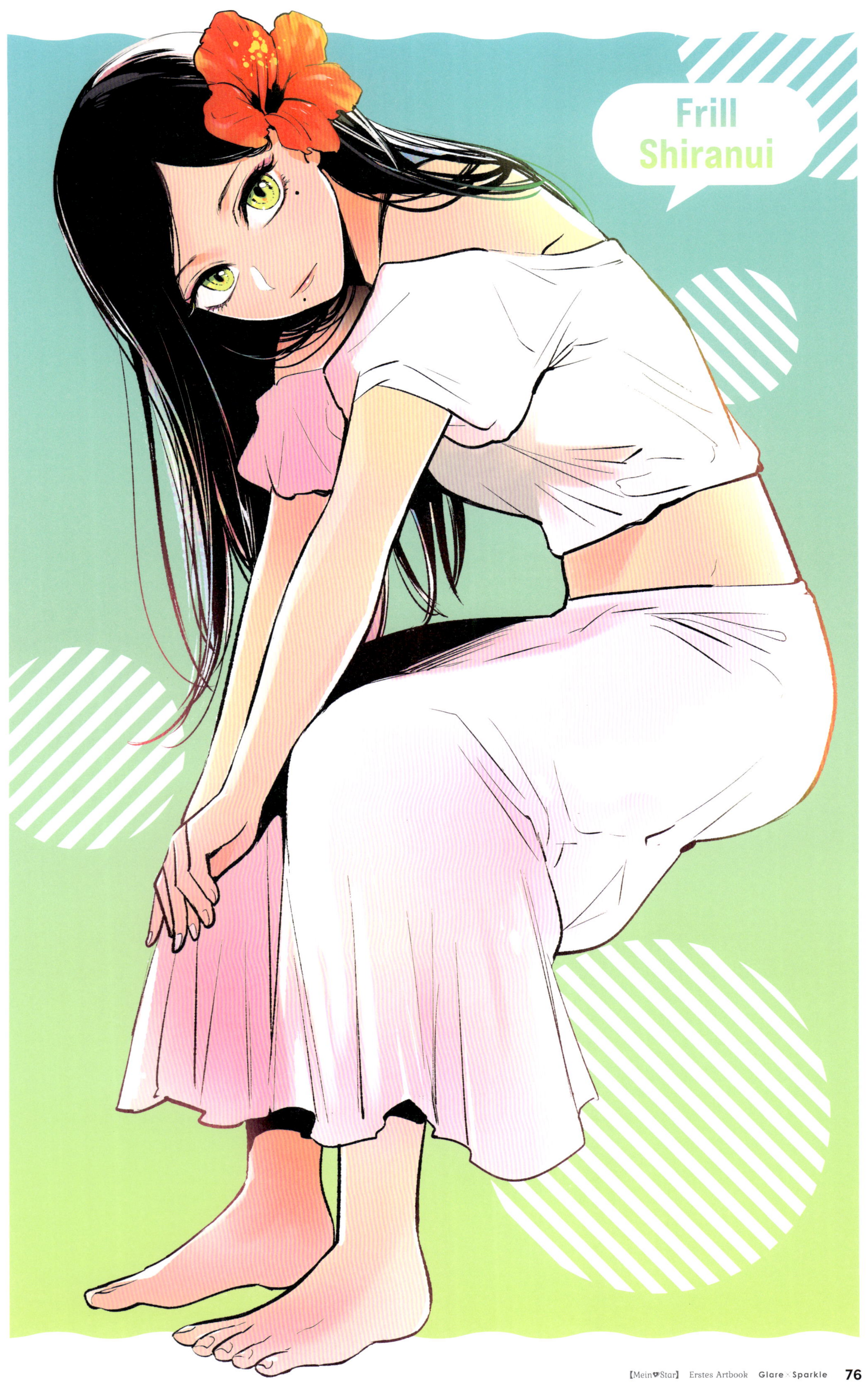
Frill
Shiranui

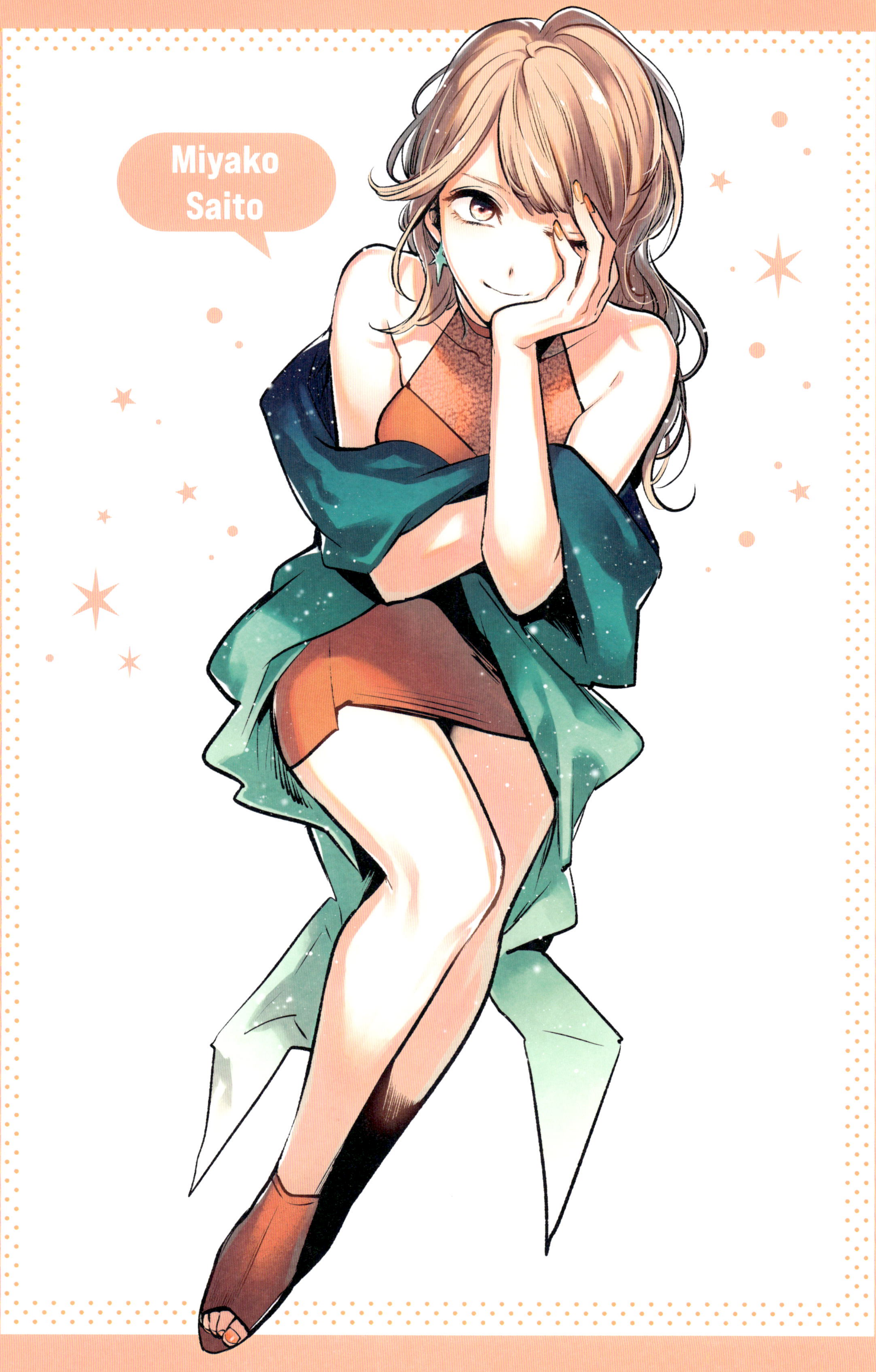
Miyako
Saito

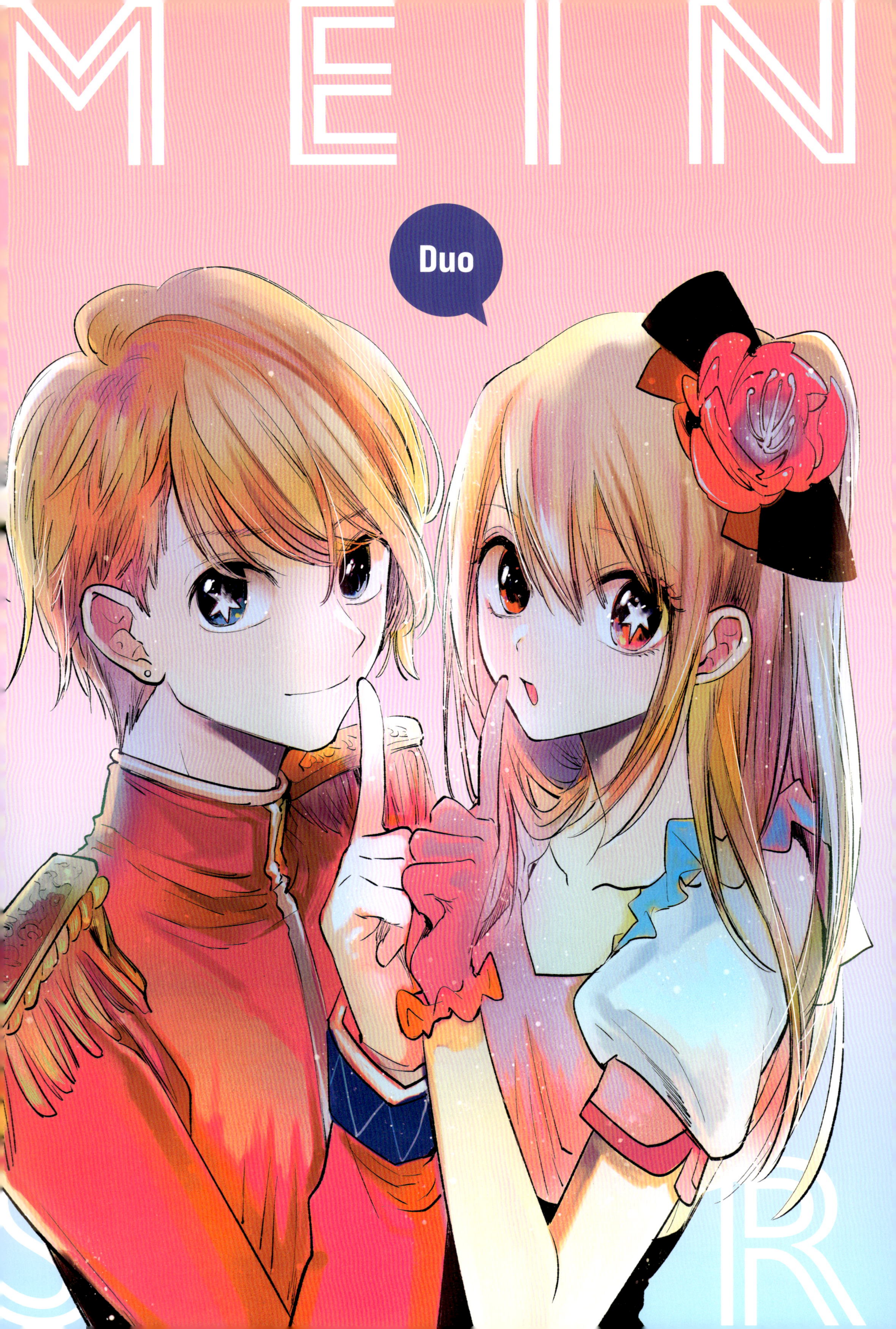
MEIN
Duo

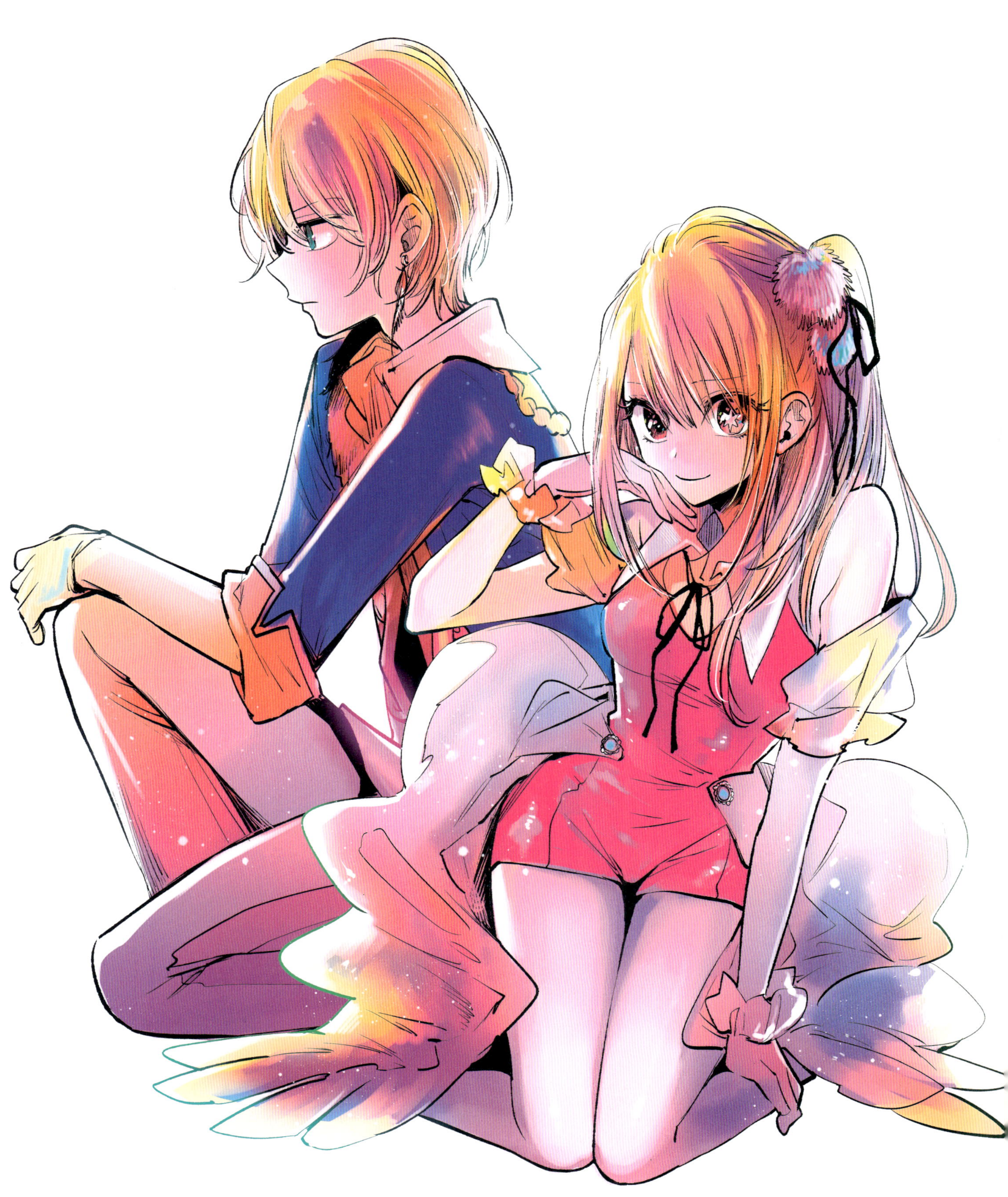

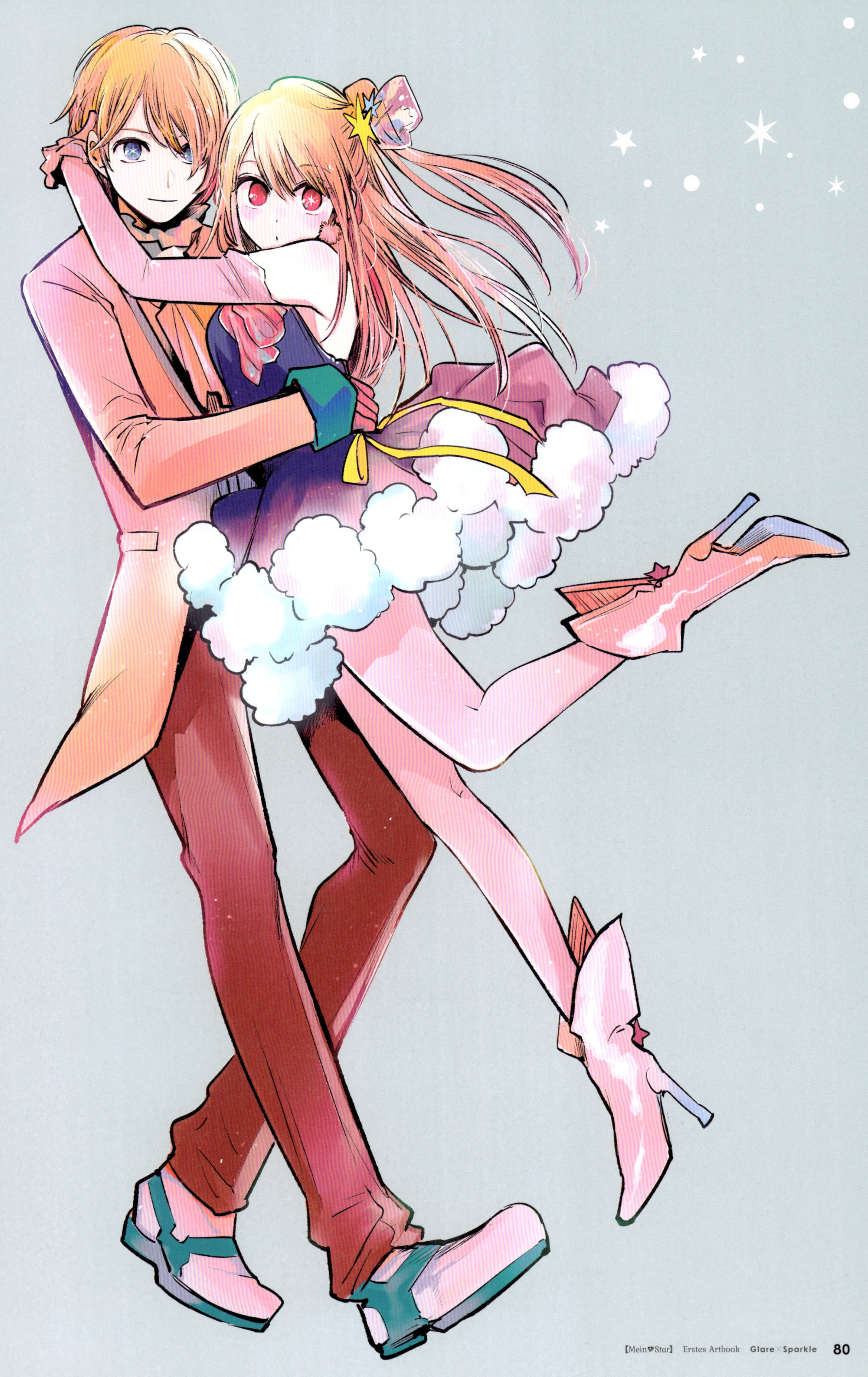

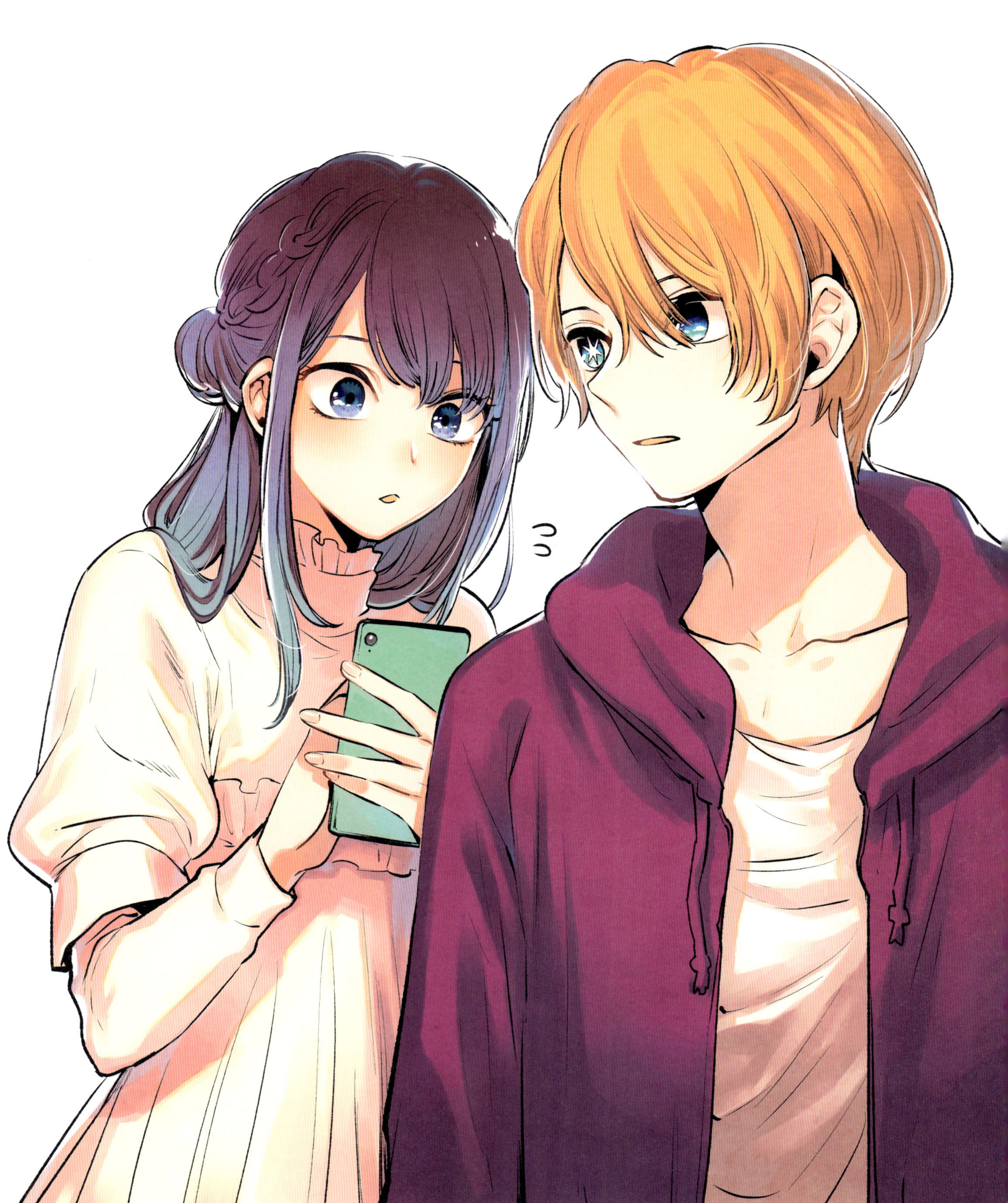

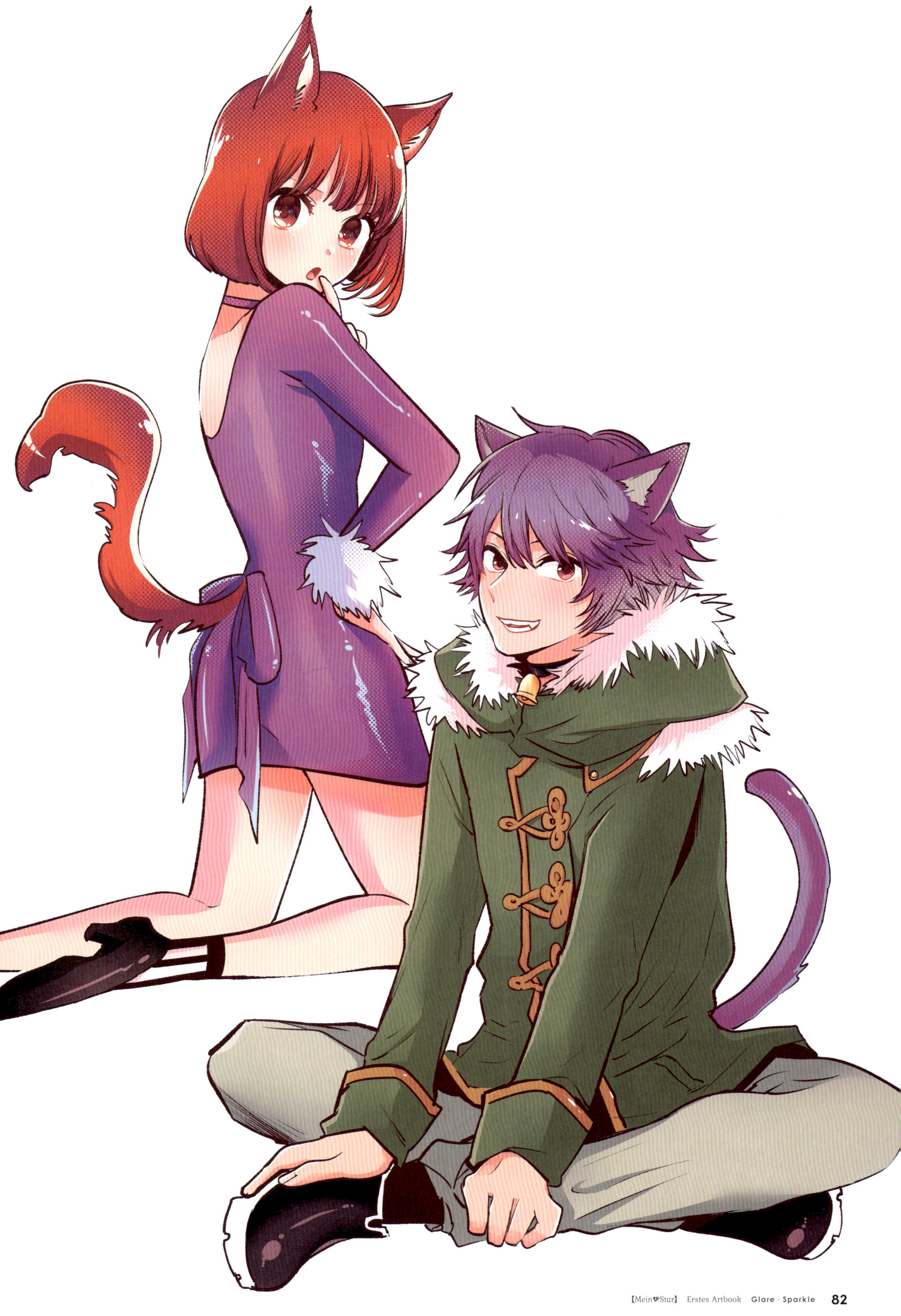

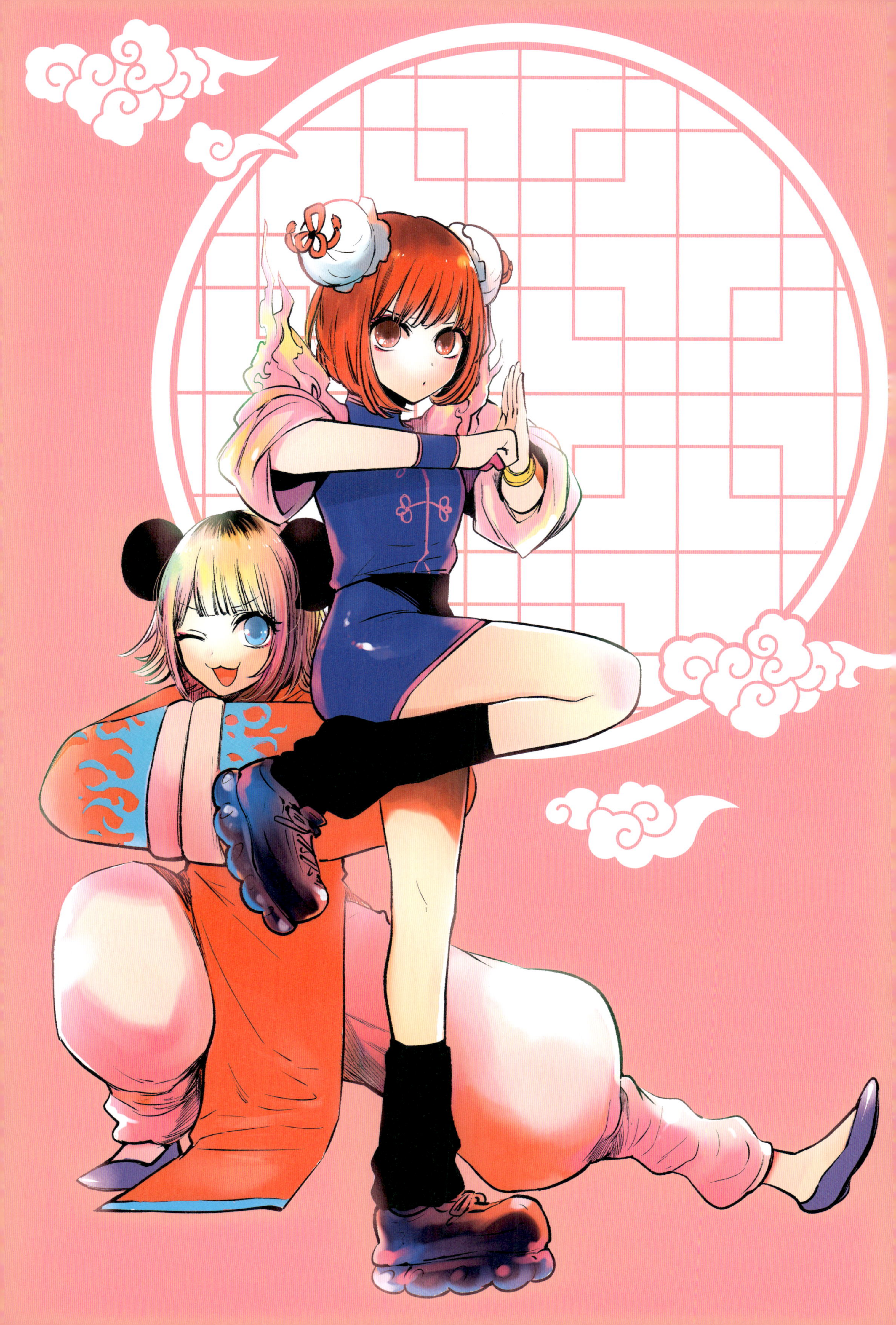

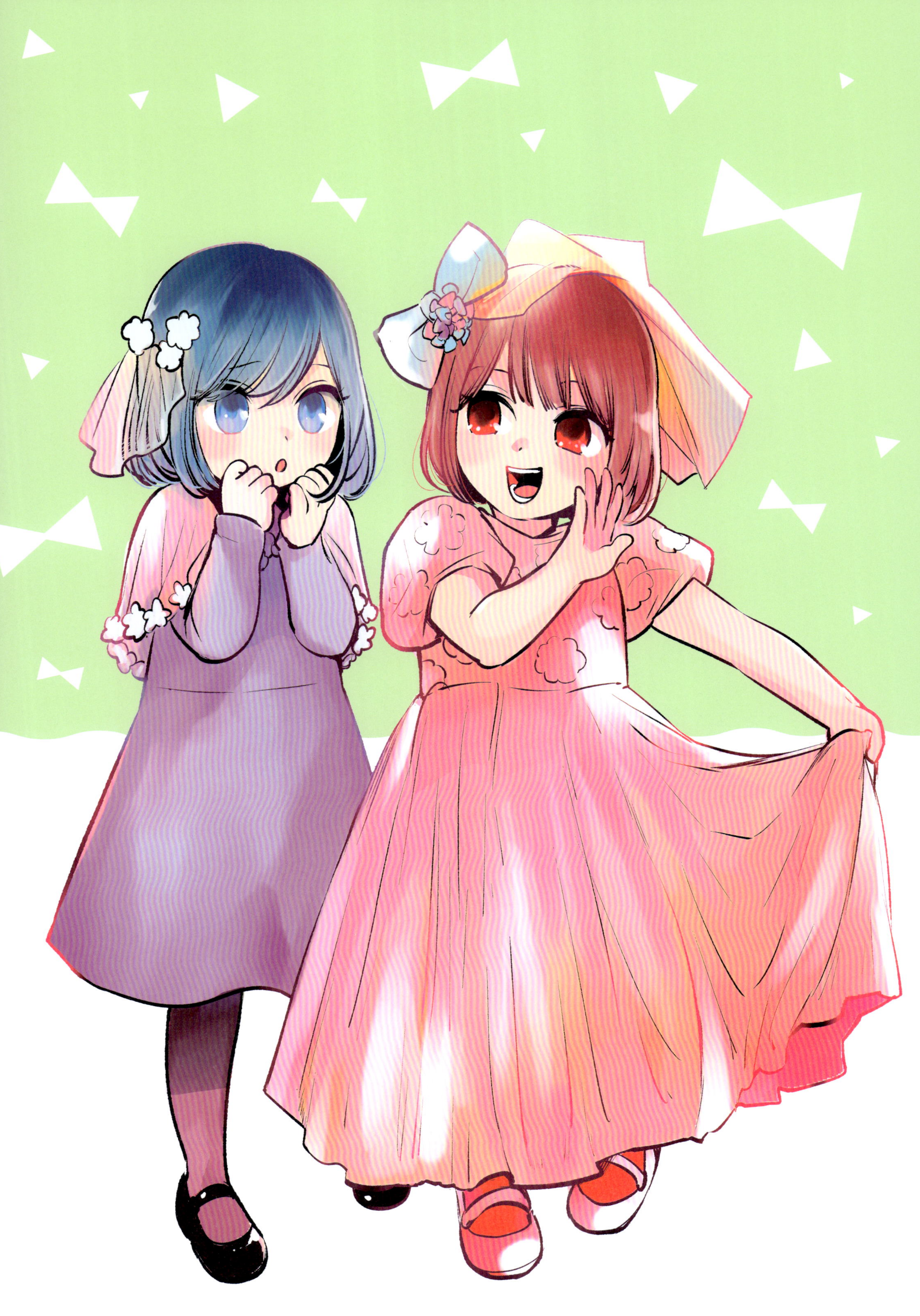

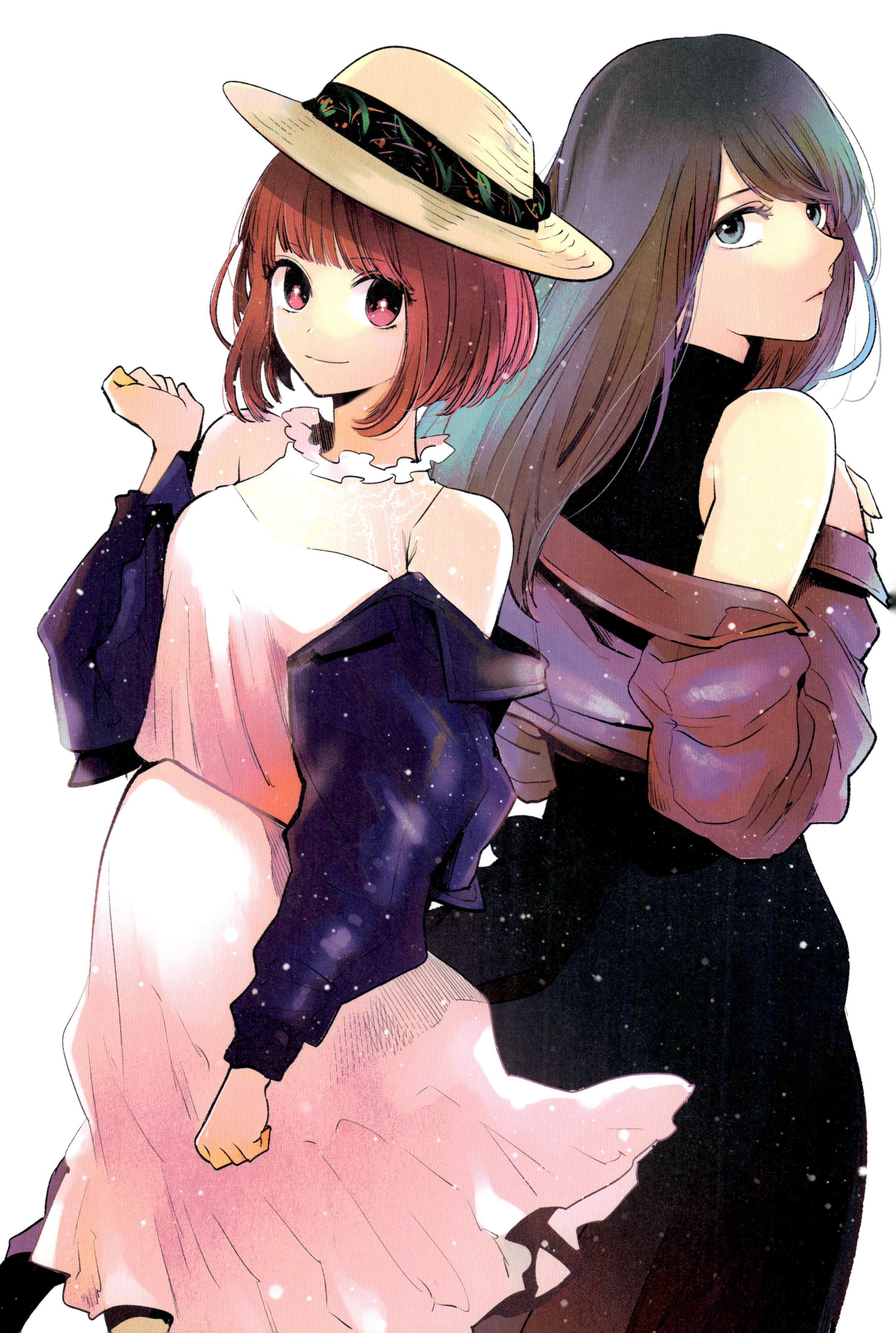

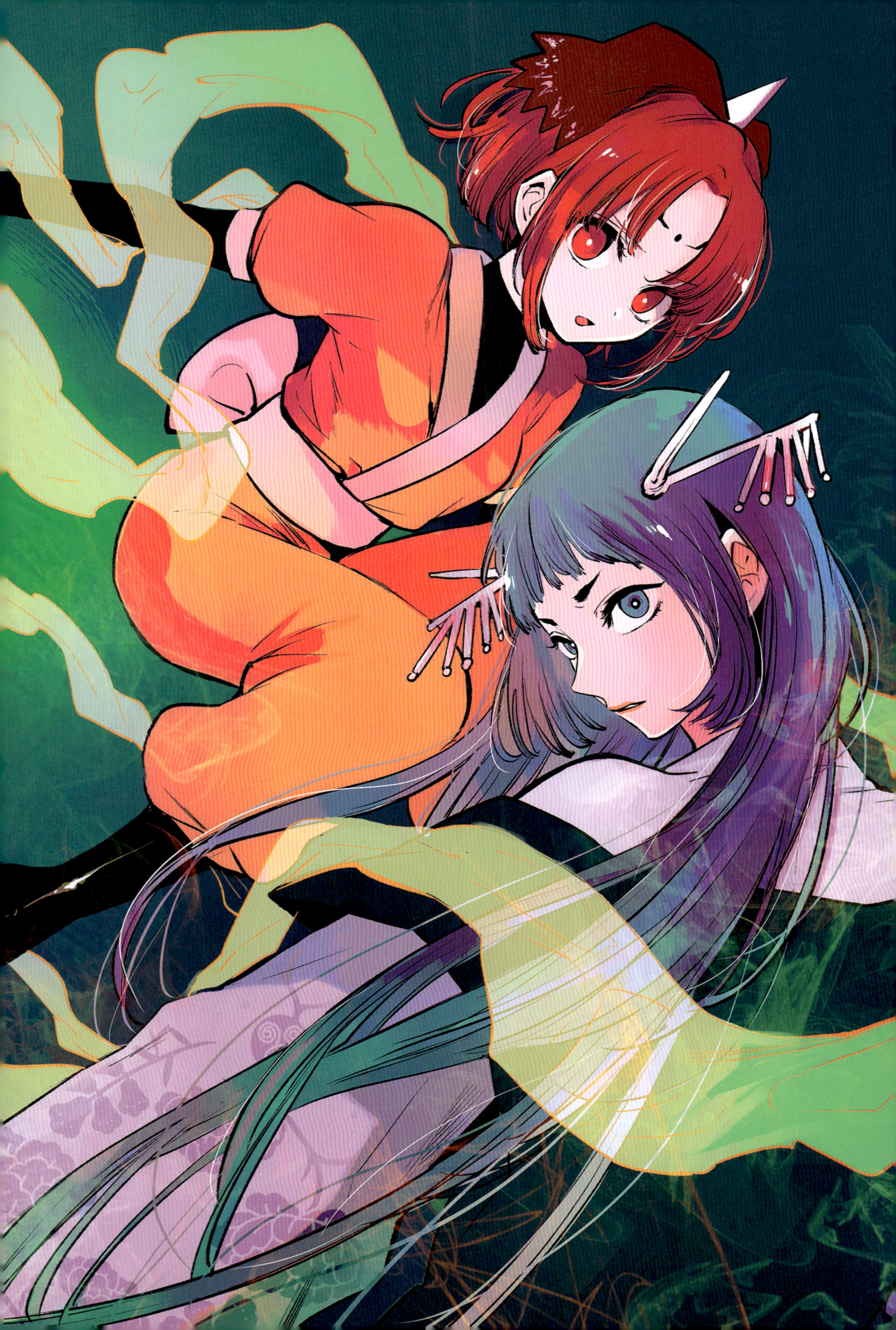

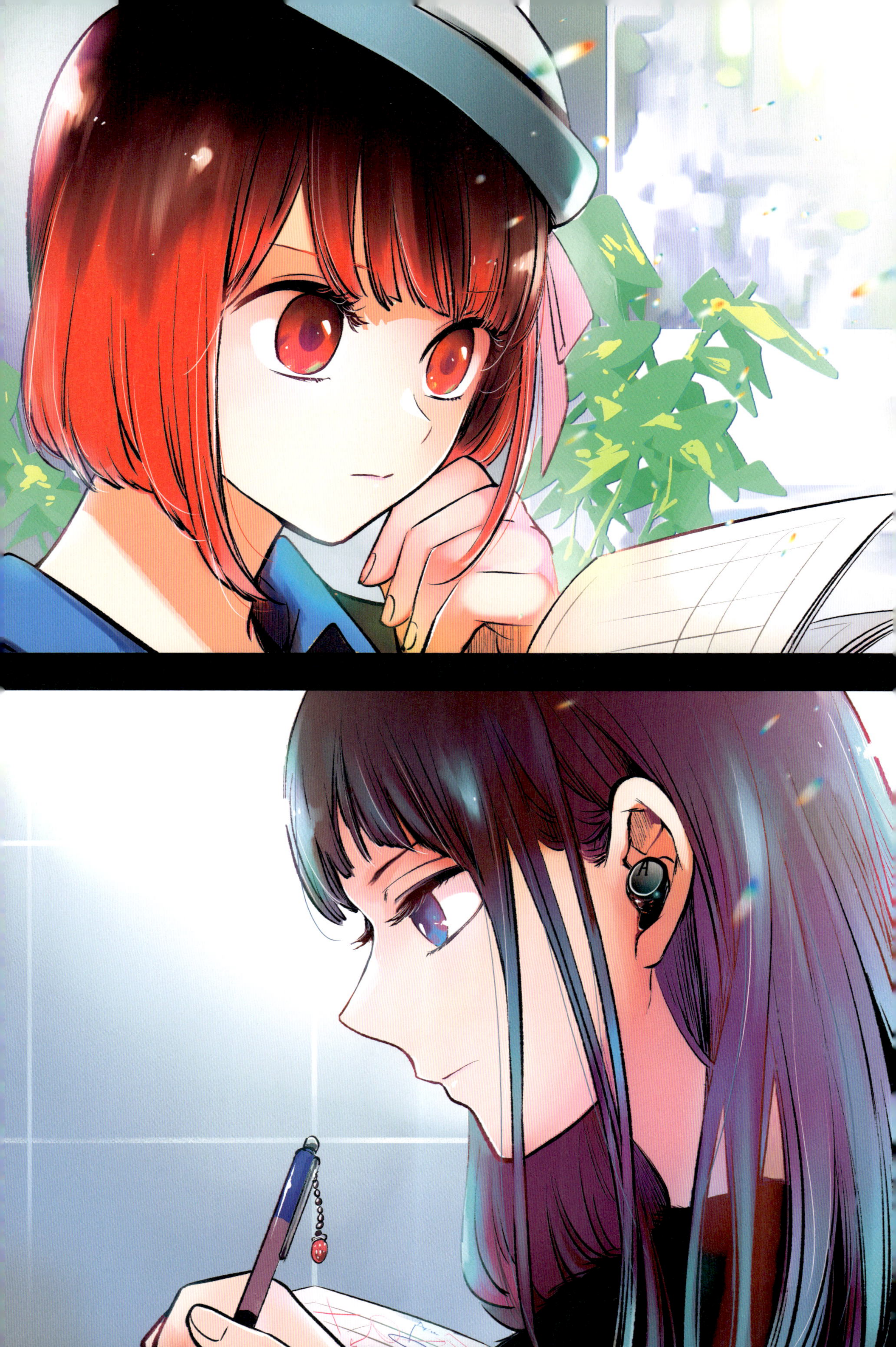

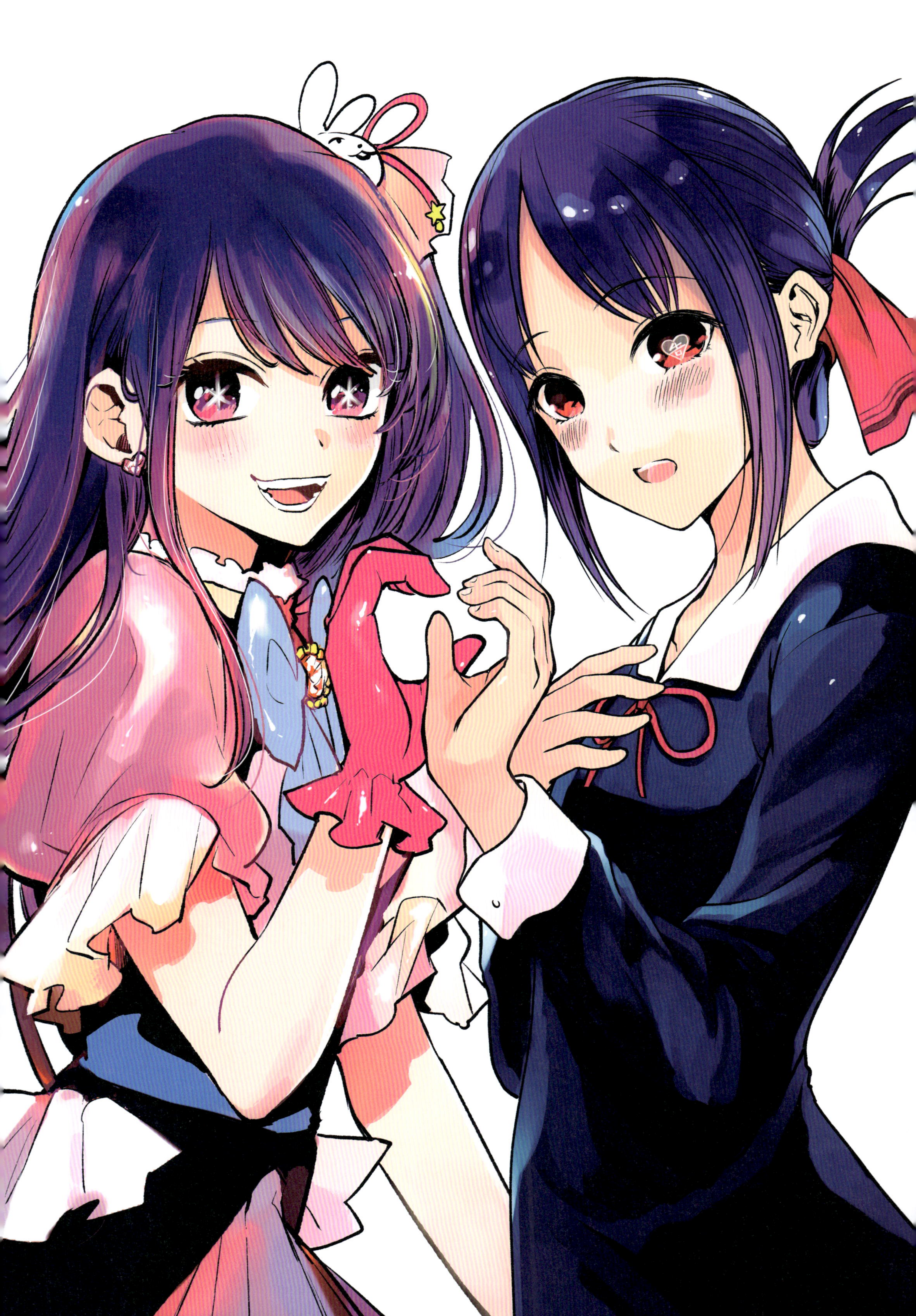

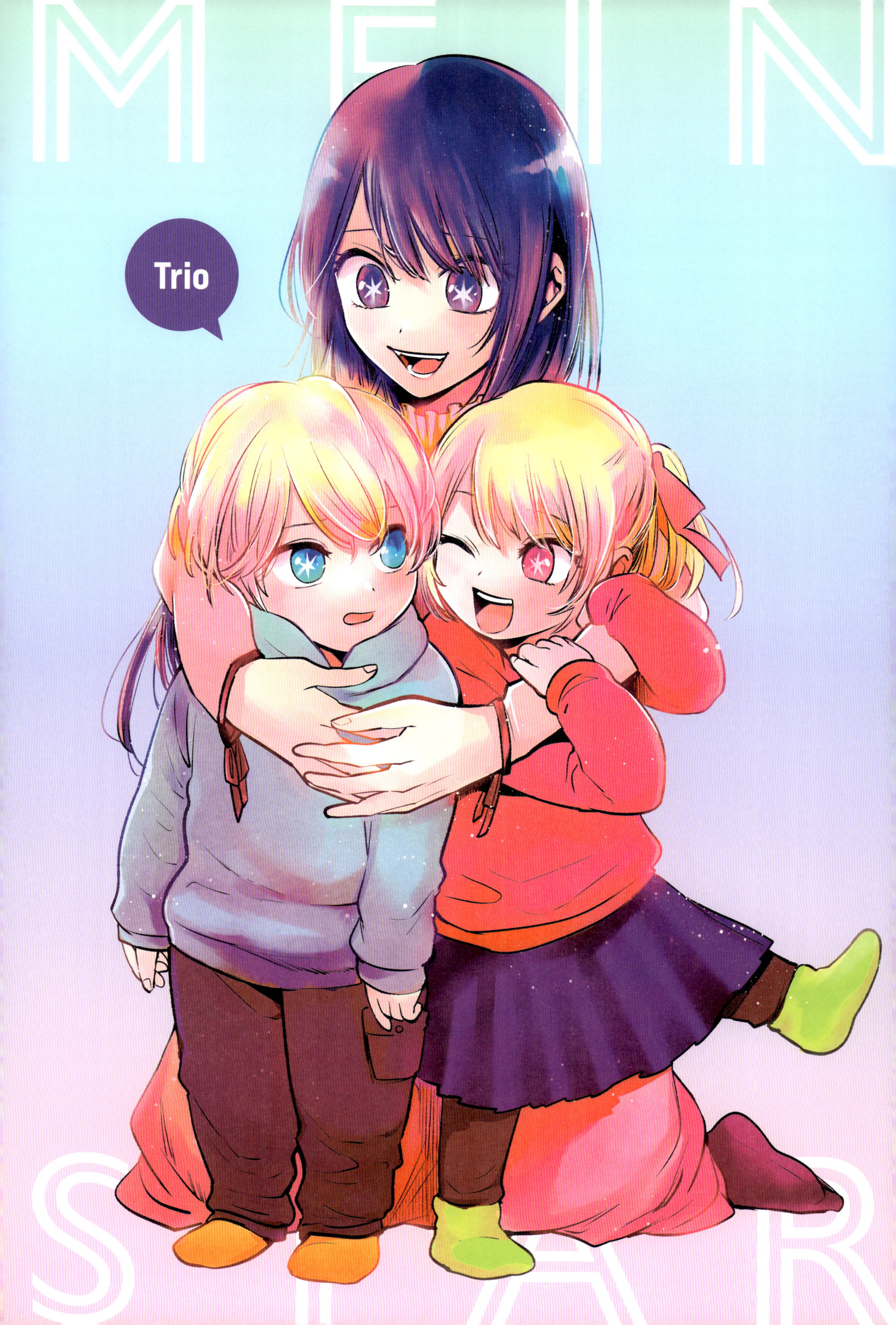
Trio

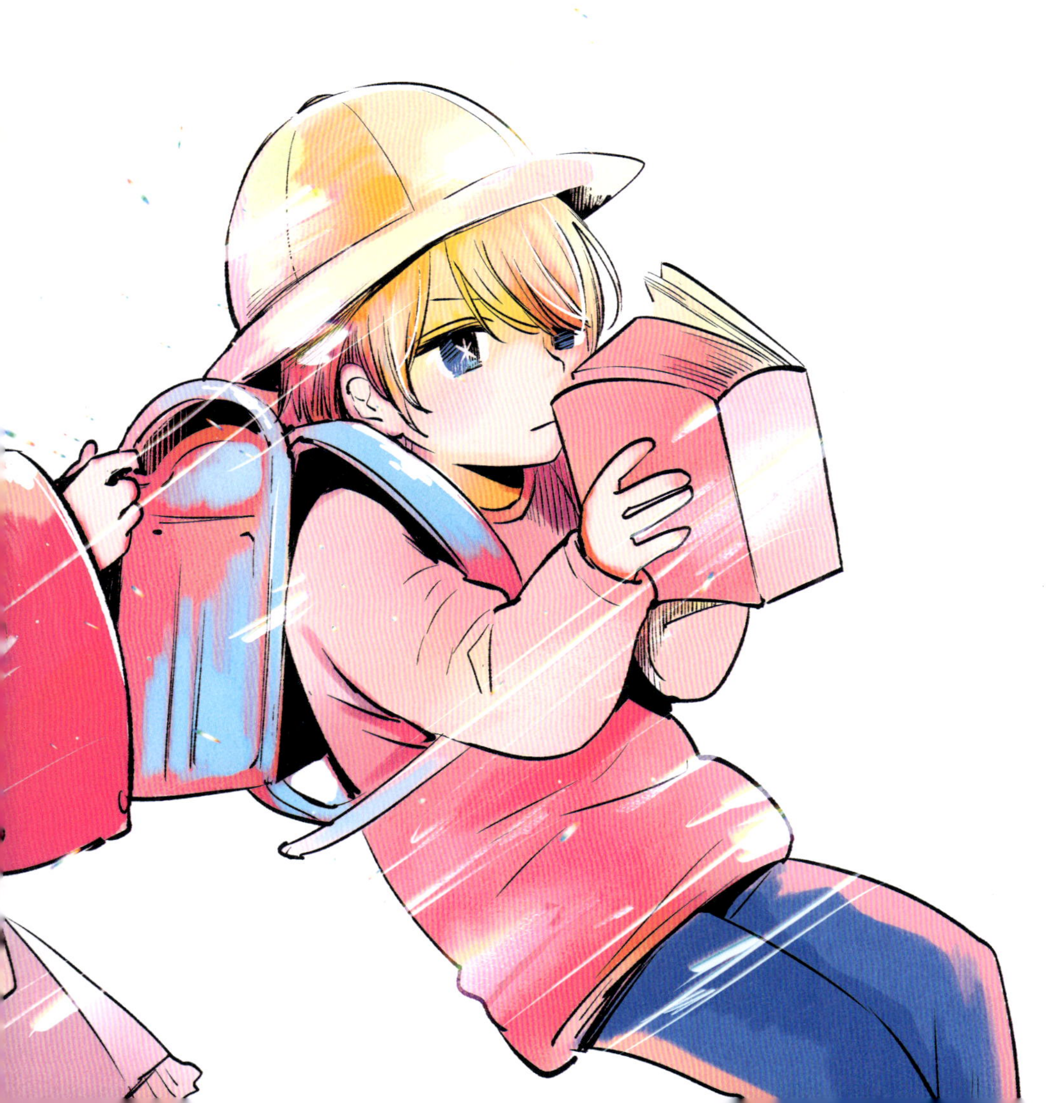

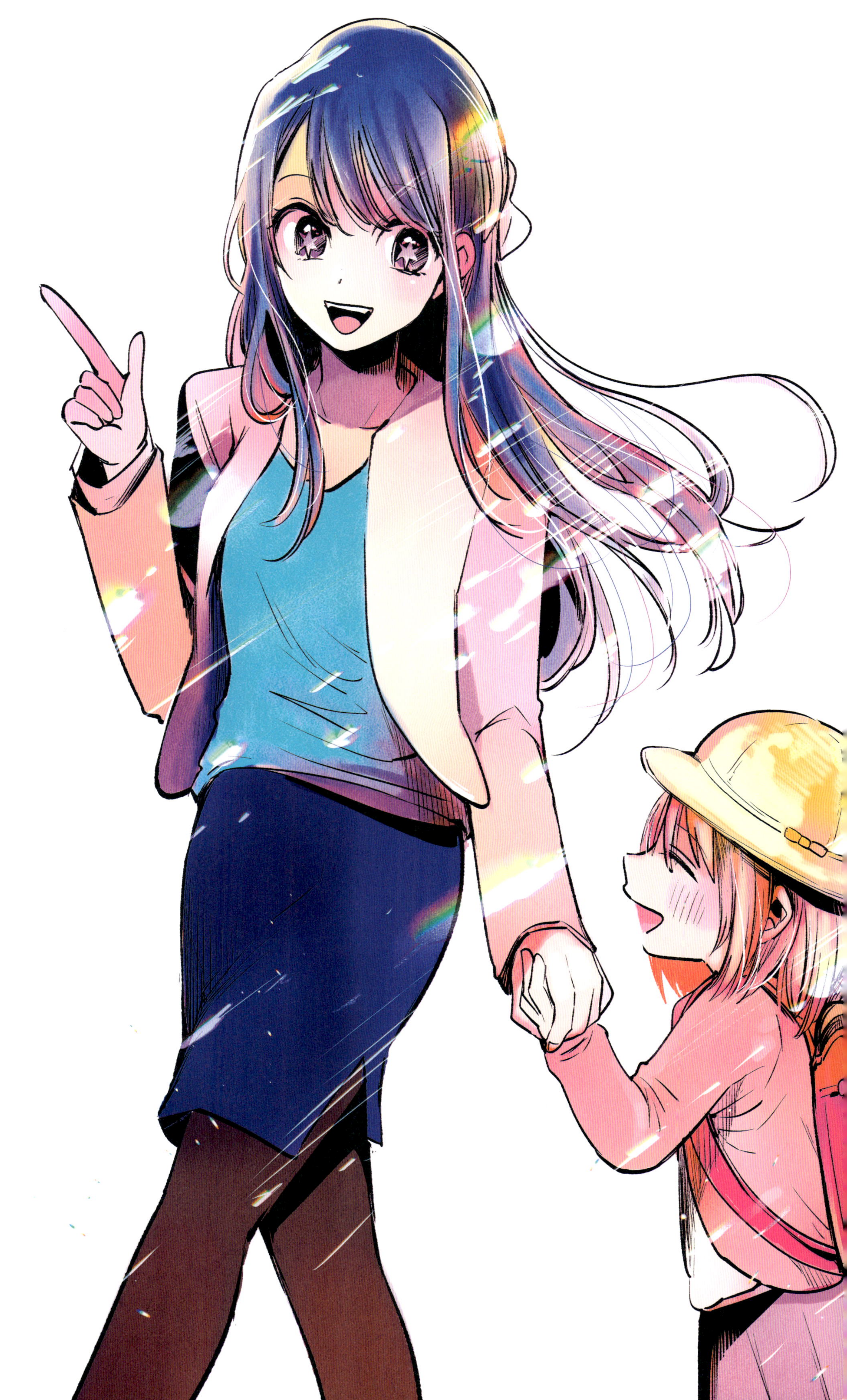

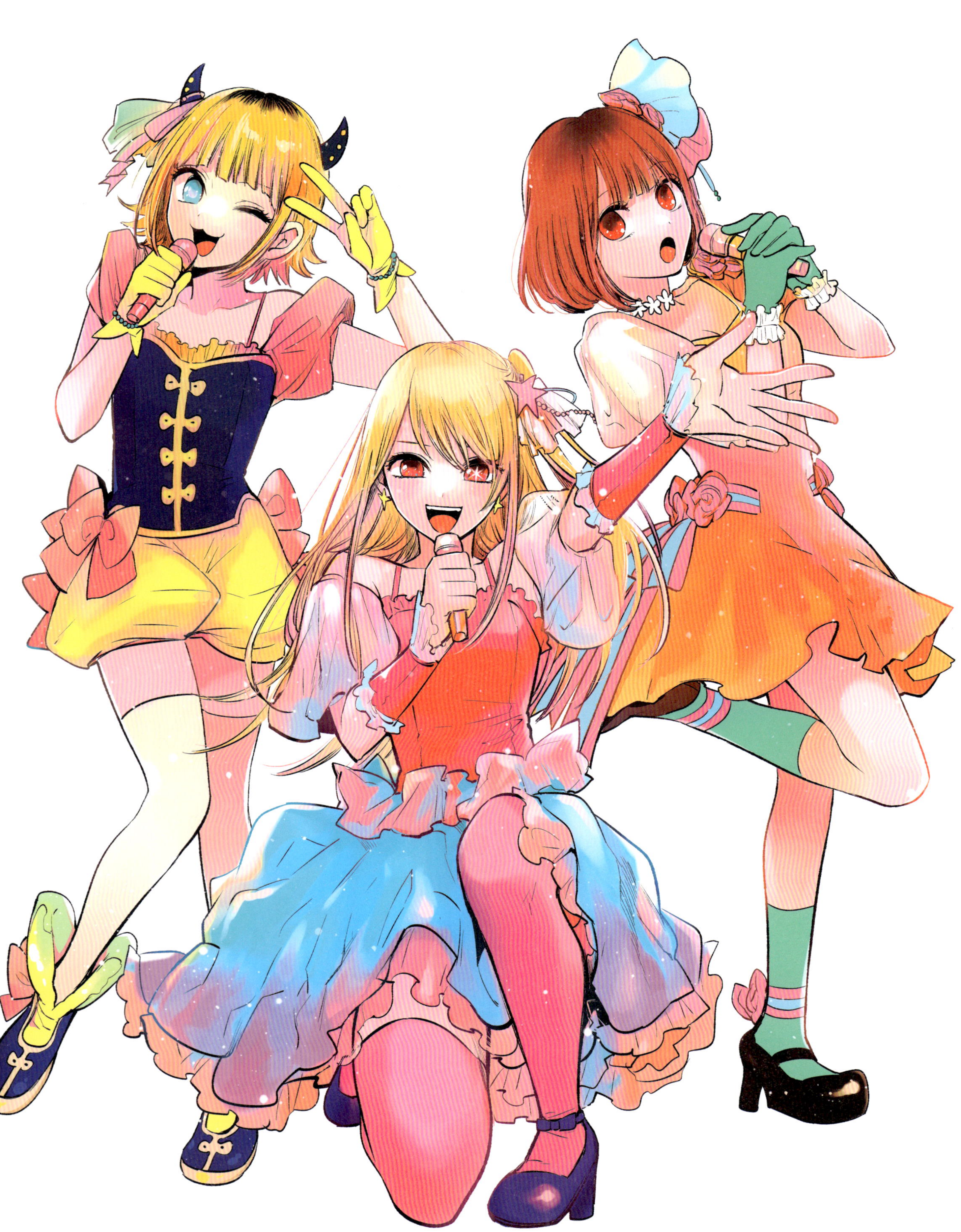

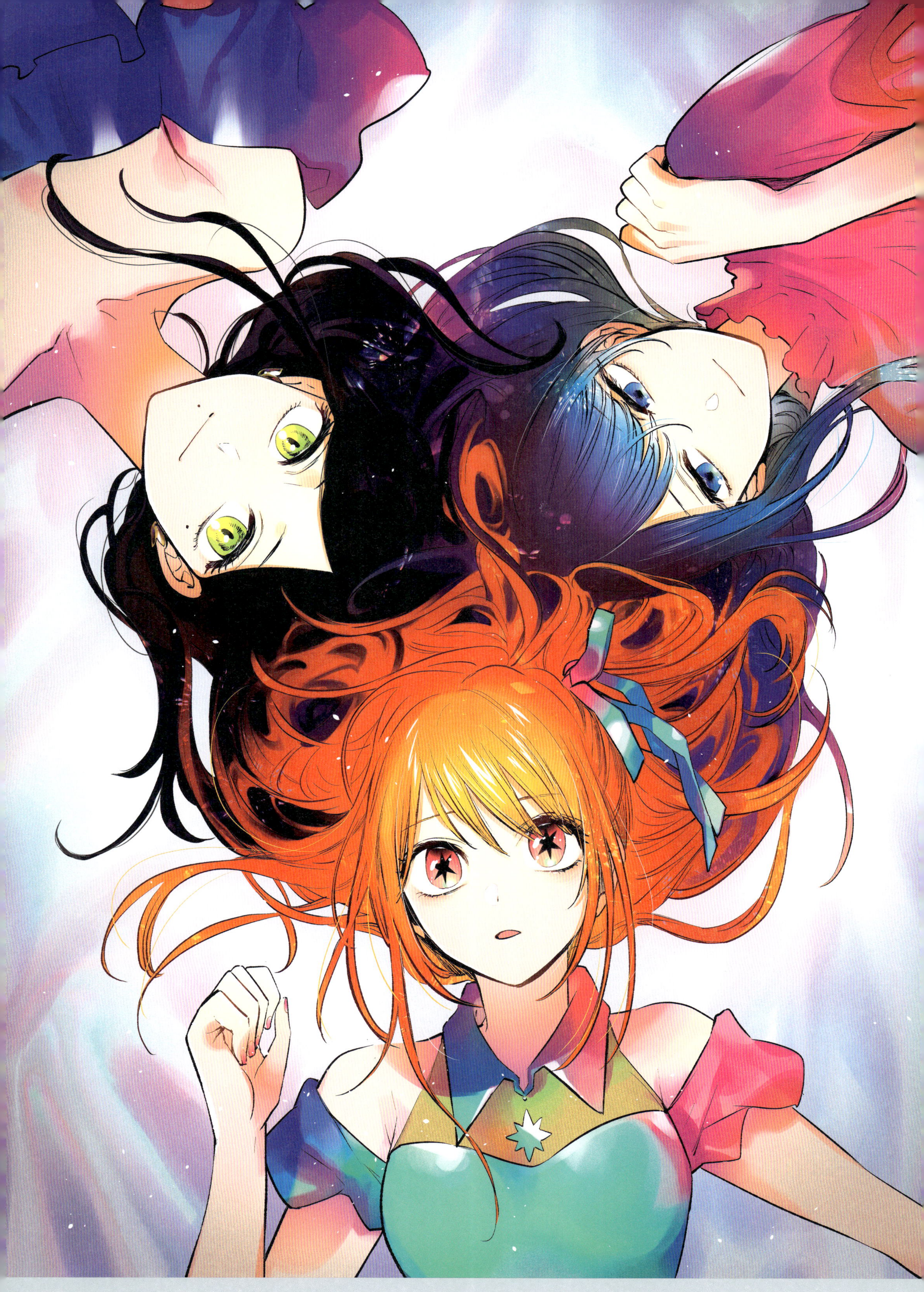

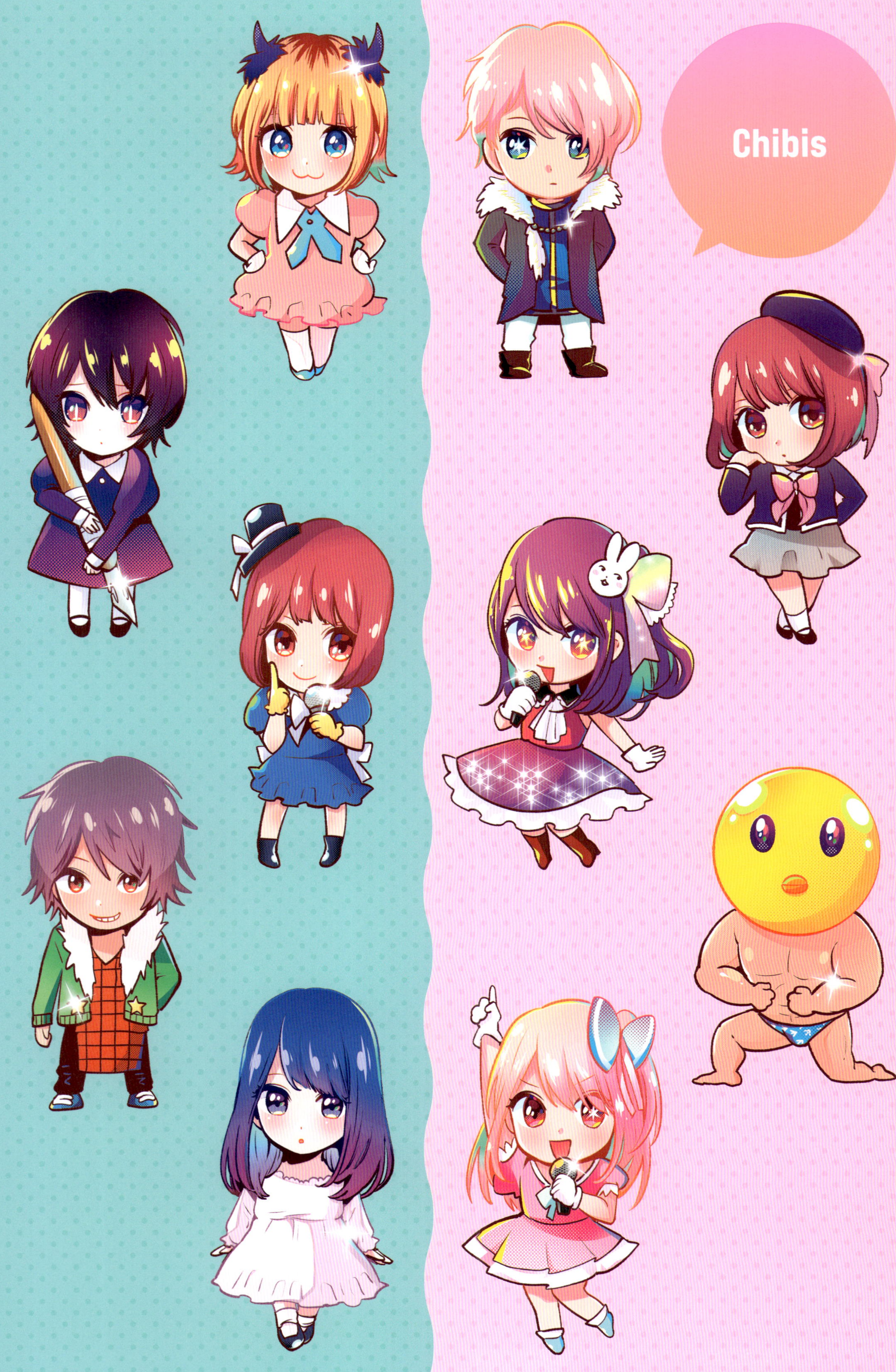
Chibis

Jubiläum

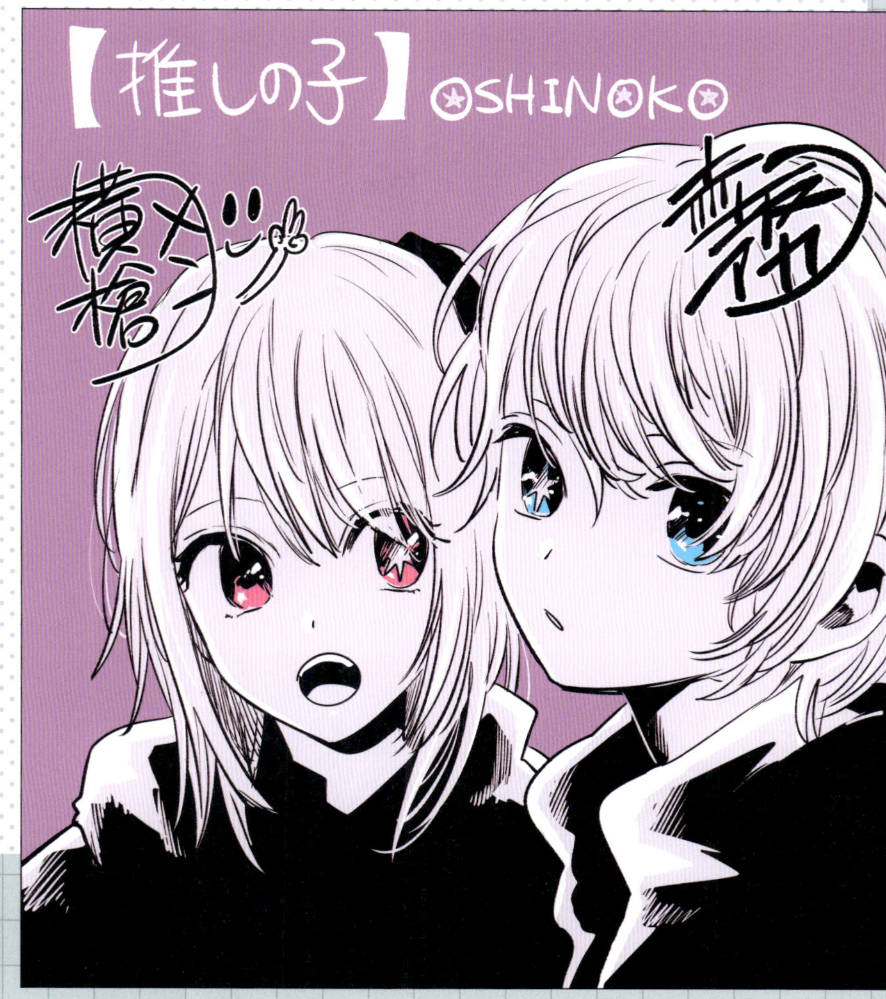

Dezember 2020
Jump Festa 2021

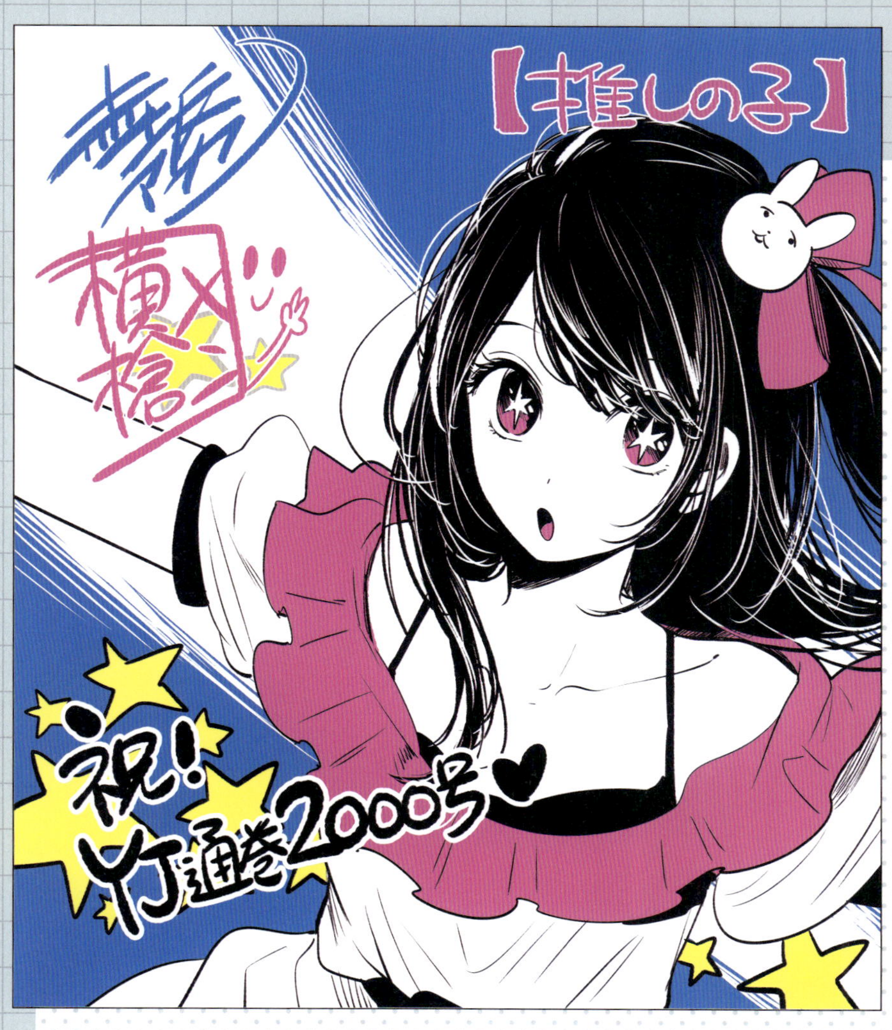

»Gratulation zur 2000. Ausgabe von *YJ*!«
Januar 2021
2000. Ausgabe von *Weekly Young Jump*

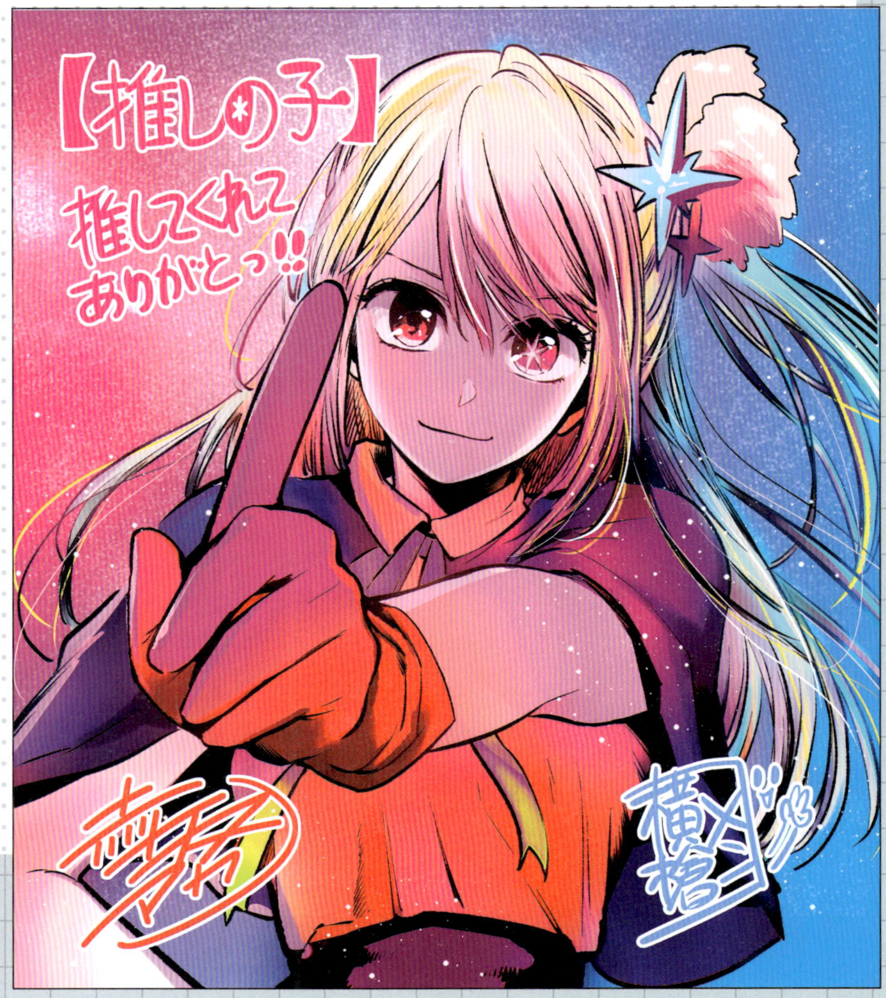

»Danke fürs Anfeuern!«

August 2021
Erster Preis in der Comic-Rubrik des Next Manga Awards 2021

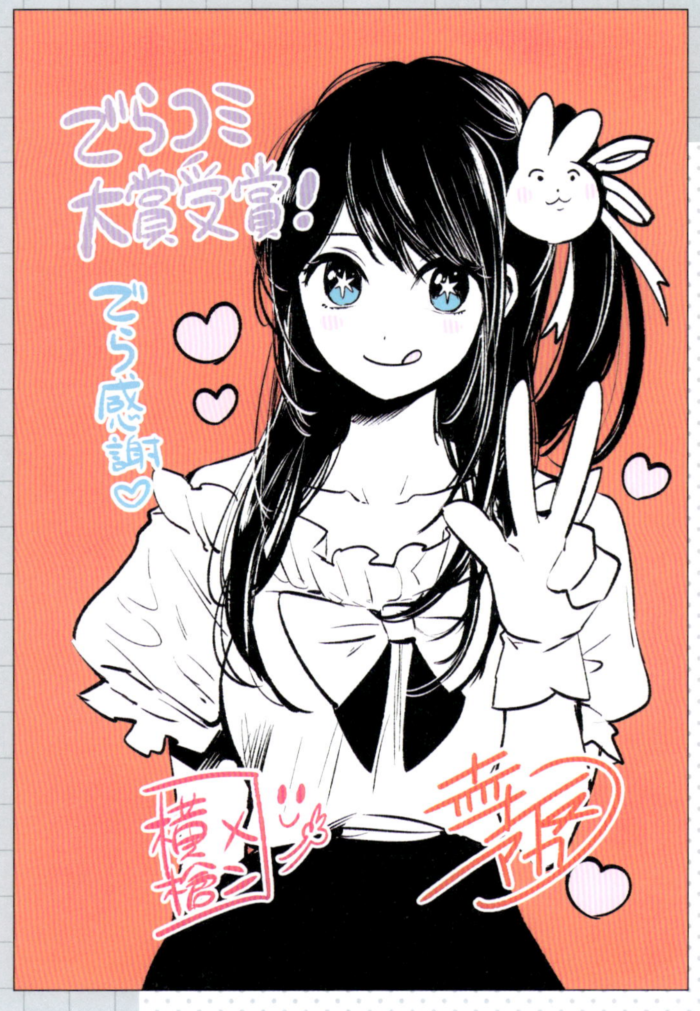

»1. Preis bei DeraComi!
Vielen herzlichen Dank ♥«

November 2021
Erster Preis beim #DeraComi!2, einem Comic Award der Buchhandlung Sanyodo

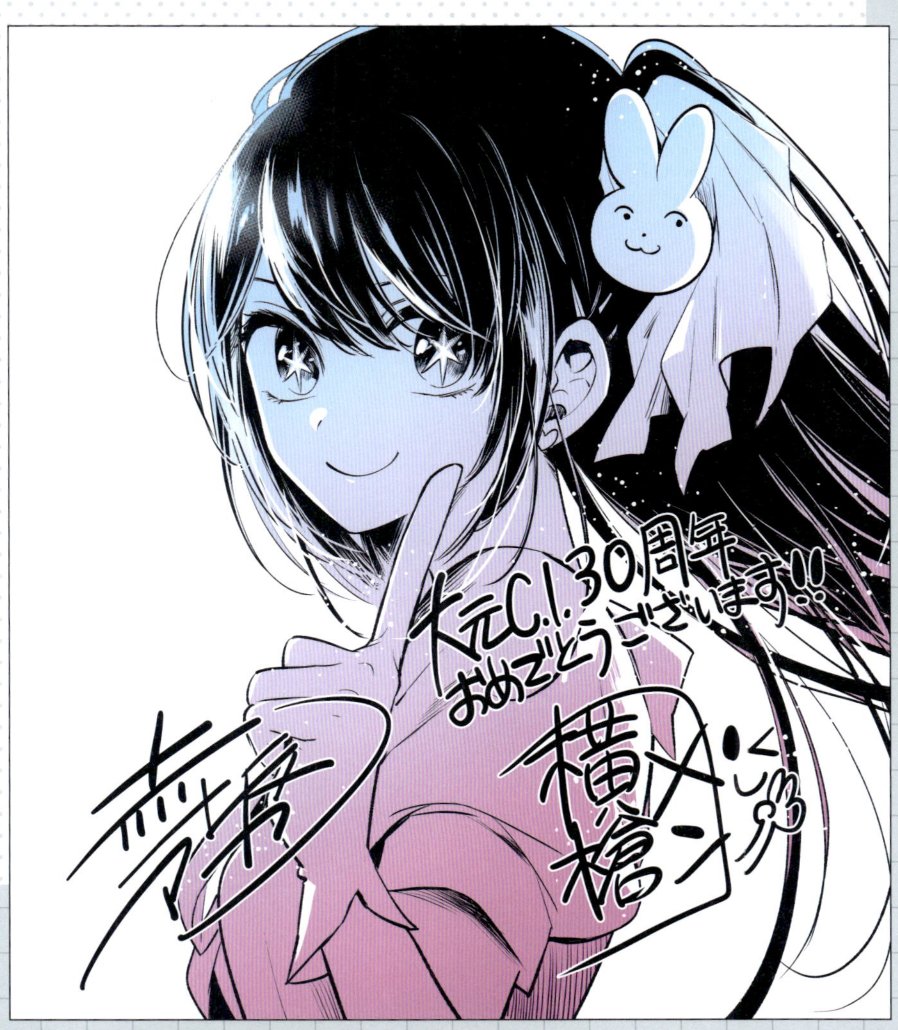

»Herzlichen Glückwunsch zum 30. Jubiläum von Daewon C.I.!!«

Dezember 2021
Dreißigstes Jubiläum von Daewon C.I.

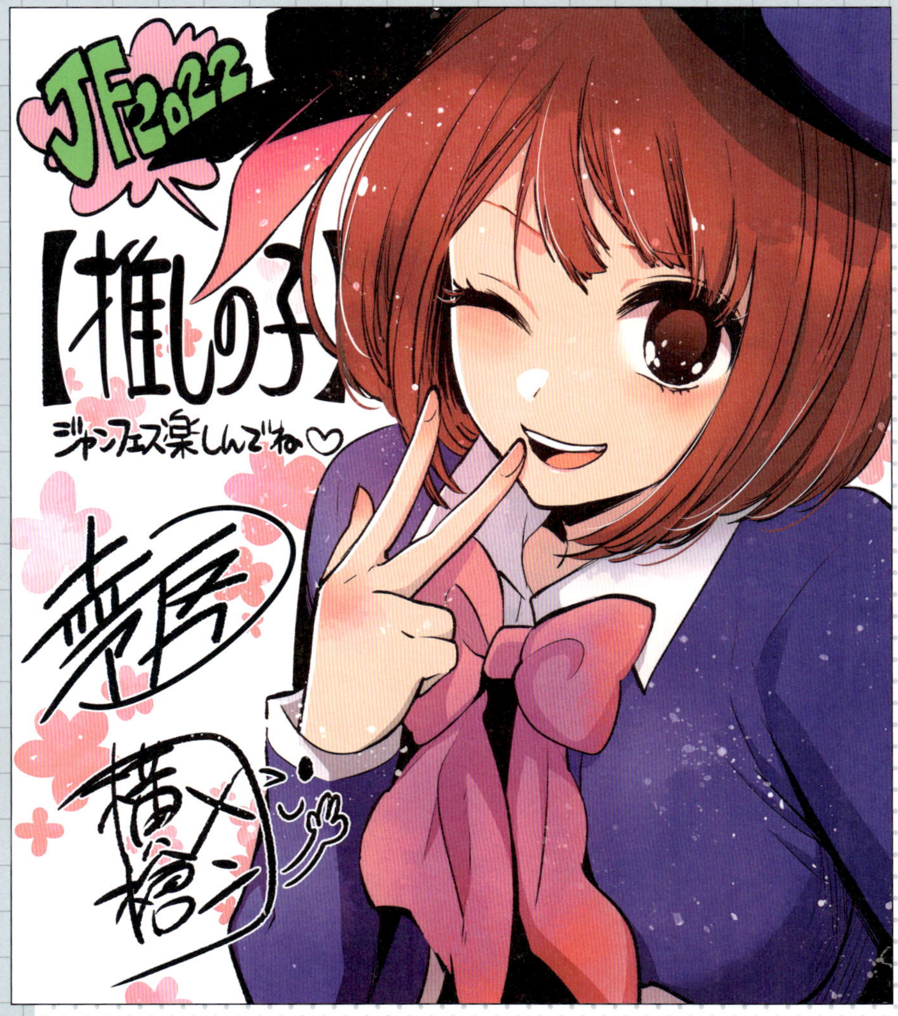

»Viel Spaß auf der Jump Festa!«

Dezember 2021
Jump Festa 2022

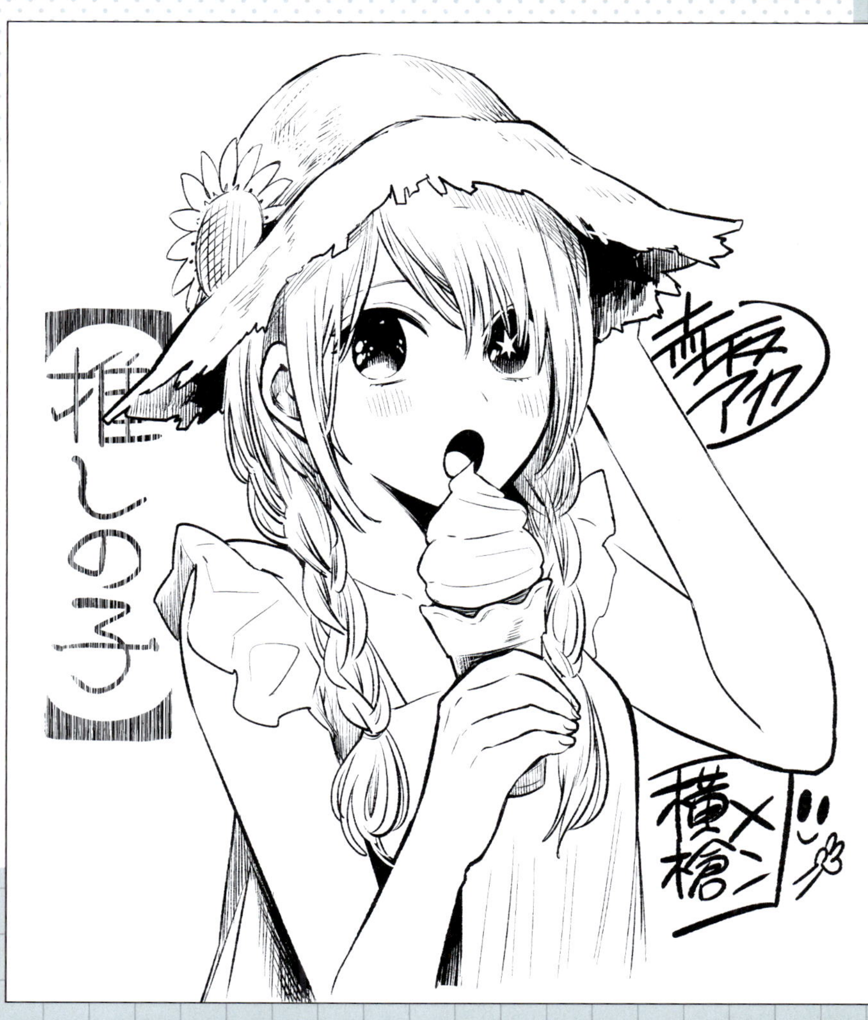

Juni 2022
Natsu Comi 2022, eine Manga-Messe des Verlags Shueisha

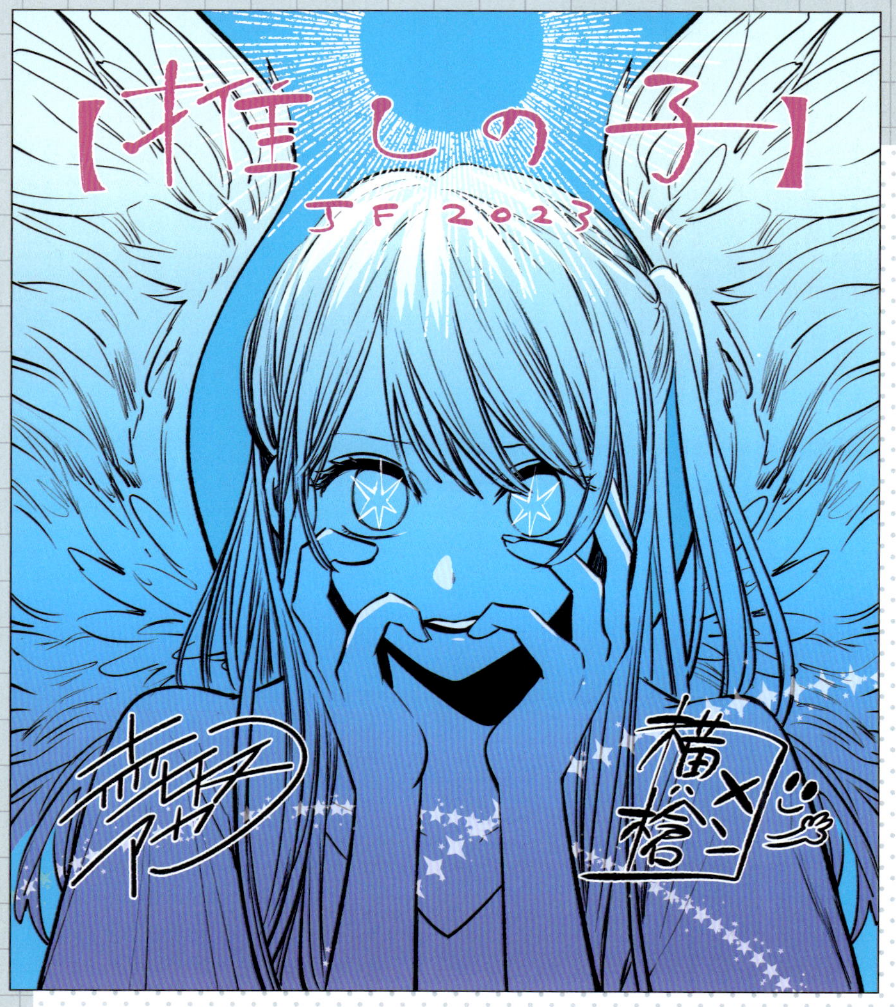

Dezember 2022
Jump Festa 2023

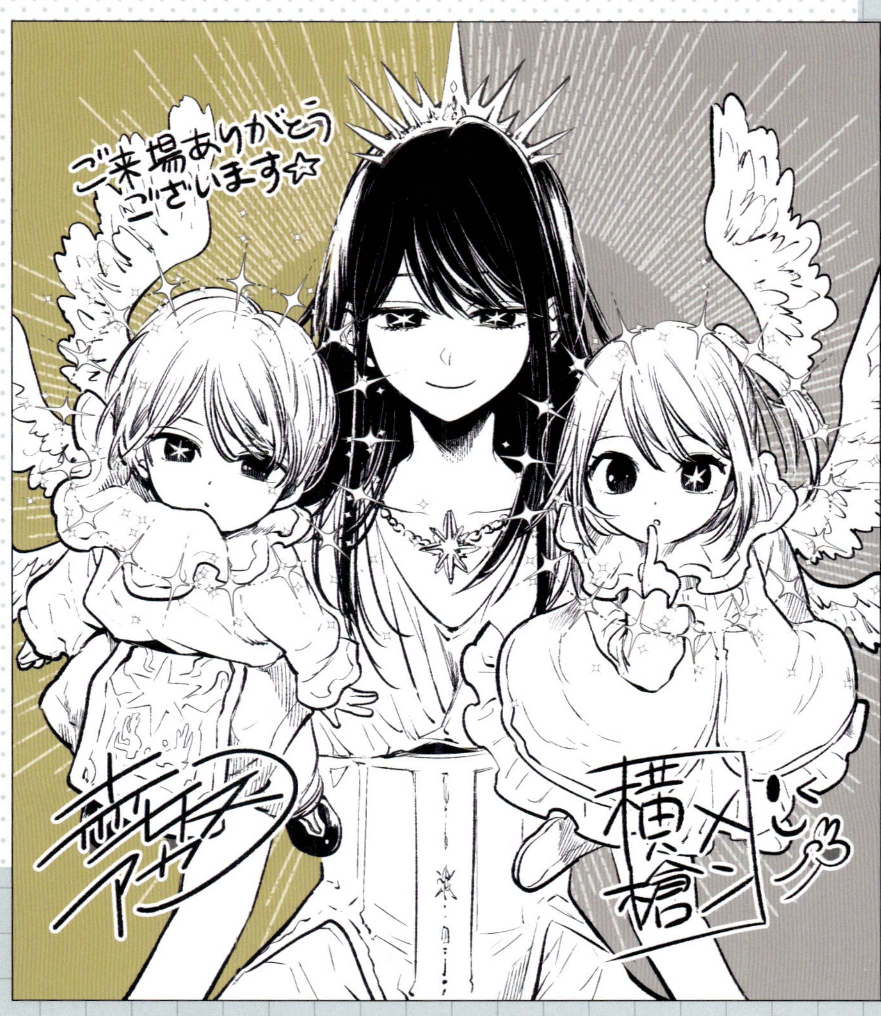

»Vielen Dank für Ihren Besuch ★«

März 2023
Geschenk für die Kinobesucher während der ersten Woche der Vorabvorführung der ersten Anime-Episode

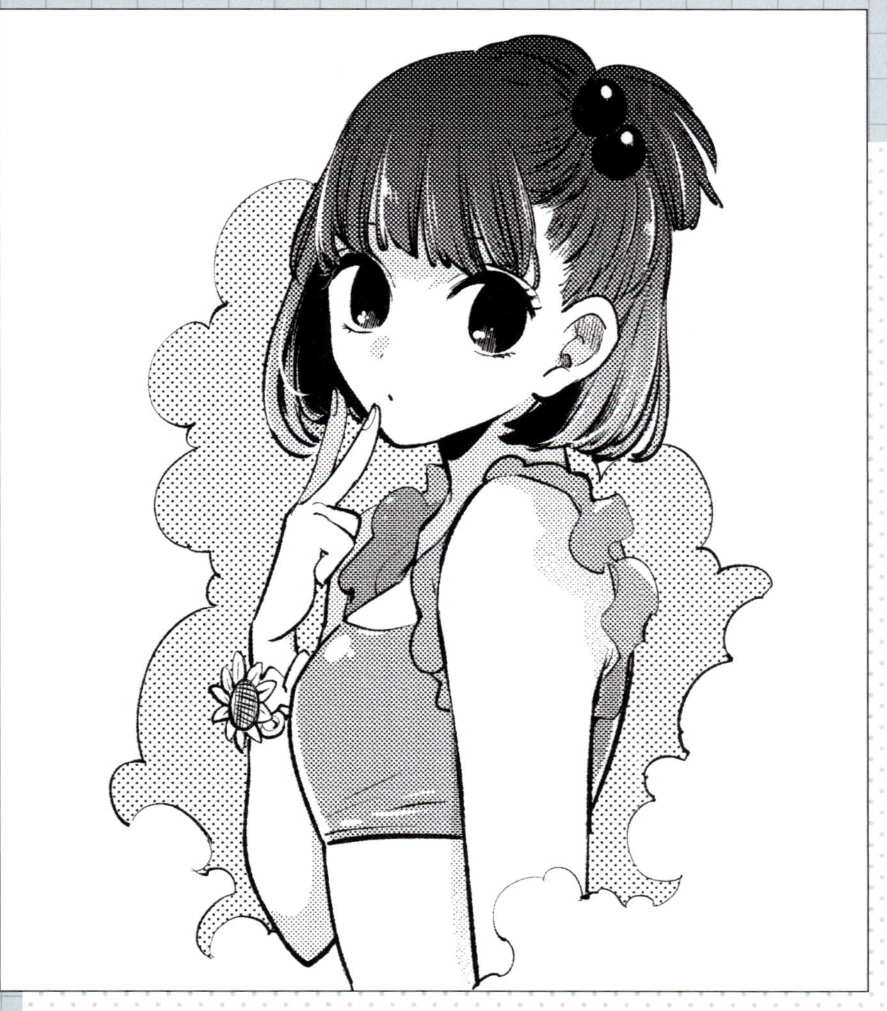

Juli 2023
Natsu Comi 2022, eine Manga-Messe des Verlags Shueisha

EXKLUSIVE ILLUSTRATIONEN AUF DER INNENSEITE DER BAUCHBINDE ZU DEN YJC-ERSTAUFLAGEN

Hinter dem Umschlag verstecken sich verspielte Illustrationen, die unter anderem Ausschnitte aus dem Alltag der Charaktere zeigen oder eine Mitteilung der Autoren enthalten.

17.07.2020

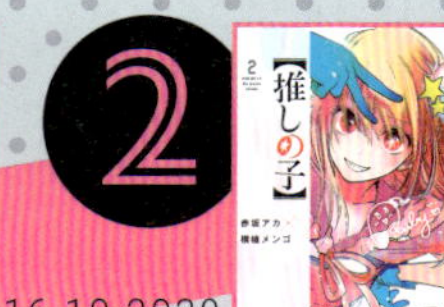

16.10.2020

19.02.2021

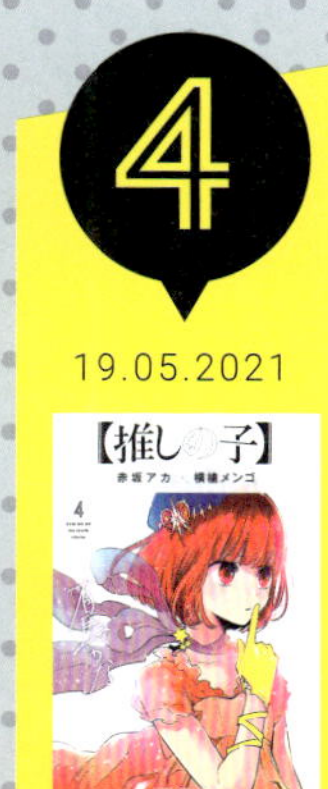

19.05.2021

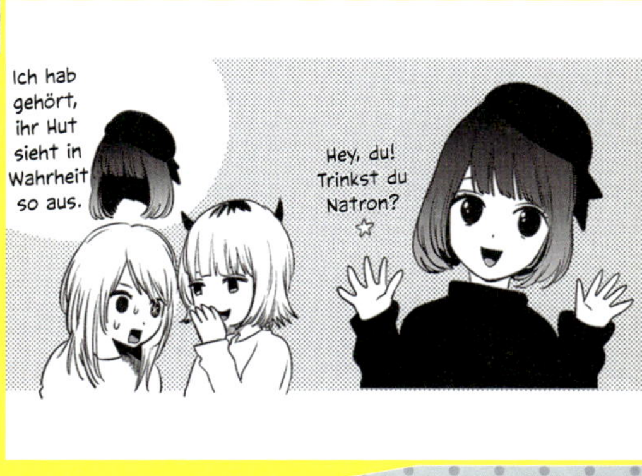

18.08.2021

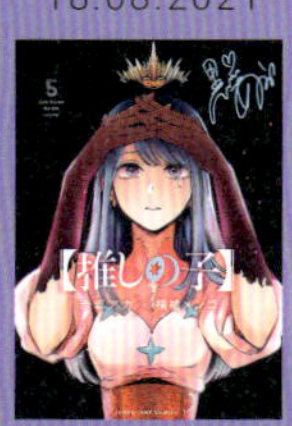

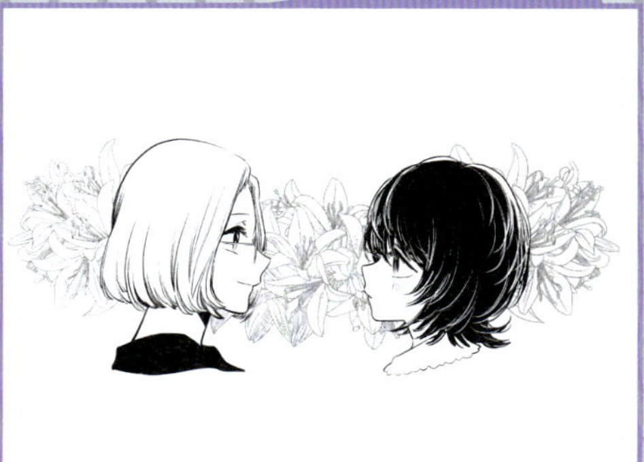

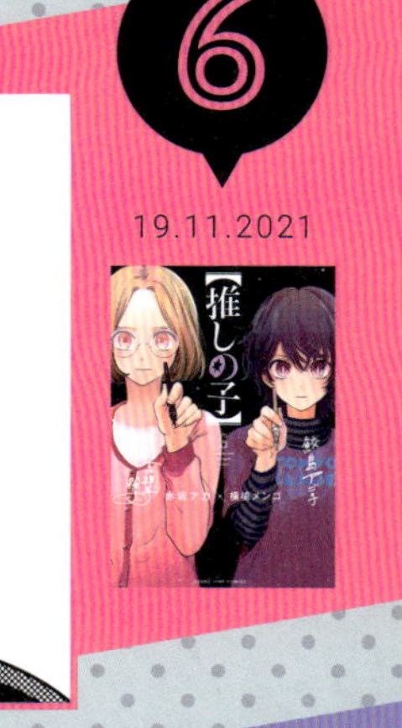

19.11.2021

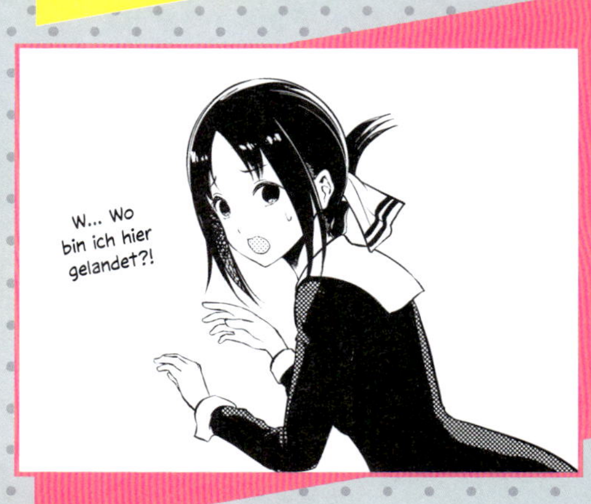

18.02.2022

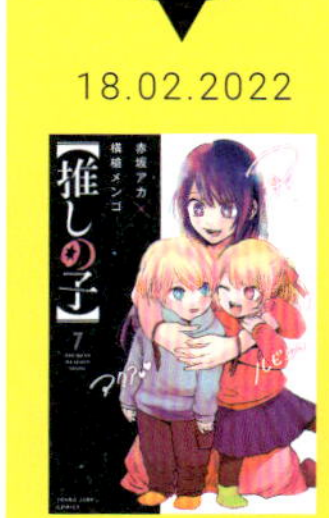

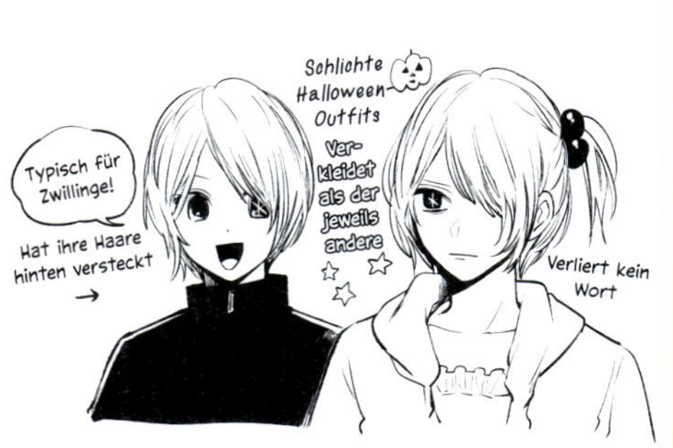

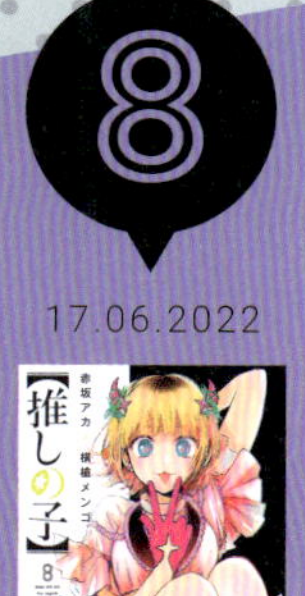

17.06.2022

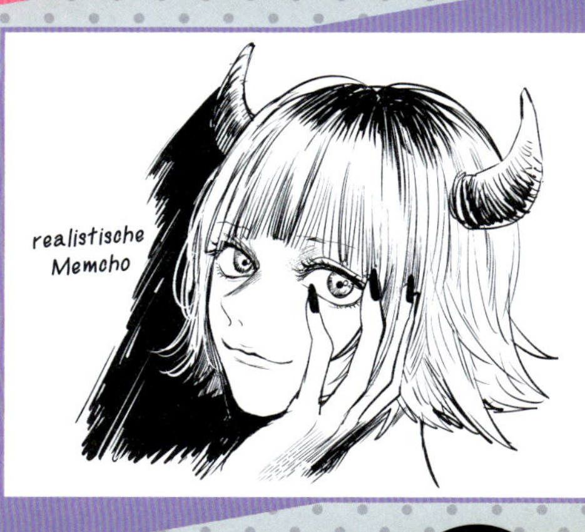

19.10.2022

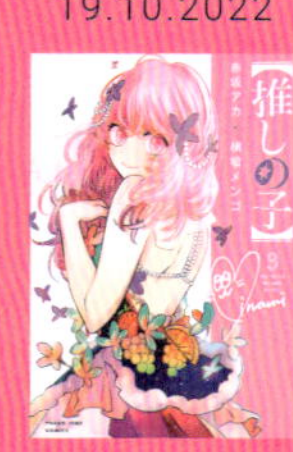

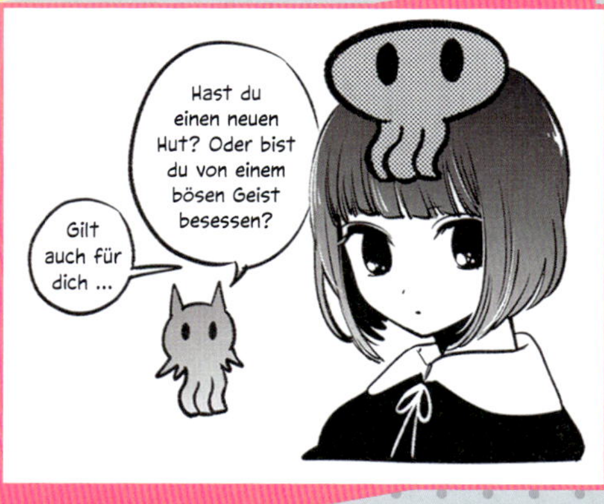

19.01.2023

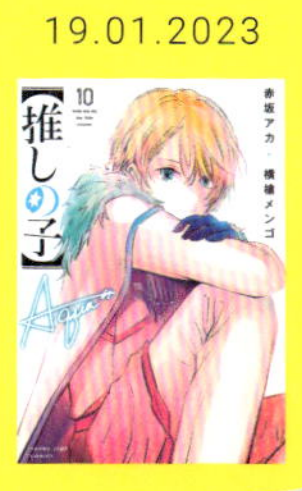

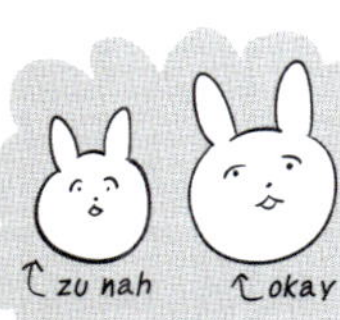

Die Gesichtsteile müssen in einem angemessenen Abstand zueinander gezeichnet werden. Das Gesicht dieses Hasen ist nämlich nicht zentripetal, sondern zentrifugal.

Mengo

17.03.2023

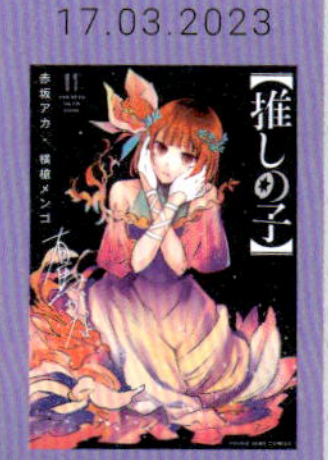

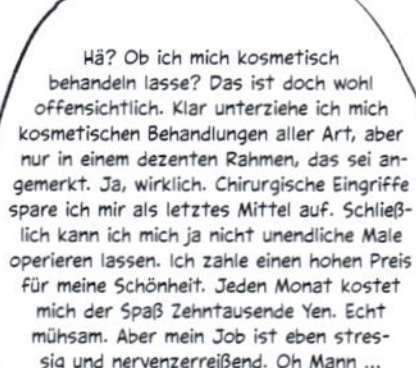

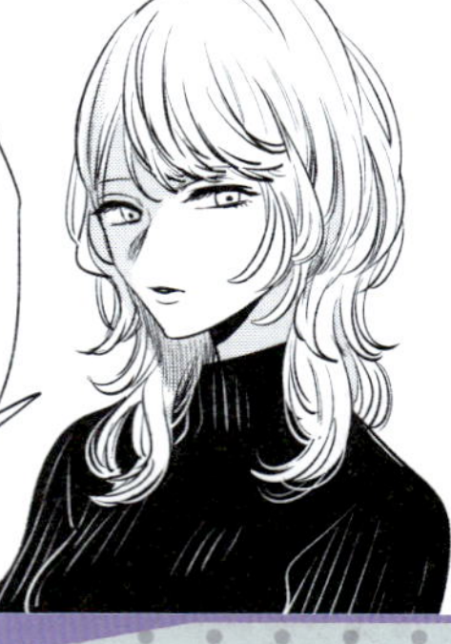

MENGOS TWITTER
from @Yorimen

Hier ist ein Teil der Tweets von Mengo Yokoyari, die meisterhafte Illustrationen und Ausschnitte aus den Manga enthalten!

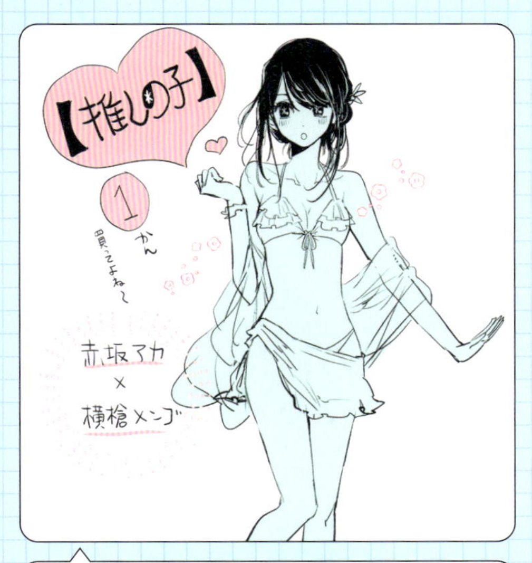

Um Werbung zu machen, zeigt Ai für uns gerade so viel Haut, wie es in 【*Mein*Star*】 möglich ist.

18.07.2020

Text im Bild: Bitte kauft den ersten Band von 【Mein*Star】.

Ich wollte ein Mallied machen, damit ihr Ai einfach malen könnt, aber ich habe weder das Talent, einen passenden Sprechgesang zu erfinden, noch die Geduld, um die einzelnen Gesichtsteile immer wieder zu kopieren und einzufügen.

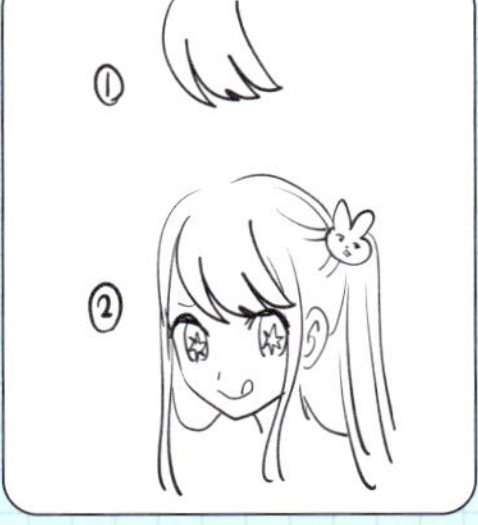

18.07.2020

Lieblingspanel
26.07.2020

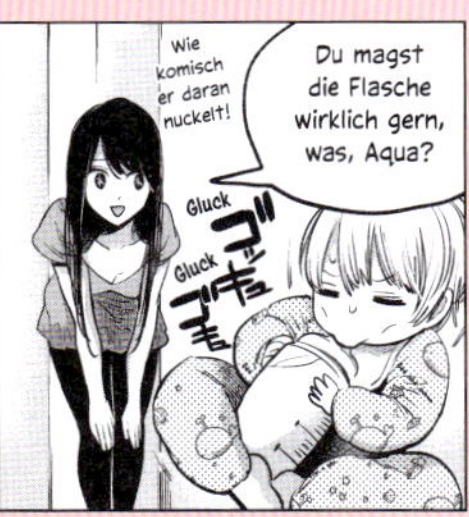

Ich habe tolle Neuigkeiten! Es wurde beschlossen, den 1. Band von 【*Mein*Star*】 nachzudrucken!! 🎉😭😭 🎀🎤🎤 Vielen herzlichen Dank! 😭 Ich werde auch weiterhin mein Bestes geben! Bleibt der Serie bitte treu. Ab dem 1. September wird der Nachdruck erhältlich sein.

27.08.2020

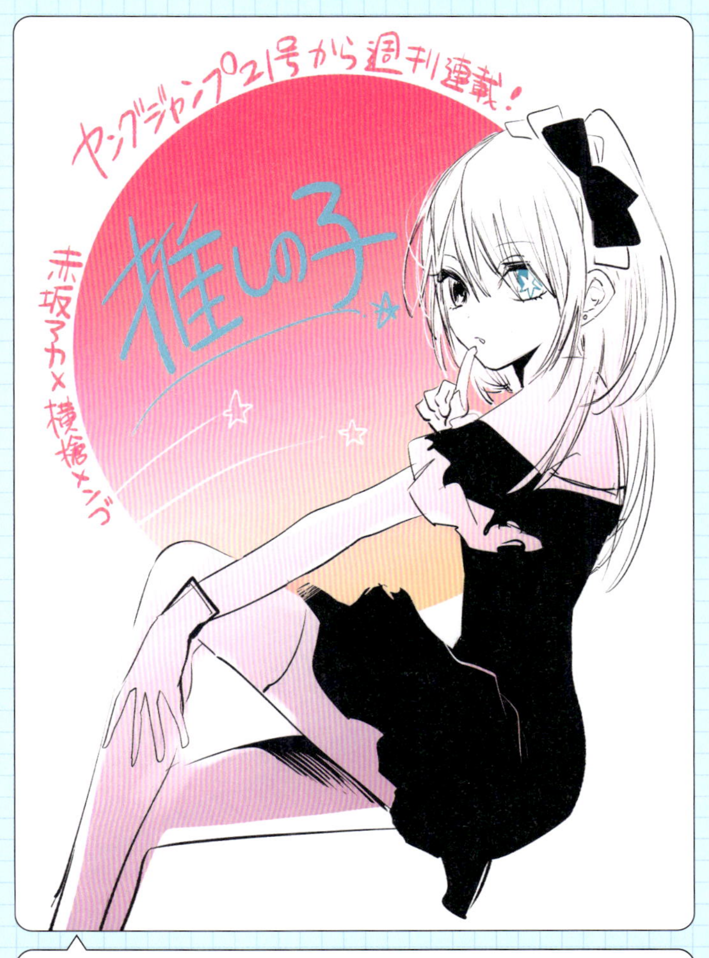

Hier noch einmal die neuesten Werbesachen zusammengefasst:
🎤🎀【*Mein*Star*】: Neue Serie mit Herrn Aka Akasaka im *Young Jump* (https://youngjump.jp)
🐺🌕*Okami ni naritai*: Neue Kurzgeschichte auf *Jump+* (https://shonenjumpplus.com/episode/13933686331621725255)
Ich würde mich freuen, wenn ihr beide lest!

13.04.2020

Text im Bild: 【Mein*Star】 erscheint ab der 21. Ausgabe wöchentlich im *Young Jump!*

Ich bin fleißig dabei, 【*Mein*Star*】 zu zeichnen … (Ich verwechsle ständig links und rechts …)

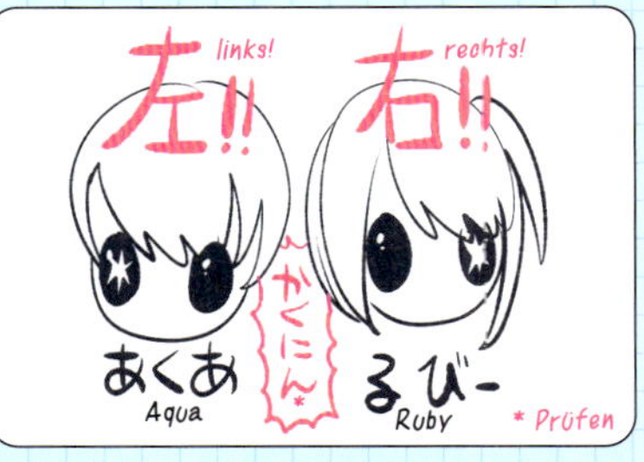

14.05.2020

Wisst ihr, was heute für ein Tag ist? Genau, der 17. Juli ist der Tag der Manga! Wie schön, dass unser Manga genau an diesem Tag veröffentlicht wird. 💕 Wenn ich Mädchen zeichne, rede ich ihnen immer wieder in Gedanken zu: »Du bist das süßeste Mädchen der Welt … You are the No. 1 …« Beim Kochen sagt man ja auch, Liebe sei die geheime Zutat. Bitte nehmt den Manga zur Hand!

17.07.2020 (Erscheinungsdatum des 1. Bands)

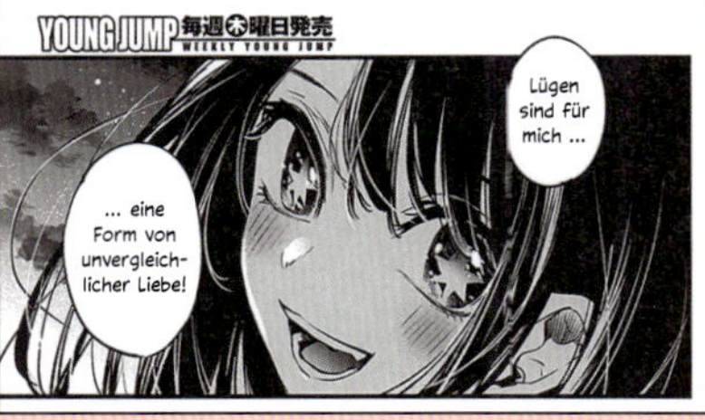

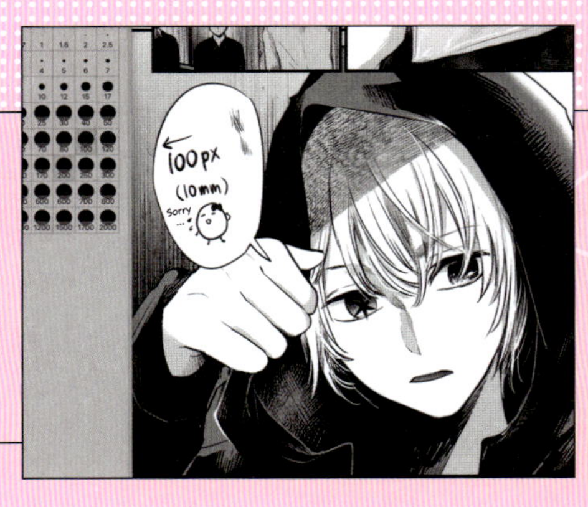

Sorry, die Pinselgröße, von der ich gestern geschrieben habe, hatte ich in Pixel angegeben. In Millimetern wären das 10. Erzählt mir bitte, welche Größe ihr benutzt! (Bitte auch die Einheit nicht vergessen …) ~ mit einem Bild von Aqua ~

10.09.2020

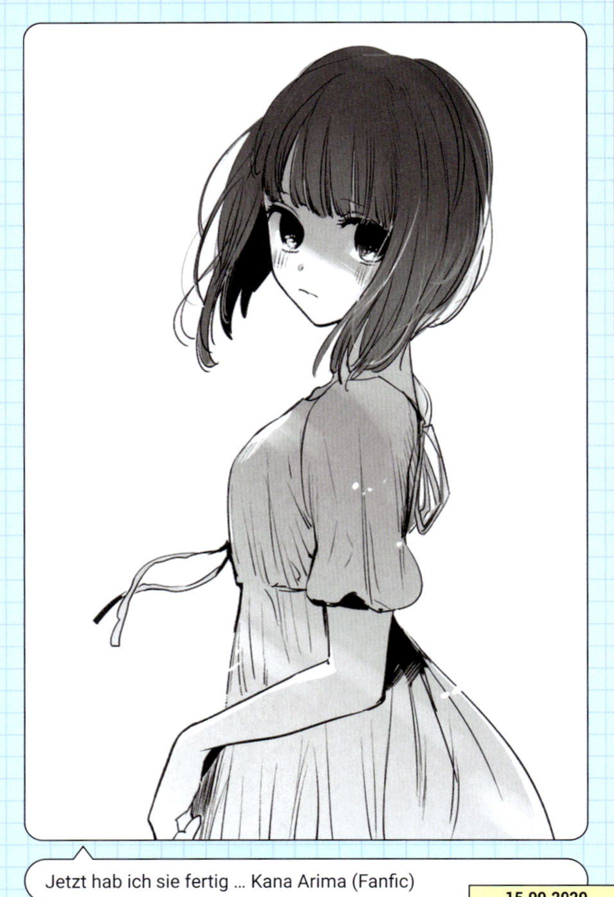

Jetzt hab ich sie fertig … Kana Arima (Fanfic)

15.09.2020

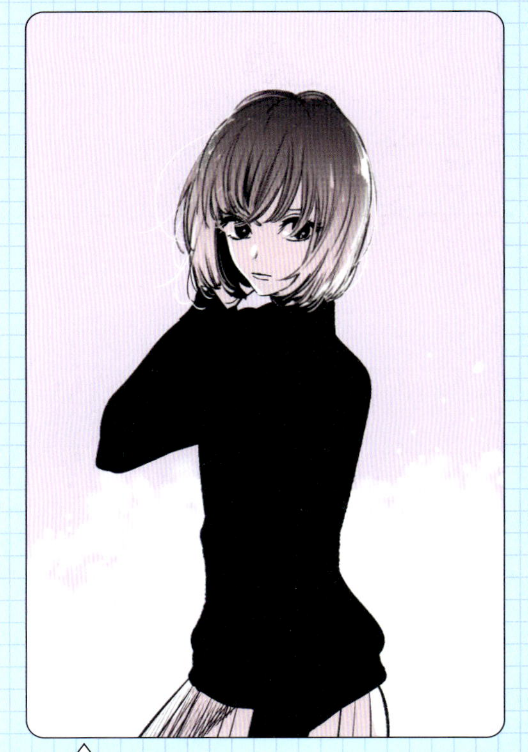

Akane Kurokawa

24.10.2020

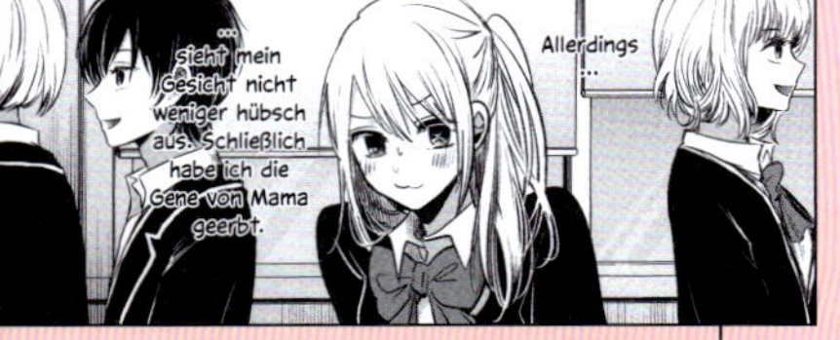

Meine Assistenten zeichnen die Hintergrundcharaktere ganz in meinem Stil. Echte Genies.

24.09.2020

Wow! Die Gradient-Map-Funktion macht super viel Spaß!

29.10.2020

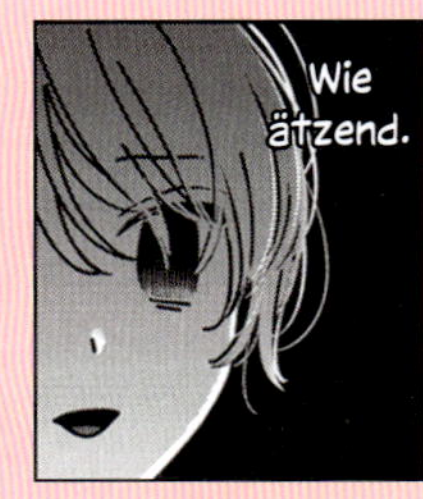

Halt durch, A-kun!

22.10.2020

Memcho

11.12.2020

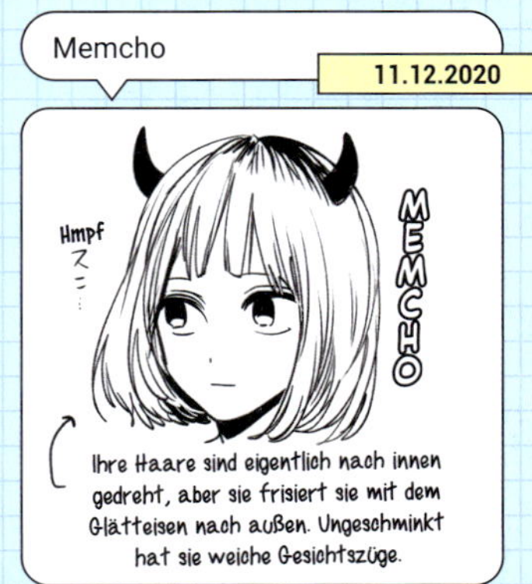

Ai ist ein unschlagbares Idol, also zeichne ich sie immer mit dem festen Entschluss, aus ihr das süßeste Mädchen der Galaxie zu machen. Schließlich muss ich sie ja hübsch finden, damit sie euch ebenso überzeugt.

24.10.2020

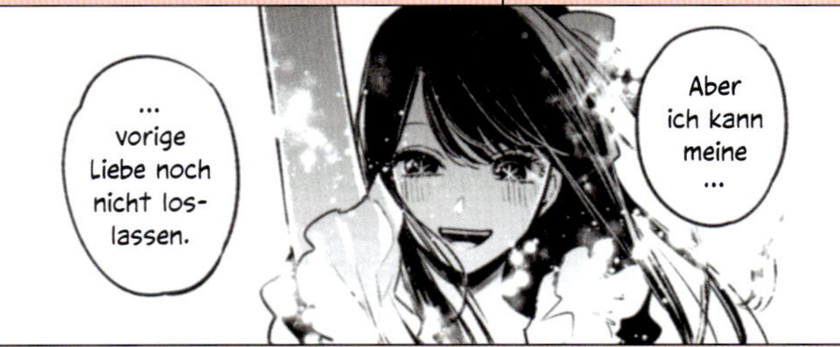

Natron-Kollektion, mit Kugelschreiber gezeichnet

01.01.2021

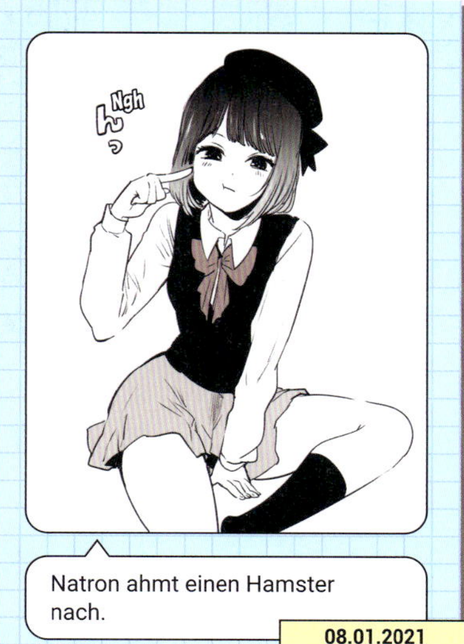

Natron ahmt einen Hamster nach.

08.01.2021

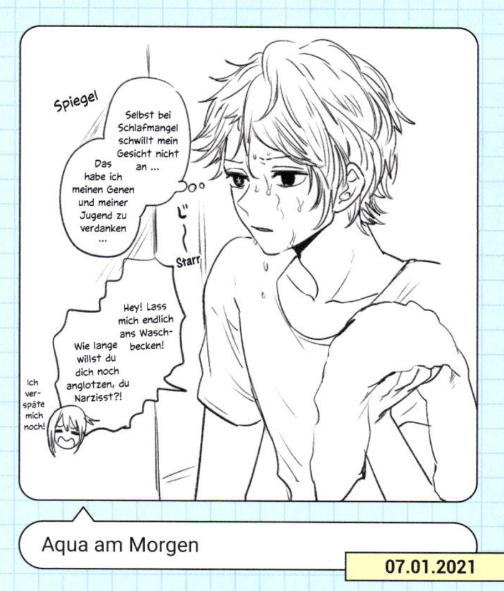

Aqua am Morgen

07.01.2021

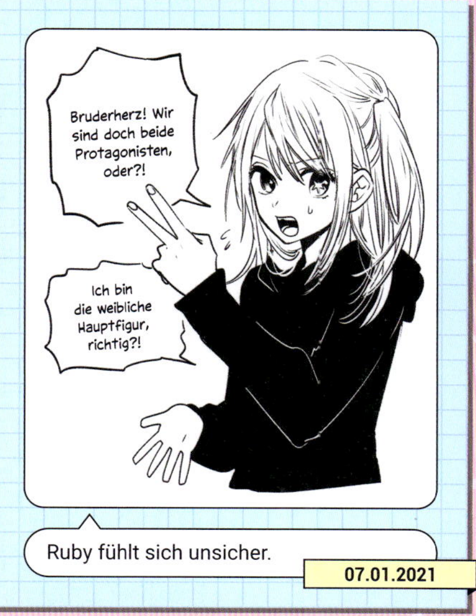

Ruby fühlt sich unsicher.

07.01.2021

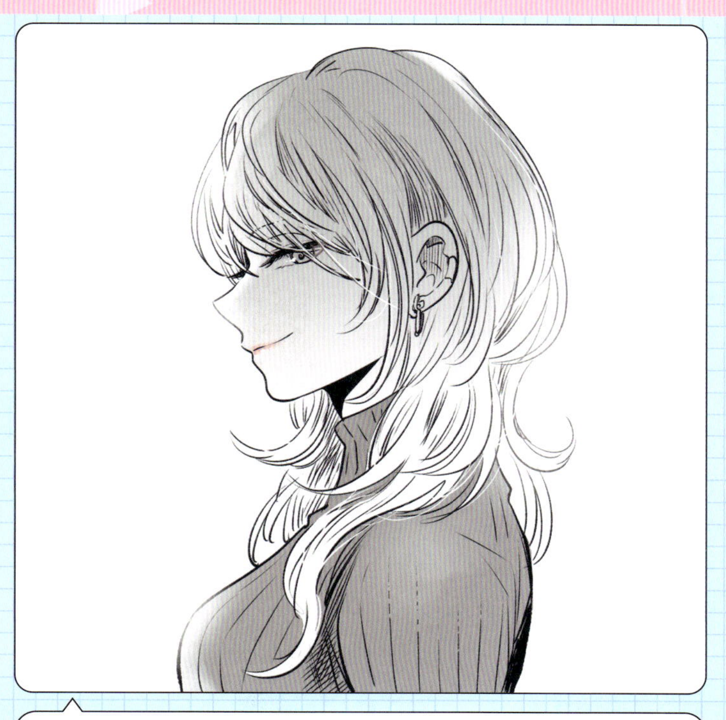

Miyako ist eine Schönheit.

08.01.2021

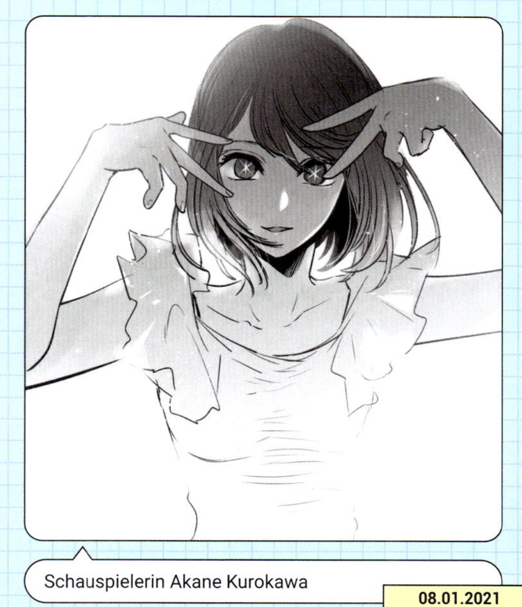

Schauspielerin Akane Kurokawa

08.01.2021

【*Mein*Star*】 trendet auch diese Woche wieder! Memcho triumphiert.

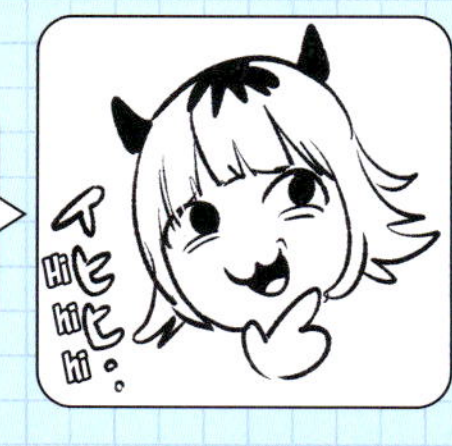

08.04.2021

Uuups! Fehl am Platz! Herrje!

Ich habe Natron aus Versehen dorthin gezeichnet, wo sie eigentlich gar nicht hingehört. Bevor ich sie löschen muss, was mich traurig macht, poste ich sie hier.

28.05.2021

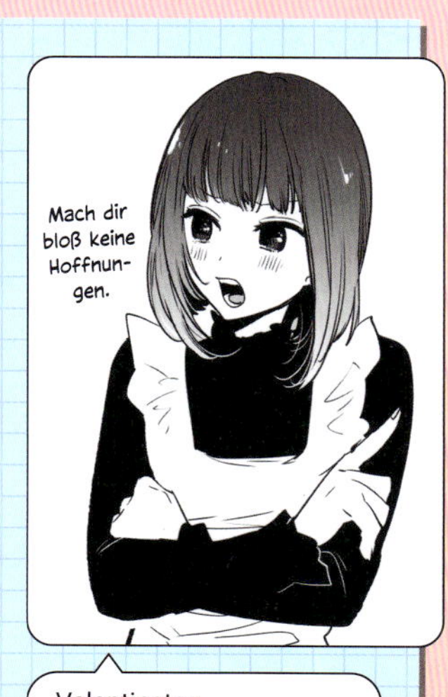

Valentinstag

14.02.2021

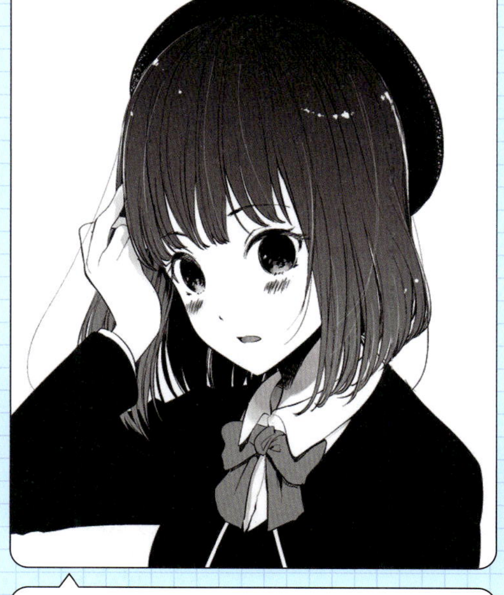

Woooooooooow! Herr Aka Akasaka hat Natron für mich gezeichnet!!! Er ist ein wahres Genie!!

08.01.2021
(Illustration: Aka Akasaka)

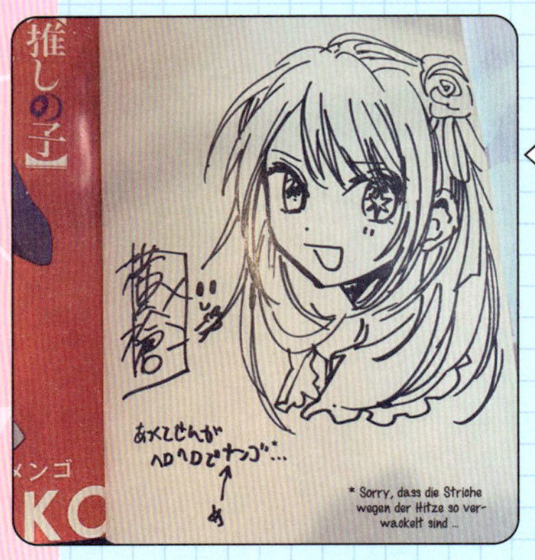

Da es heil angekommen ist, poste ich es auch hier. Ich wurde gebeten, als Überraschungsgeschenk zum Geburtstag ein Autogramm zu geben. 😀 Mein erstes Autogramm auf einem Buch von【*Mein*Star*】!【Dieser Virus ...】Ich hoffe, es gibt bald wieder Autogrammstunden.

25.07.2021

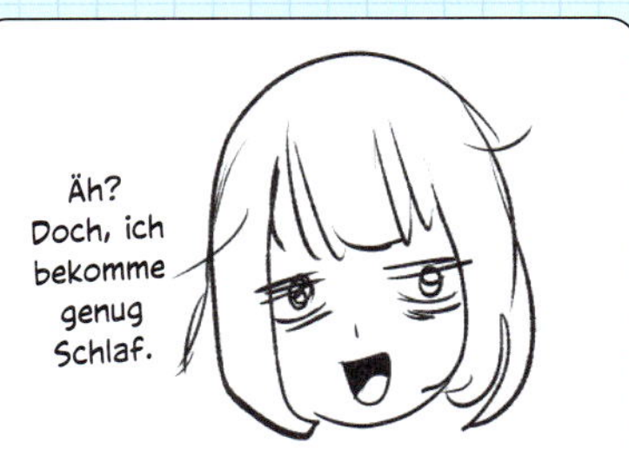

Natron

08.08.2021

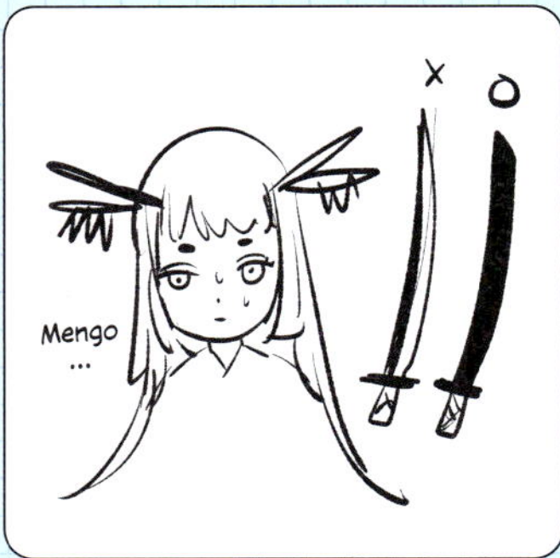

【Korrektur】
In Kapitel 60 ist das Schwert von Sayahime entblößt (obwohl sie es noch nicht aus der Scheide gezogen hat) ... Die Korrektur habe ich nicht rechtzeitig in Druck geschafft, aber auf der App sollte es schon richtig sein.

21.10.2021

Das ist ein Foto von meinem Bildschirm. Der Filter meines Handys ist einfach der Hammer ... Ich wünschte, er würde in Photoshop oder CLIP STUDIO eingebaut werden ...

19.11.2021 (Erscheinungsdatum des 6. Bands)

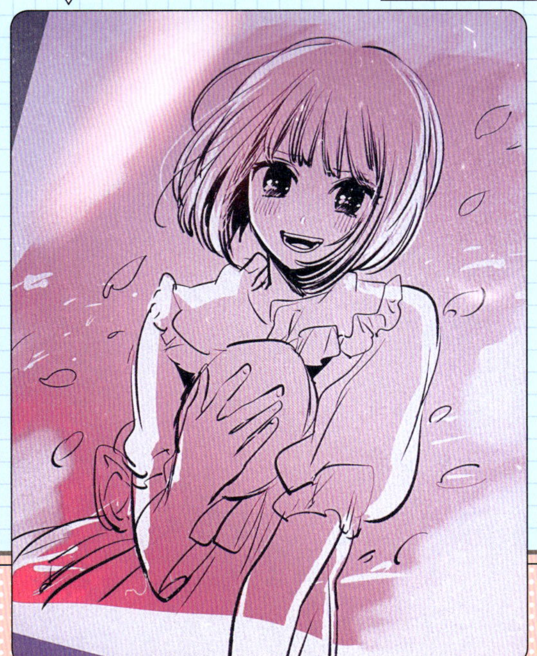

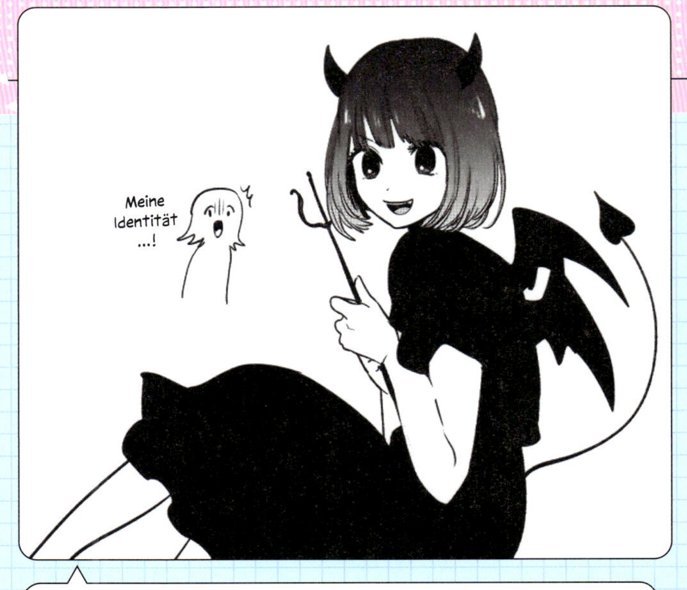

Das habe ich aus Spaß gezeichnet, weil ich noch wach bin. Jetzt lege ich mich schlafen.

09.06.2021

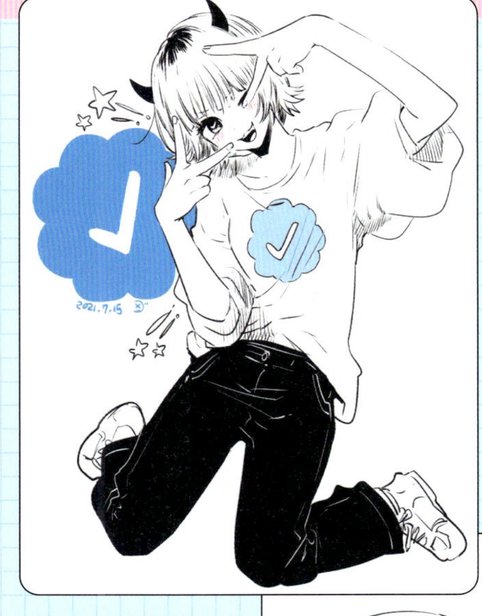

Memcho tanzt vor Freude! 🌸😊🌸

15.07.2021

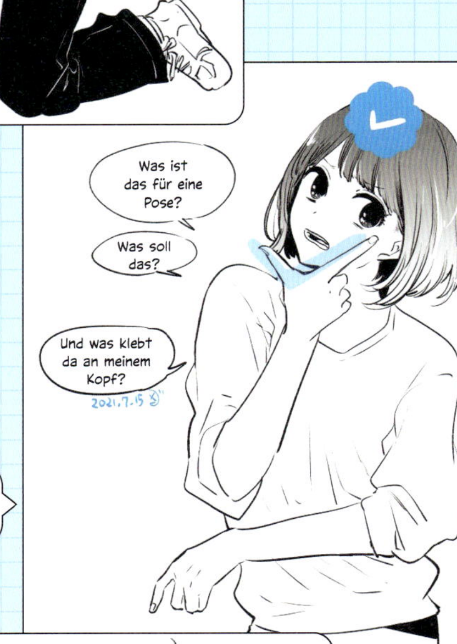

Die Freude dauerte drei Tage und drei Nächte an.

15.07.2021

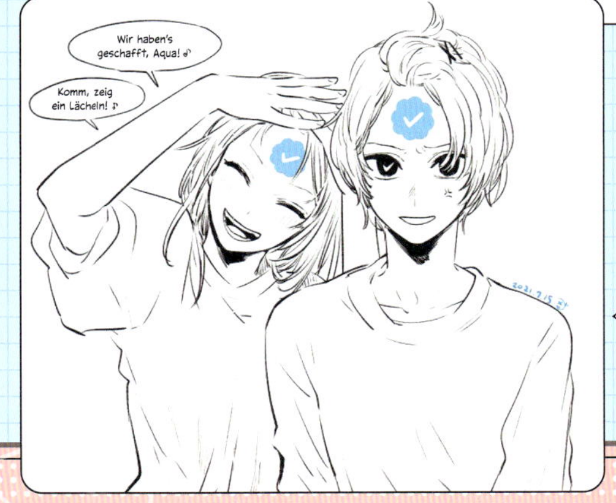

Sorry, dass ihr mitmachen müsst.

15.07.2021

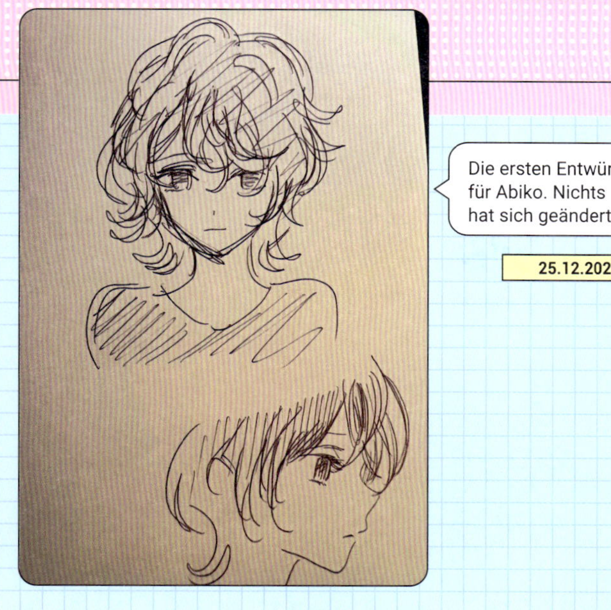

Die ersten Entwürfe für Abiko. Nichts hat sich geändert.

25.12.2021

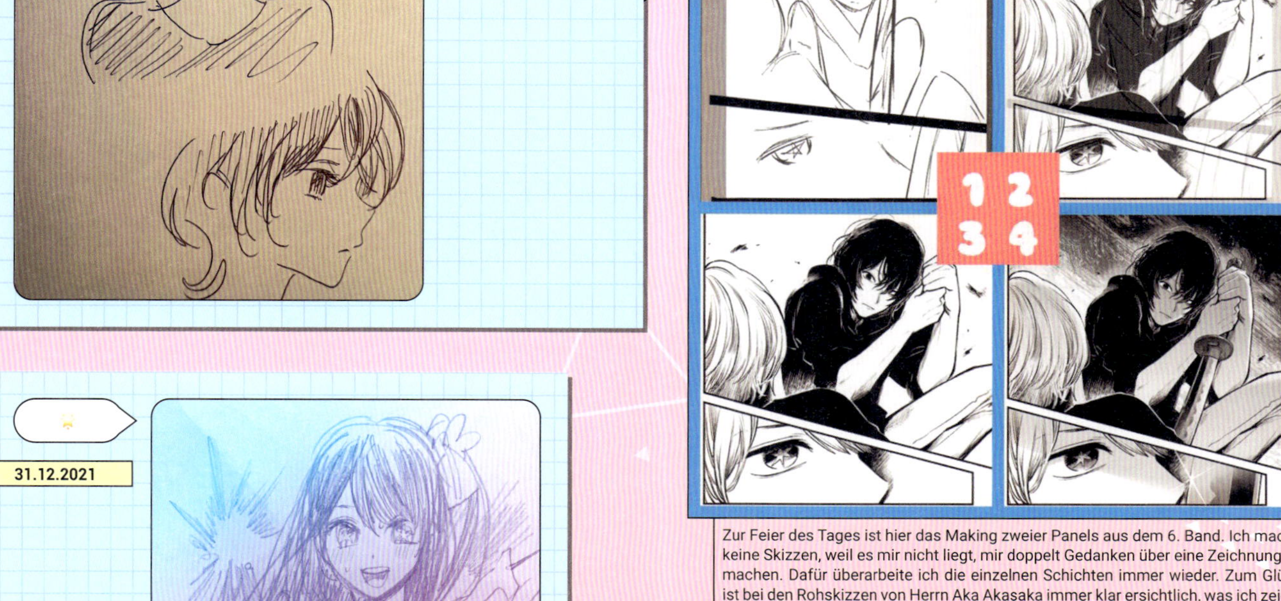

Zur Feier des Tages ist hier das Making zweier Panels aus dem 6. Band. Ich mache keine Skizzen, weil es mir nicht liegt, mir doppelt Gedanken über eine Zeichnung zu machen. Dafür überarbeite ich die einzelnen Schichten immer wieder. Zum Glück ist bei den Rohskizzen von Herrn Aka Akasaka immer klar ersichtlich, was ich zeichnen soll. 😊✨

19.11.2021 (Erscheinungsdatum des 6. Bands)

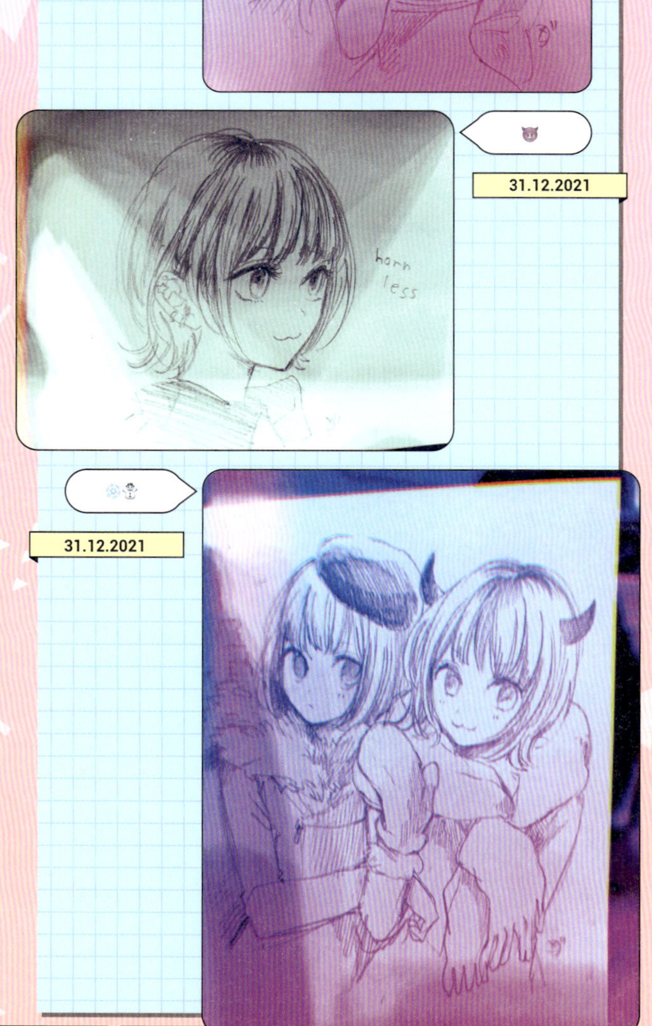

31.12.2021

31.12.2021

31.12.2021

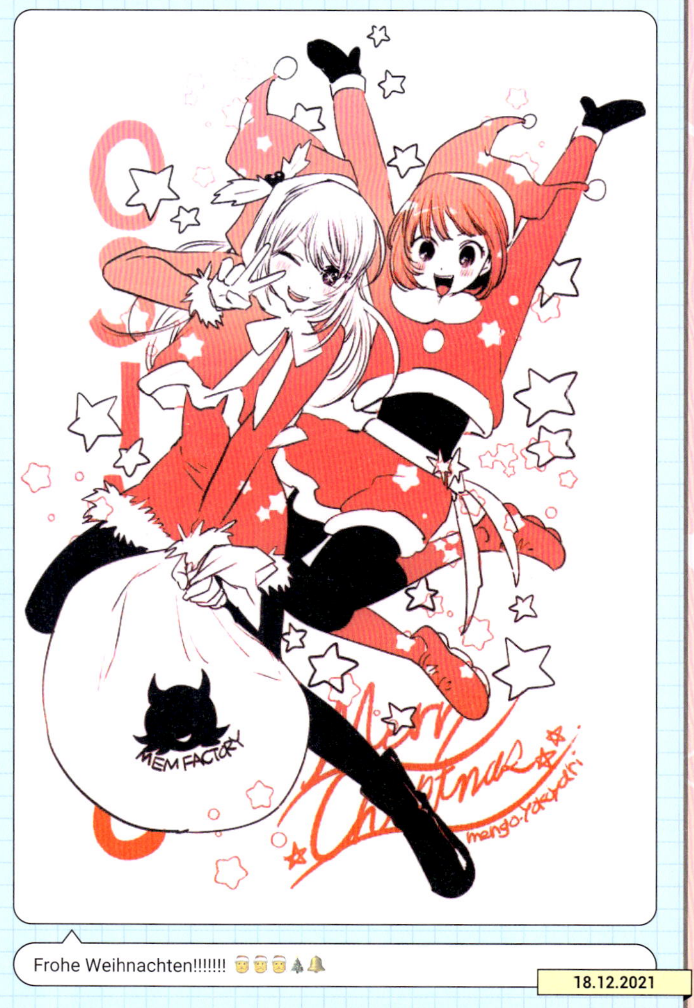

Frohe Weihnachten!!!!!!! 😇😇😇🎄🔔

18.12.2021

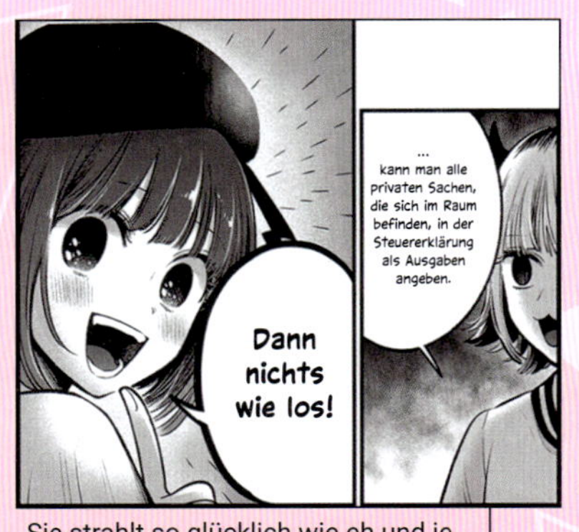

Sie strahlt so glücklich wie eh und je.
03.02.2022

Das hatte Auswirkungen auf meinen Zeichenstil.
13.03.2022

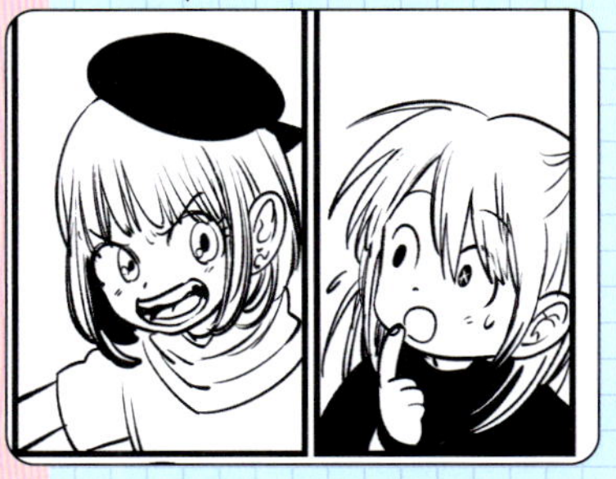

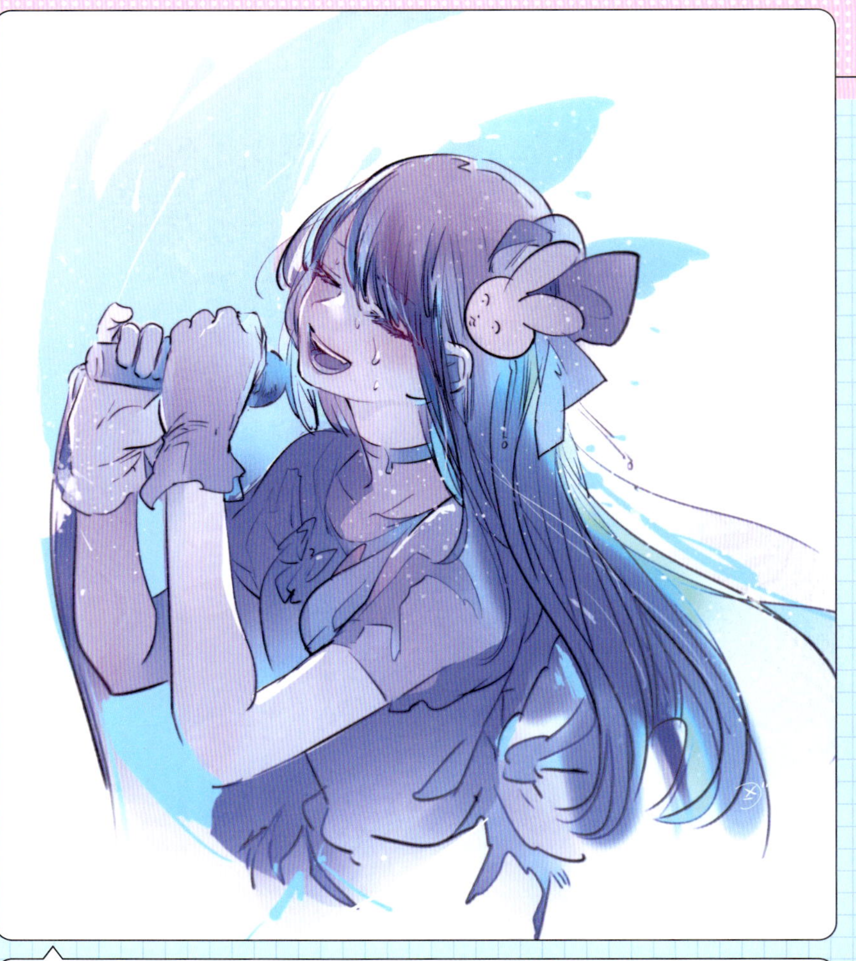

Vielen Dank für die vielen Glückwünsche. Ich hoffe, dass der Ton, die Farben und das Licht Ais Bühne noch heller zum Strahlen bringen!
10.06.2022 (Tag der Ankündigung des Anime)

Die Geschwister Hoshino, eng umschlungen
04.08.2022

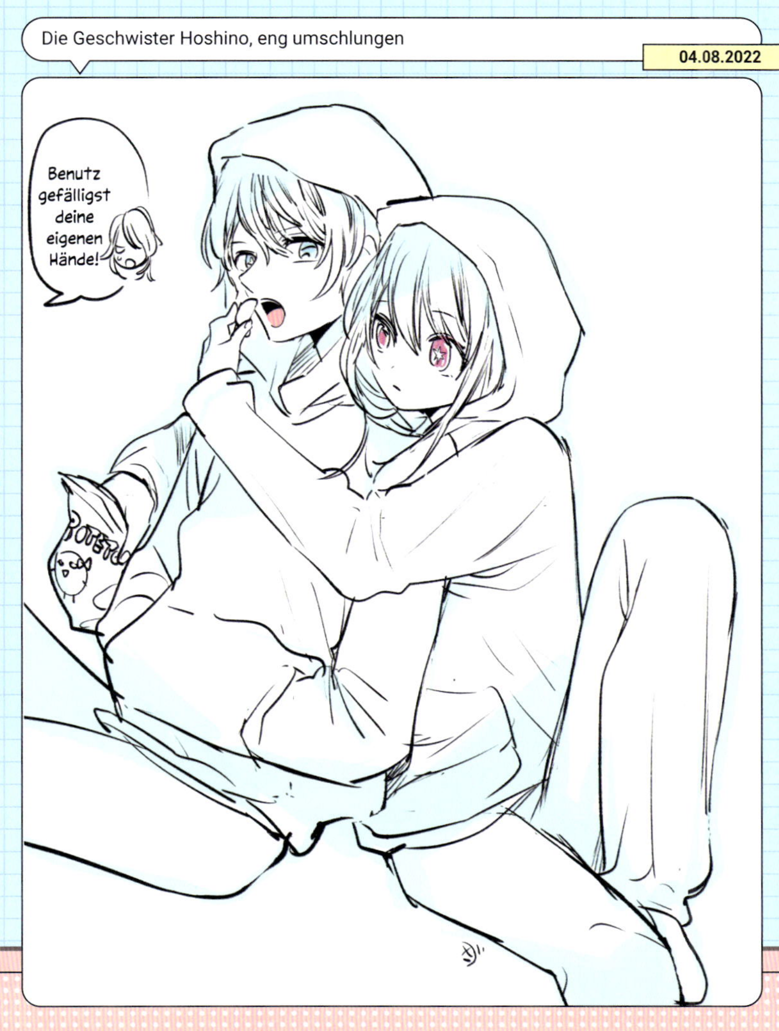

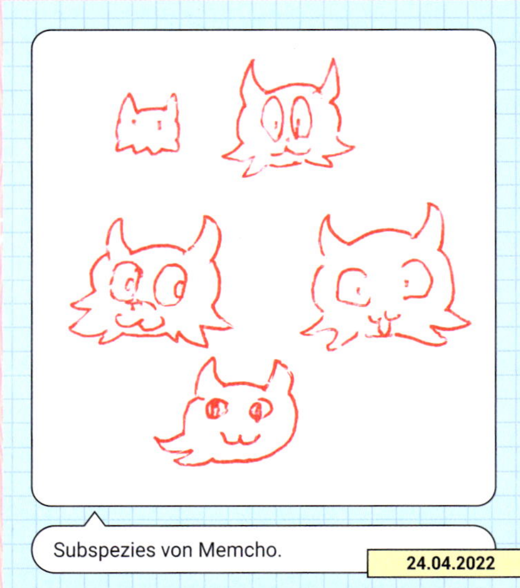

Subspezies von Memcho.
24.04.2022

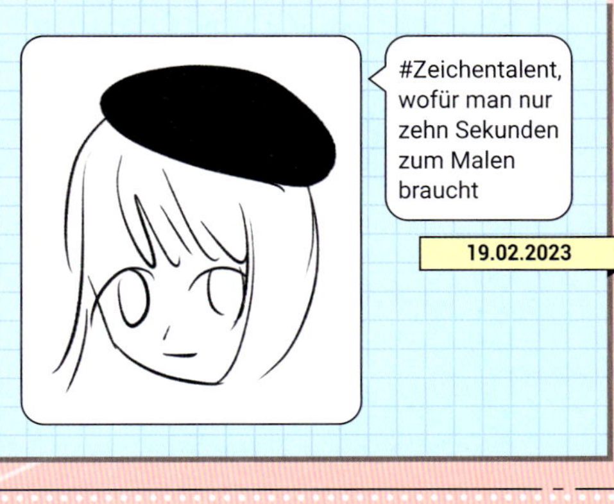

#Zeichentalent, wofür man nur zehn Sekunden zum Malen braucht
19.02.2023

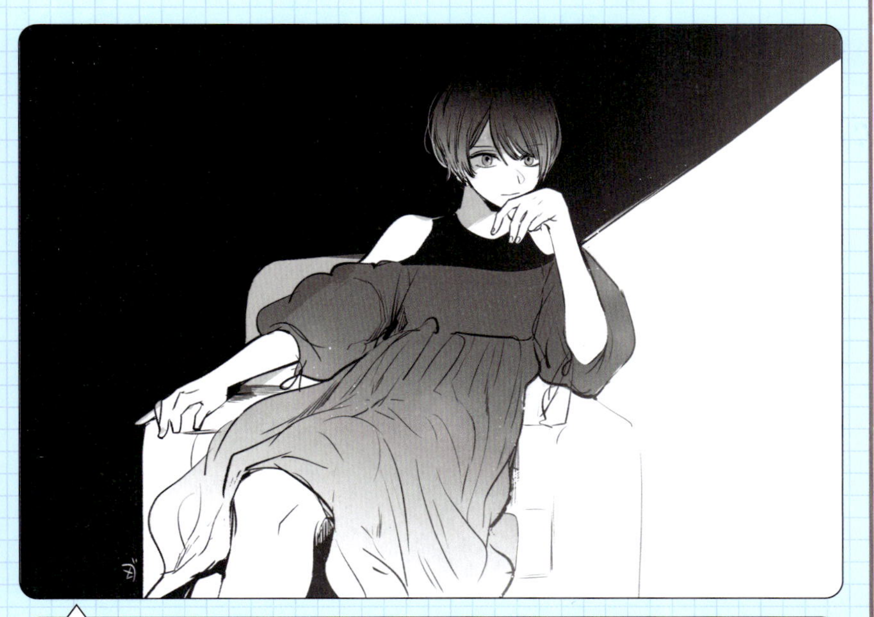

Akane Kurokawa mit einer Kurzhaarfrisur

04.08.2022

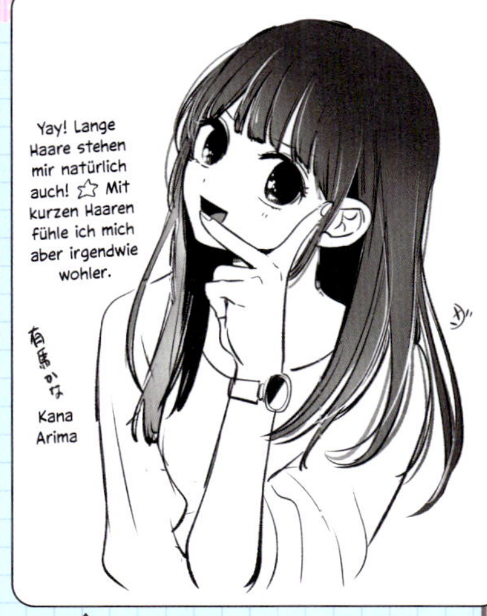

Ich wollte Natron schon immer einmal mit langen Haaren zeichnen.

04.08.2022

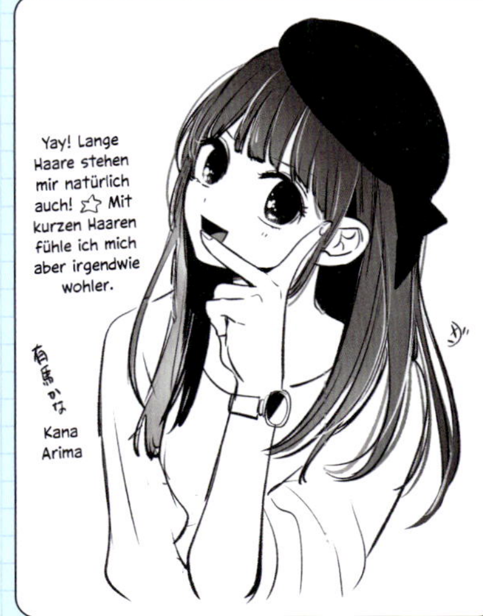

Kana Arima mit Hut

04.08.2022

Da zahlreiche Mitwirkende großartige Illustrationen gezeichnet und gepostet haben, habe ich auch etwas zu Papier gebracht. 🐰 Das Talent vieler Personen und die Liebe jedes einzelnen Fans haben Ai zu einem legendären Idol gemacht. Ich könnte nicht glücklicher sein.

13.04.2023 (Tag der Ausstrahlung der ersten Anime-Episode im TV)

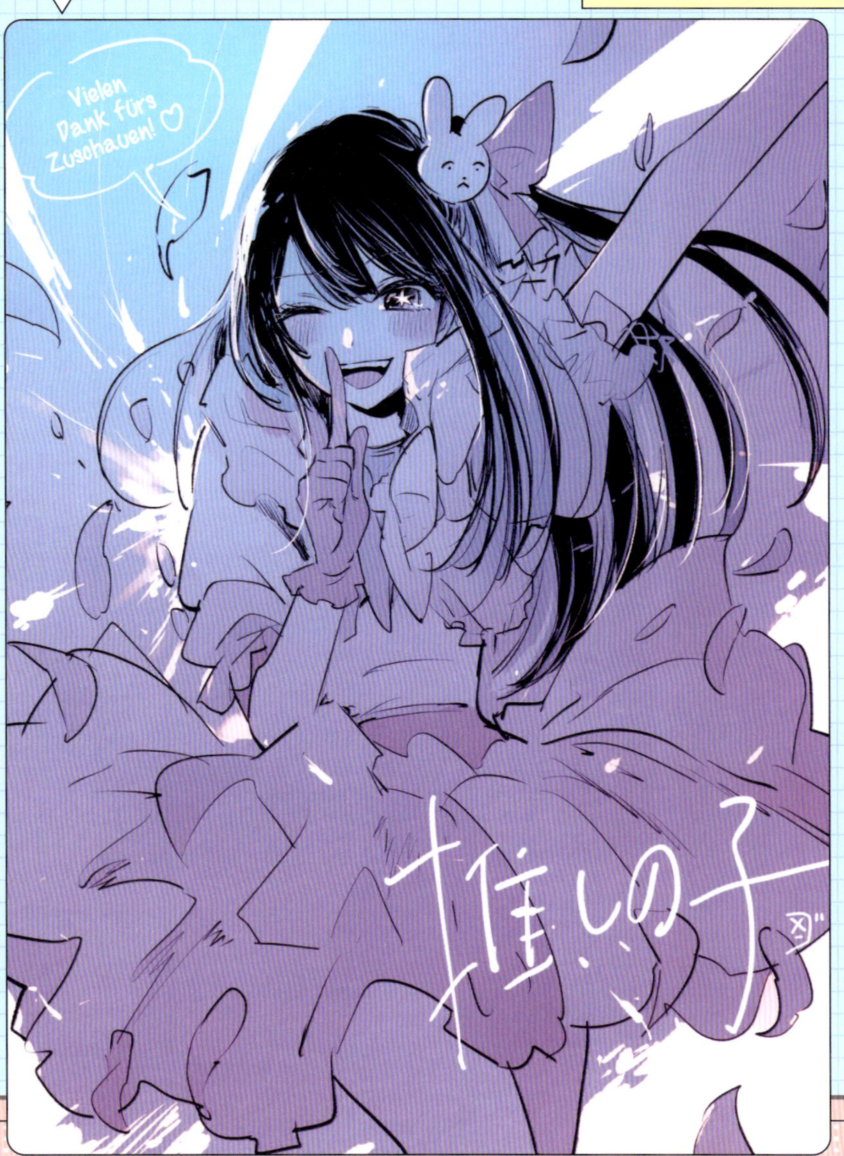

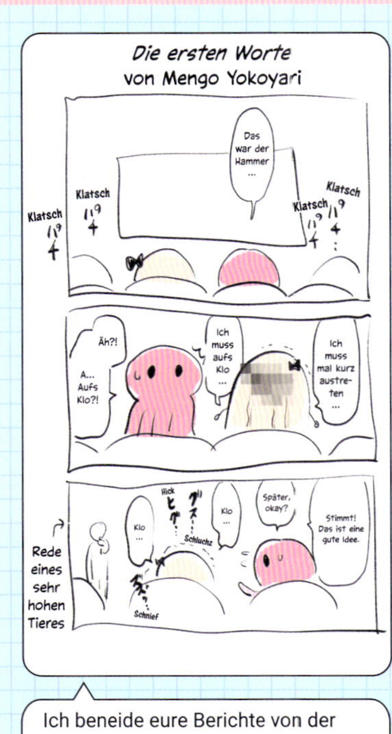

Ich beneide eure Berichte von der Premiere. Hier sind meine Erinnerungen an die Probeaufführung.

17.03.2023 (Beginn der Vorabvorführung der ersten Anime-Episode im Kino)

MENGOS KOMMENTARE

Fans aufgepasst! Hier erzählt Mengo Yokoyari, worauf sie bei ihrer Arbeit achtet und was hinter den Kulissen passiert ist.

1

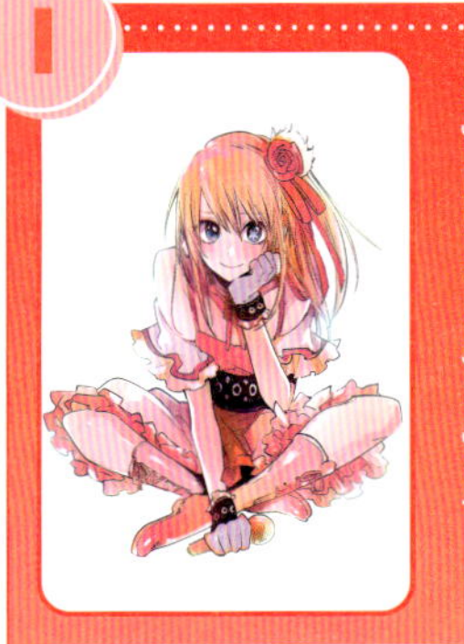

09.04.2020

Ankündigung der neuen Serie, 9. Ausgabe 2020 von *Weekly Young Jump*

Die Illustration habe ich kurz nach der Fertigstellung des ersten Kapitels gezeichnet. Da sie das erste Bild von 【*Mein*Star*】 werden würde, das an die Öffentlichkeit geht, war ich nervös. Sie ist mir trotzdem leicht von der Hand gegangen und gehört zu meinen Lieblingsbildern. Damals kannte ich Ruby noch nicht so gut wie jetzt, aber entschied mich für diese Pose, damit sie natürlich und locker rüberkommt und den Eindruck vermittelt, dass sie das Zeug zu einem großen Star hat. Ich wollte sie in einem anderen Licht darstellen als ihre Mutter, die ein typisches, starkes Idol ist.

2

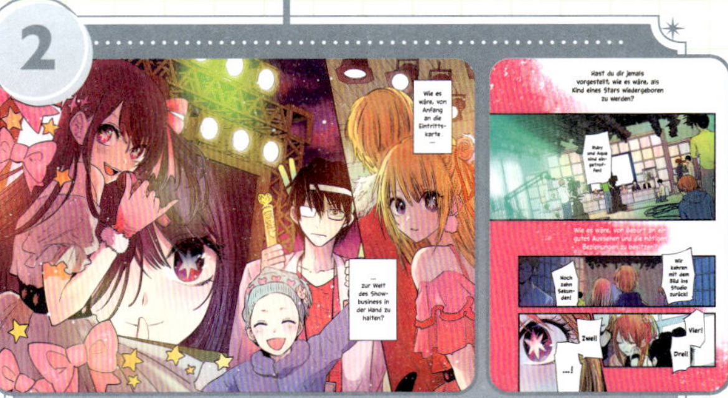

23.04.2020

Farbillustration am Kapitelanfang, 21. Ausgabe 2020 von *Weekly Young Jump*

Es war eine Mordsarbeit, diese Doppelseite in Farbe zu zeichnen. Ein Glück, dass es so etwas bis jetzt nur im ersten Kapitel gab. Mir wurde viel Freiraum gelassen, weshalb ich die wichtigsten Elemente des ersten Kapitels hineingesteckt und beim Zeichnen darauf geachtet habe, Ais Attraktivität und Charisma zu verdeutlichen. Die Handlung von 【*Mein*Star*】 hat zwar eine düstere Seite, aber ich dachte, es hätte einen größeren Überraschungseffekt, wenn das erst am Ende des Kapitels herauskommt. Also habe ich die Seiten süß und poppig gestaltet.

3

30.04.2020

Farbillustration am Kapitelanfang, 22. und 23. Kombinationsausgabe 2020 von *Weekly Young Jump*

Die erste Farbillustration zum Kapitelanfang zeigt aus irgendeinem Grund viel Haut … Ich kann mich überhaupt nicht mehr erinnern, wieso … Dabei habe ich sie nicht einmal im Sommer gezeichnet … Vielleicht, weil ich ein plastikartiges Outfit zeichnen wollte?

4

16.07.2020

Farbillustration am Kapitelanfang, 33. und 34. Kombinationsausgabe 2020 von *Weekly Young Jump*

Hier habe ich Aqua zum ersten Mal frontal und in Farbe gezeichnet. An dieser Stelle muss ich etwas beichten: Als ich an der Farbillustration zum ersten Kapitel gearbeitet habe, hatte ich total vergessen, dass Rubys Augen rubinfarben sind und Aquas Augen aquamarinblau. Mein Fehler. Das ist mir aufgefallen, als ich die obige Illustration gezeichnet habe. Deshalb wollte ich damit die Augenfarbe der Zwillinge richtigstellen. So sieht sie nämlich aus. Aber Pupillen können ja abhängig vom Licht verschiedene Farben annehmen …

5

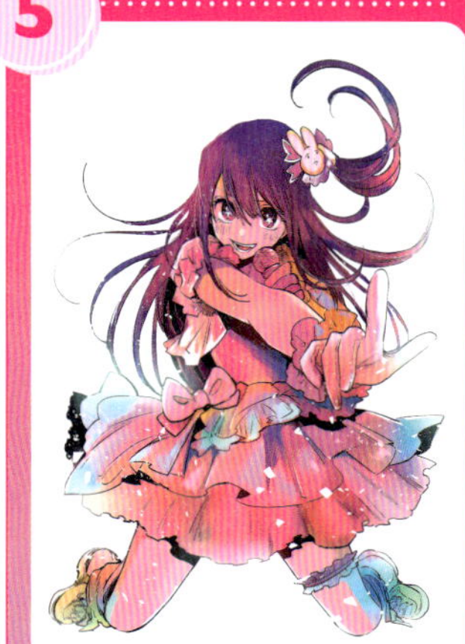

16.07.2020

1. Bonusillustration, *Shonen Jump+*

Diese Illustration erschien auf *Shonen Jump+*. Der Redakteur bat mich, Elemente von Leidenschaft und Dynamik einzubringen. Bei der Anfertigung habe ich also darauf geachtet. Ich liebe es, wie hinreißend leidenschaftlich ein Mädchen in pinken Klamotten aussieht, und träume davon, diesen Reiz eines Tages voll und ganz ausdrücken zu können. Ich bin der festen Überzeugung, dass »süß«, wenn es maximiert wird, »cool« ist.

6

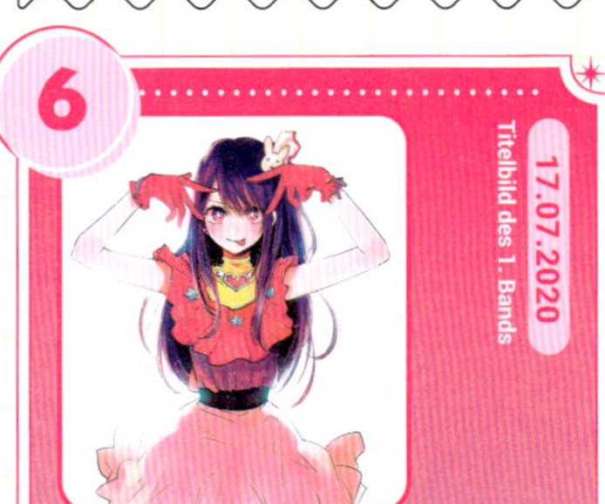

17.07.2020

Titelbild des 1. Bands

Ich habe Ais Gesicht immer wieder überarbeitet, weil das Titelbild des ersten Bandes sehr, sehr wichtig ist. Anfangs war geplant, Ai nur bis zur Schulter zu zeichnen, wie ich es in meinen bisherigen Werken getan hatte. Die Redaktion und Aka hatten aber die Idee, auch ihre Hände zu zeigen, und haben mir Vorschläge für die Pose gegeben. Nach einiger Optimierungsarbeit haben wir uns dann für diese hier entschieden. Ich finde, mir ist ein Titelbild gelungen, das die Geschichte symbolisch darstellt. Obwohl ich oft Charaktere zeichne, die ihre Zunge rausstrecken, hatte ich Ai zuerst mit einem normalen Lächeln skizziert, was keinen besonderen Eindruck hinterlassen hätte. Die Ideenskizze von Aka war einfach großartig und hat mir sehr geholfen.

7

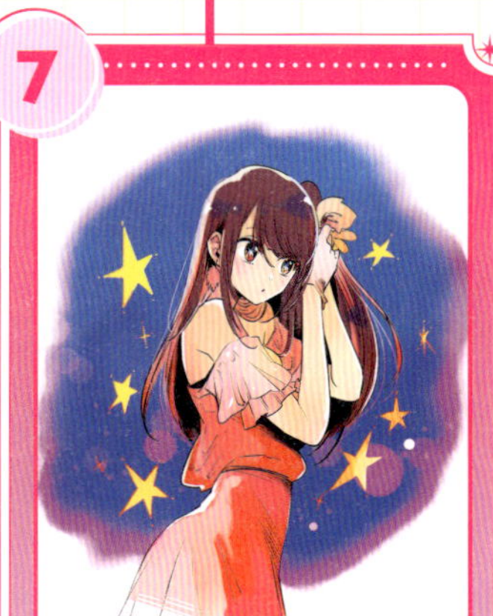

30.07.2020

2. Bonusillustration, *Shonen Jump+*

Ai hinter den Kulissen. Es gab die Idee, in den Bonusillustrationen, die während der Serienpausen veröffentlicht werden, Ausschnitte aus dem Alltag der Charaktere zu zeigen. Da sie aber häufig auf dem Programm stehen und ich nicht genügend Energie aufbieten konnte, eine Reihe von Illustrationen mit einem durchgehenden Konzept neben meiner Arbeit an der Serie zu zeichnen, musste ich die Idee leider verwerfen.

2020

13

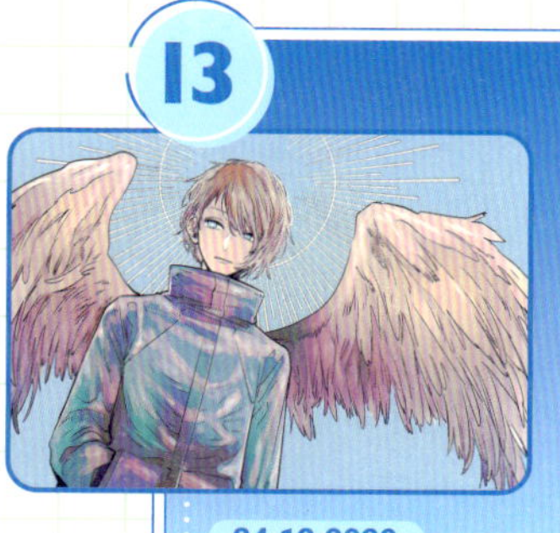

24.12.2020
6. Bonusillustration, *Shonen Jump+*

Ich hatte irgendwie das Gefühl, dass dieses Bild gut zu Merch aus durchsichtigem Material passen würde, und war glücklich, als daraus tatsächlich ein Acryl-Aufsteller gemacht wurde. Da ich eine ungewöhnliche Kolorierung angestrebt habe, sehen die Farben matter aus als gewöhnlich. Ich kann nicht damit aufhören, das Motiv von Engel und Teufel zu zeichnen. Meine Seele verlangt einfach danach.

8

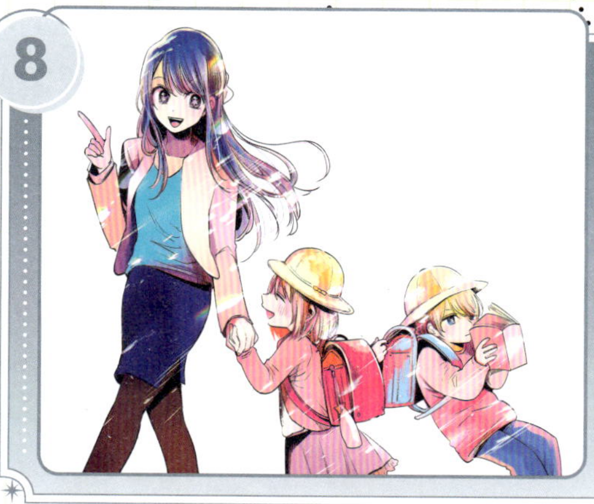

20.08.2020
3. Bonusillustration, *Shonen Jump+*

Als Aka das Bild sah, meinte er zu mir, wie grausam ich doch sei. Das sagt ausgerechnet er.

14

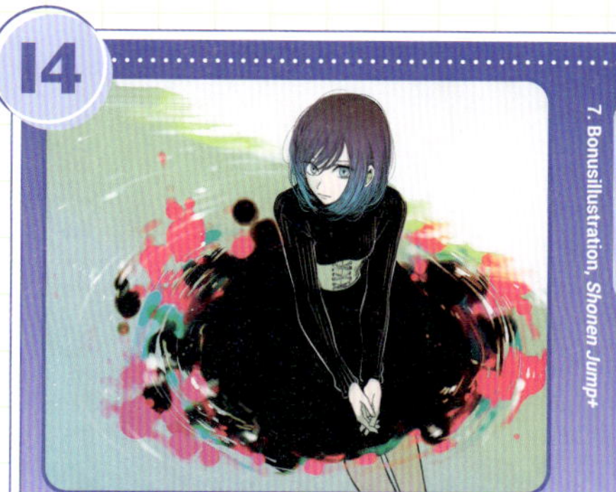

07.01.2021
7. Bonusillustration, *Shonen Jump+*

Das Bild sollte so aussehen, als hätte man schwarze Tinte in Wasser getropft. Ich wollte Akanes Schattenseite in einer schönen Form ausdrücken, weil sie das zu einem sehr attraktiven Charakter macht. Die Arbeit von Schauspielern, bei der sie die Identität einer anderen Person annehmen, ist wirklich geheimnisvoll.

10

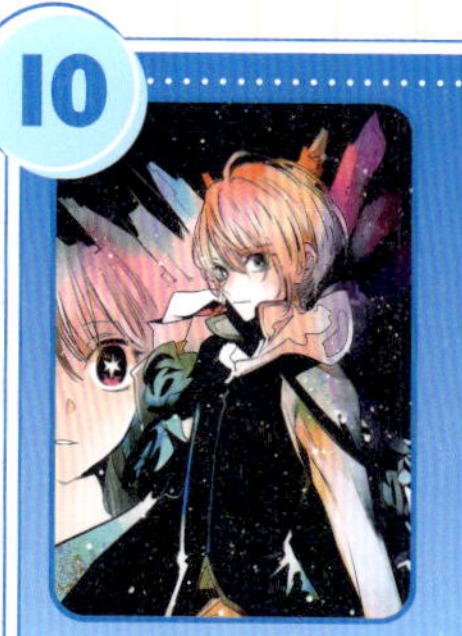

15.10.2020
4. Bonusillustration, *Shonen Jump+*

Diese Illustration sieht fast so aus, als käme sie aus einem anderen Manga. Etwas in Richtung Fantasy. Sie wirkt jedenfalls nicht juwelenartig, sondern mineralisch. Tut mir leid, wenn das unverständlich ist. Ich drücke mich oft abstrakt aus …

9

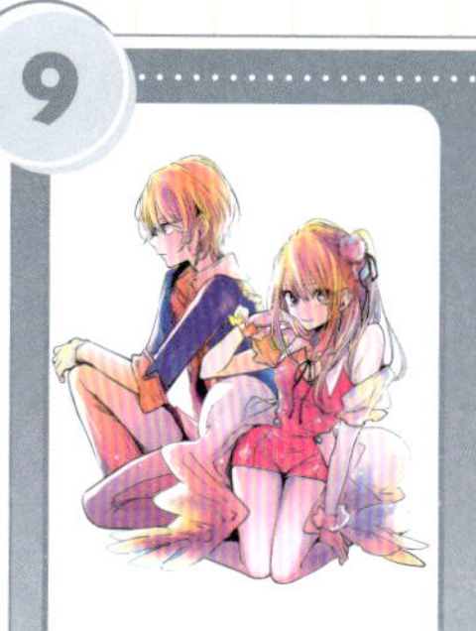

15.10.2020
Farbillustration am Kapitelanfang, 46. Ausgabe 2020 von *Weekly Young Jump*

Die Zwillinge als Duo. Damals hatte ich geglaubt, Aqua könnte vielleicht auch eine Idol-Karriere einschlagen. Die Hoffnung habe ich bis heute nicht aufgegeben … *lach*

2021

15

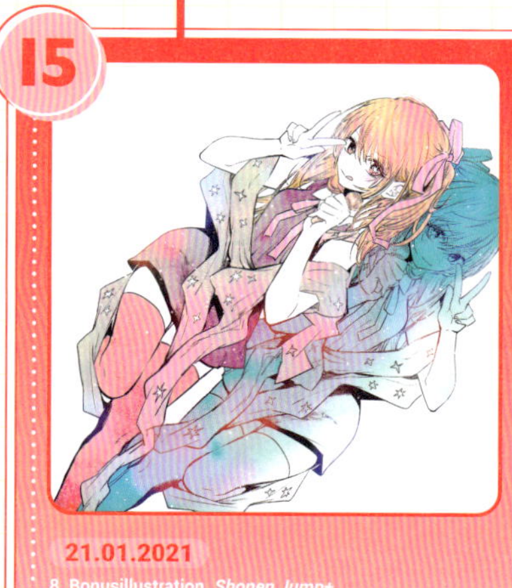

Ich liebe es, Farben zu benutzen, die an Süßigkeiten erinnern. Dieser Schal wäre hübsch, wenn es ihn in echt gäbe. Es wirkt tiefsinnig, dass Ruby doppelt gezeichnet ist, aber es ist bloß meine Angewohnheit, alles zu verdoppeln, wenn mir eine süße Strichzeichnung gelingt. Das bleibt unter uns, okay?

21.01.2021
8. Bonusillustration, *Shonen Jump+*

11

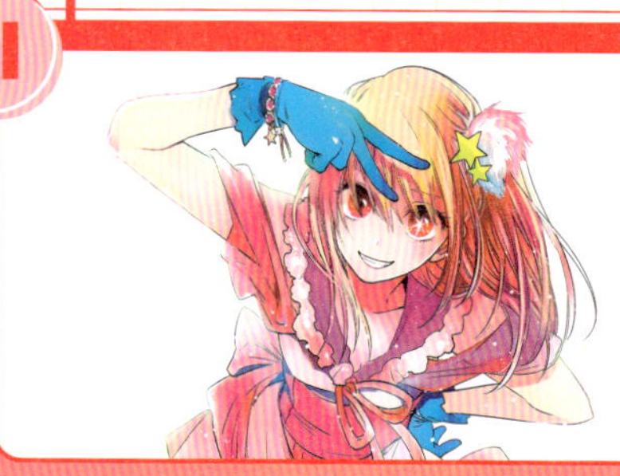

16.10.2020
Titelbild des 2. Bands

Mit diesem Bild bin ich ziemlich glücklich! Farbillustrationen betrachte ich als meine Schwäche, aber sowohl hinsichtlich des Layouts als auch der Farben habe ich das Beste aus meinen damaligen Fähigkeiten gemacht. Vielleicht war ich in bester Verfassung … Das kommt manchmal vor. Ich wünschte, es wäre immer so.

16

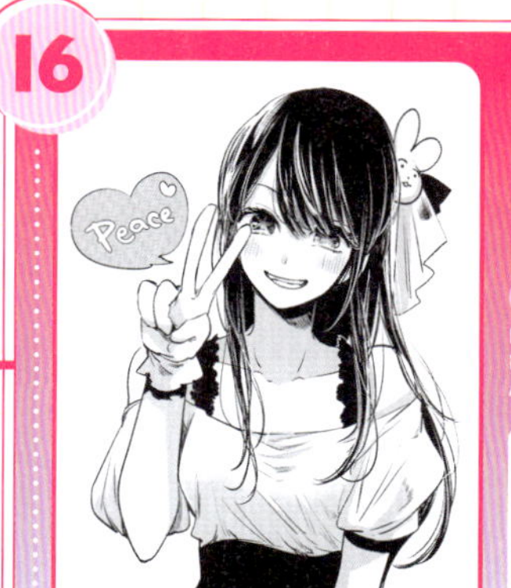

28.01.2021
Illustration für das Schere-Stein-Papier-Spiel anlässlich der neuen App von *Shonen Jump+*

Meiner Meinung nach sieht ein Peace-Zeichen in einer natürlichen Haltung sehr süß aus. Das trifft umso mehr zu, wenn der Charakter sonst immer gestellte Posen macht.

12

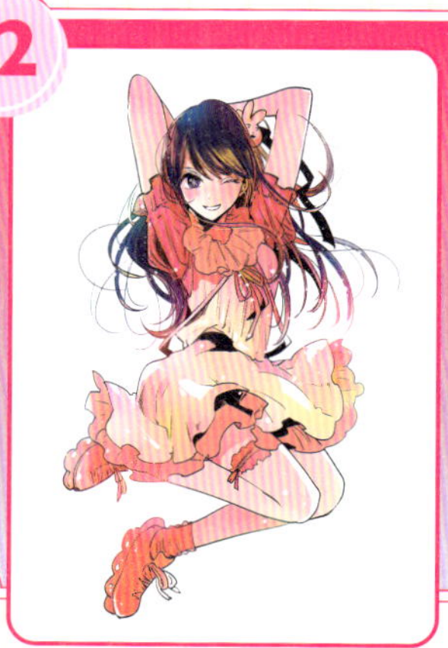

19.11.2020
5. Bonusillustration, *Shonen Jump+*

Ich greife oft auf bläuliche Farben zurück, aber in diesem Bild habe ich zur Abwechslung Orange benutzt, was mir viel Freude gemacht hat. Frau Shiro Usazaki, die ich damals gerade erst kennengelernt hatte, hat mich dafür gelobt mit den Worten: »Ist das die Personifizierung von Liebe …?« Ein schöneres Kompliment hätte ich mir nicht wünschen können.

17

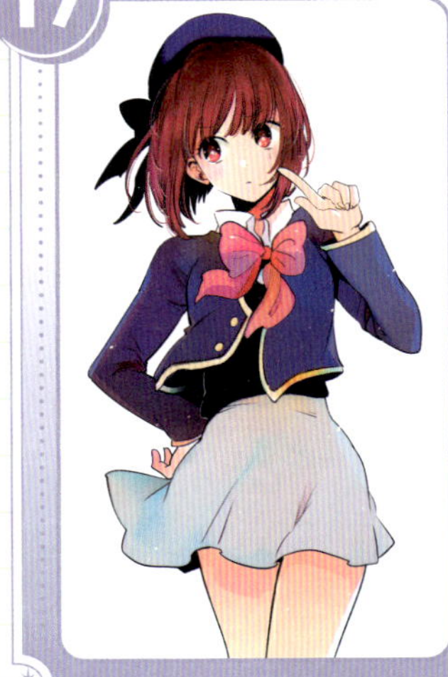

10.02.2021

Farbillustration am Kapitelanfang, 11. Ausgabe 2021 von *Weekly Young Jump*

Die erste Farbillustration von Kana Arima. Ich finde, ich habe ihre Persönlichkeit gut zum Ausdruck gebracht. Ein wahres Erfolgserlebnis, wenn man es schafft, das Wesen eines Charakters in einem einzigen Bild rüberzubringen. An dieser Stelle muss ich aber wieder etwas beichten: Die Zahl und die Position der Knöpfe auf der Schuluniform variieren je nach Bild. Tut mir leid. Ich habe schon einmal im ersten Kapitel einer Serie die Uniform falsch gezeichnet und mache hier wieder denselben Fehler. Ein Glück, dass sie im Anime ordentlich gezeichnet wird.

18

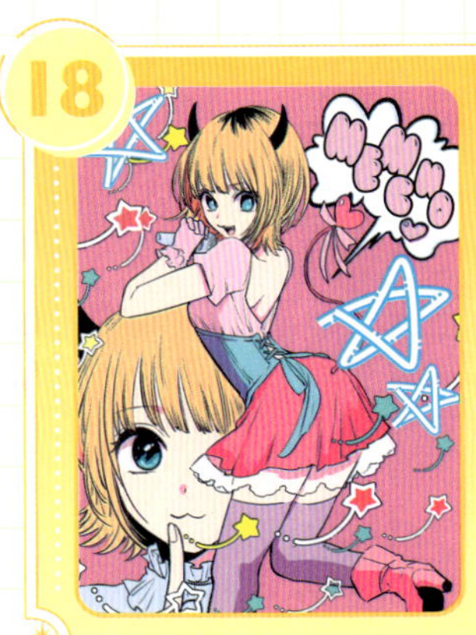

11.02.2021

9. Bonusillustration, *Shonen Jump+*

Die erste Farbillustration von Memcho. Ich wollte einen poppigen und nostalgischen Malstil ausprobieren, der typisch für die Heisei-Ära (1989-2019) ist. Da mein Stil aber von Natur aus in diese Richtung geht, musste ich mir keine besondere Mühe geben. Ich mag dieses Bild, weil es mit meinen Lieblingsfarben gezeichnet ist.

19

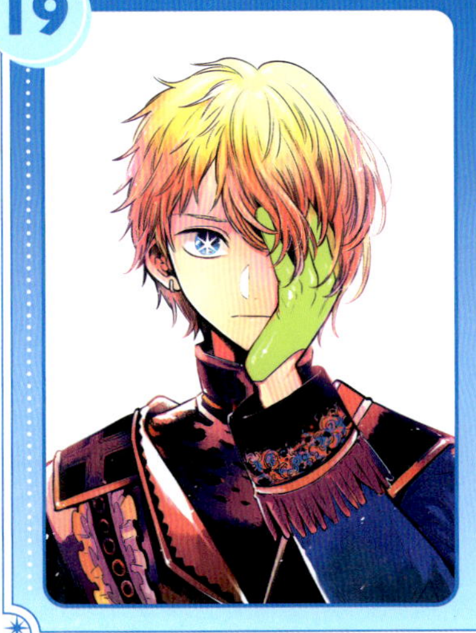

19.02.2021

Titelbild des 3. Bands

Die Titelbilder der ersten Bände zeigten jeweils den Oberkörper eines Charakters. Darum habe ich stets auf den Gesichtsausdruck und die Handhaltung geachtet und für die Handschuhe eine Farbe ausgewählt, die ins Auge sticht. Ein Grund dafür ist, dass ich eine Vorliebe für farbintensive Bilder habe, ein anderer ist, dass es in der Seinen-Rubrik von Buchhandlungen nur wenige Titelbilder mit leuchtenden Farben gab (deshalb sprang mir auch Kaguya-sama ins Auge). Auf diesem Bild wirkt Aqua wie ein wahrer Rächer.

20

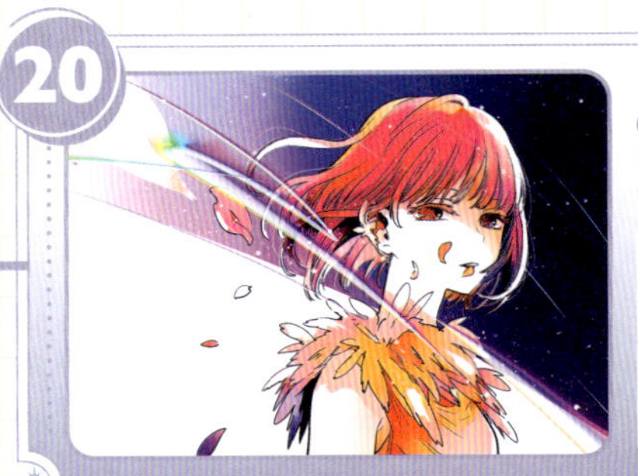

18.03.2021

10. Bonusillustration, *Shonen Jump+*

Ich wollte darstellen, dass Kana Arima ein Multitalent ist, das die verschiedensten Ansprüche erfüllen kann. Hoffentlich macht dieses Bild deutlich, wie lange sie schon im Showbiz arbeitet …

21

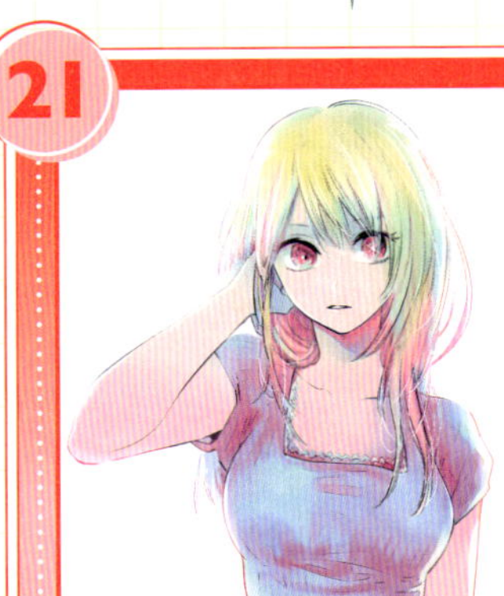

22.04.2021

11. Bonusillustration, *Shonen Jump+*

Dieses Bild habe ich gezeichnet, um die Leser regelmäßig daran zu erinnern, wie hübsch Ruby ist. Die Kolorierung wirkt irgendwie anders als sonst. Ich frage mich, wie ich das geschafft habe … (Jetzt ist es kein Geheimnis mehr, dass ich immer auf gut Glück mit nicht reproduzierbaren Methoden koloriere …)

22

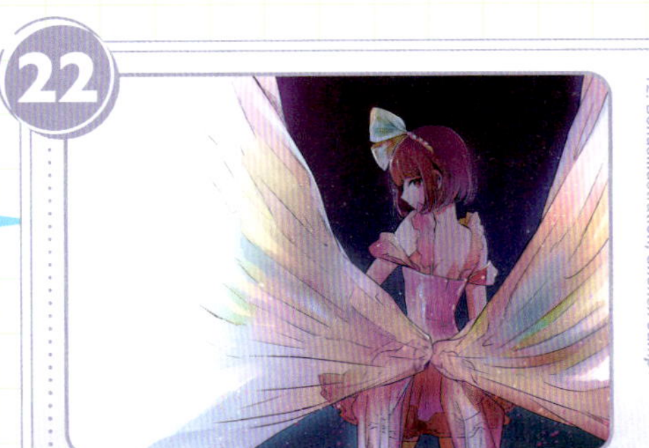

06.05.2021

12. Bonusillustration, *Shonen Jump+*

Dieses Bild erinnert sehr an den Zeichenstil von »Yori«*, findet ihr nicht? Aber das muss jetzt nicht jeder verstehen. Kommt mir jedenfalls so vor. Ich habe schon immer gerne Szenen gezeichnet, die hinter der Bühne spielen, weil mir dieses Thema so gut gefällt. Wie schön, dass ich in diesem Werk so oft dazu komme.

* Früherer Künstlername von Mengo Yokoyari.

23

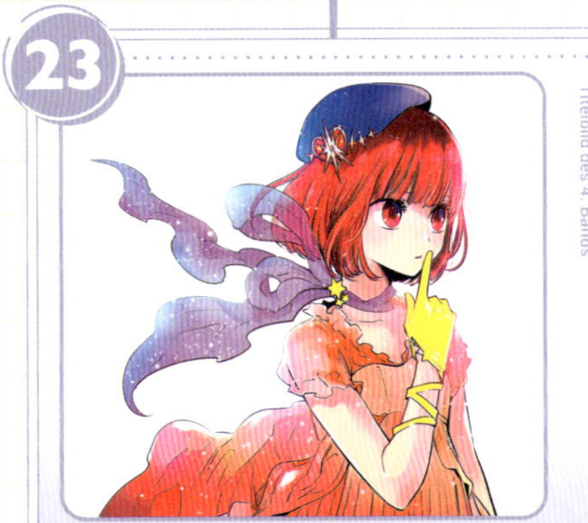

19.05.2021

Titelbild des 4. Bands

Ich erinnere mich noch gut daran, dass ich mir den Kopf darüber zerbrochen habe, welche Farbe der Handschuh haben soll. Was die Handschuhe betrifft, möchte ich nicht die passendste Farbe nehmen, sondern eine, die dem Betrachter etwas merkwürdig vorkommt. Schwierig ist nur, die beste Balance zu finden. Ich freue mich jedenfalls, dass das Titelbild vielen gefällt.

24

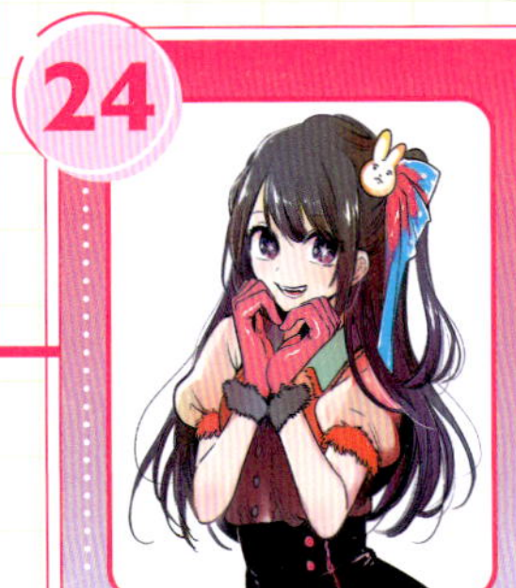

19.05.2021

Illustration zum 4. Band für Buchhandlungen

Ich bin verschiedene Sammlungen von Posen für Sofortbilder durchgegangen, die Idols für ihre Fans machen, und habe mich für eine recht konventionelle Pose entschieden. Da meine Illustrationen auf durchsichtigem Material gut aussehen, freue ich mich immer wieder über Acryl-Aufsteller.

25

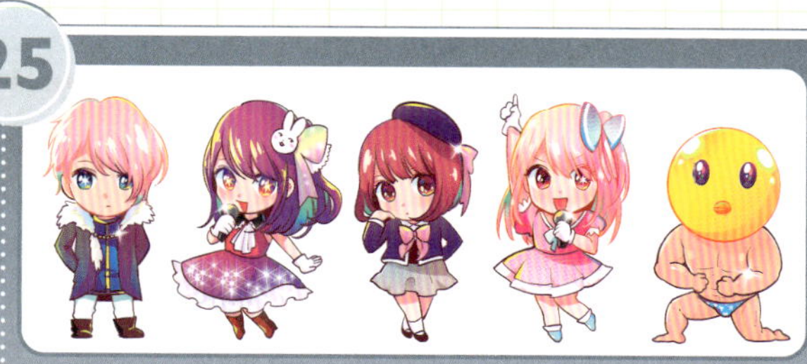

19.05.2021

Illustration der Mini-Figurenaufsteller aus Acryl, limitiertes Fünferset für *JCS*

Ein Assistent, der ein Experte für Rasterfolien ist, hat die Charaktere für mich bearbeitet. Sie sind zuckersüß geworden! Mir haben sie aber Herzklopfen bereitet, weil ich lange keine Chibis mehr gezeichnet hatte. Ich bin glücklich mit den Mini-Acryl-Aufstellern, weil sie wie leckere Bonbons aussehen. (Bitte nicht lutschen!)

26

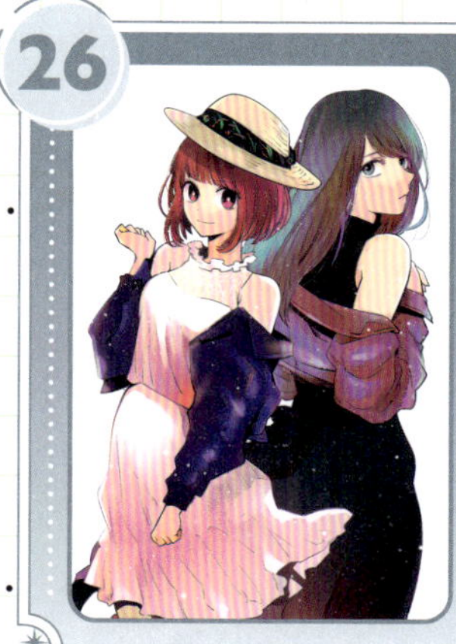

20.05.2021

Farbillustration am Kapitelanfang, 25. Ausgabe 2021 von *Weekly Young Jump*

Diese Illustration habe ich zu der Zeit gezeichnet, als allmählich der Kontrast der beiden Mädchen deutlich wurde. Hier sollten sie ähnliche Outfits tragen, die jeweils aus einem Kleid und einer Jacke aus Jeansstoff bestehen, aber vollkommen anders wirken.

27

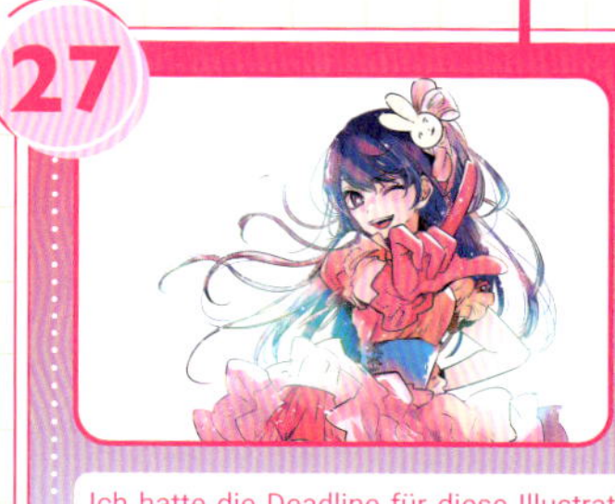

03.06.2021

13. Bonusillustration, *Shonen Jump+*

Ich hatte die Deadline für diese Illustration total vergessen, weshalb ich sie hastig, voll fokussiert und so schnell wie noch nie fertiggestellt habe. Die Hektik hat sich aber anscheinend positiv ausgewirkt, denn diese Illustration wurde für unglaublich verschiedene Zwecke genutzt. Ich traue mich aber nicht, sie näher zu betrachten, weil ich sie wirklich in kürzester Zeit gezeichnet habe. *lach*

28

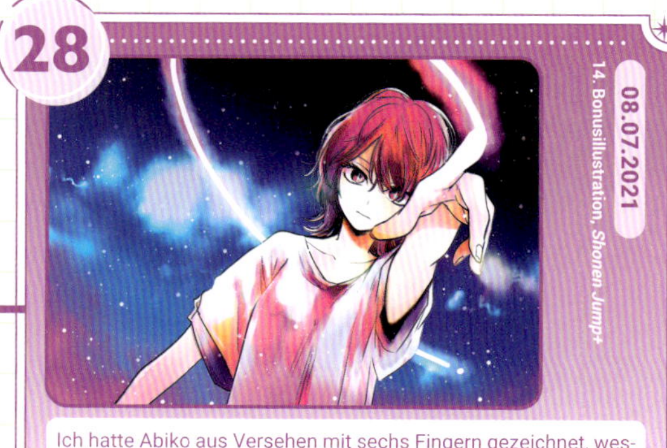

08.07.2021

14. Bonusillustration, *Shonen Jump+*

Ich hatte Abiko aus Versehen mit sechs Fingern gezeichnet, weshalb das Bild später korrigiert und ausgetauscht wurde. Vie leicht war ich müde. Ohne es zu wollen, habe ich die Erschöpfung einer Mangaka bildlich ausgedrückt. Viele Leser haben mir besorgte Kommentare geschickt. Mir geht es gut.

29

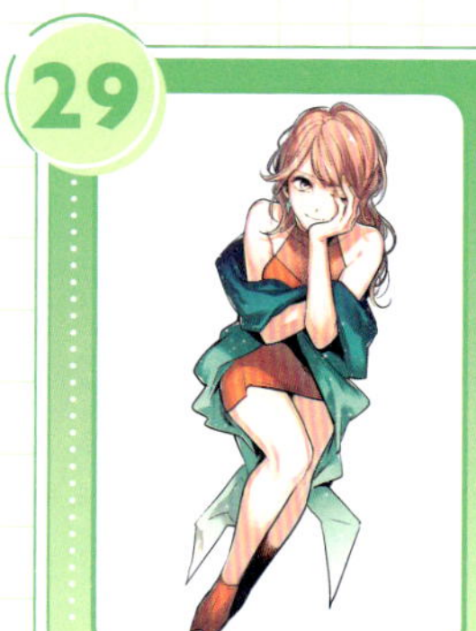

29.07.2021

15. Bonusillustration, *Shonen Jump+*

Als ich an dieser Illustration gearbeitet habe, war ich derart in Zeitnot, dass ich Frau Shiro Usazaki um Hilfe beim Kolorieren gebeten habe. Ihr Handwerk ist einfach großartig! Dank ihr sieht alles plastischer und strahlender aus. Daraus zog ich die Erkenntnis, dass meine Illustrationen viel besser wirken, wenn mir wahre Könner helfen. Das hat mich auf den Geschmack gebracht. So kommt es, dass ich Frau Usazaki seither ab und zu beim Kolorieren um Hilfe bitte … Übrigens ist das die einzige Farbillustration von Miyako.

30

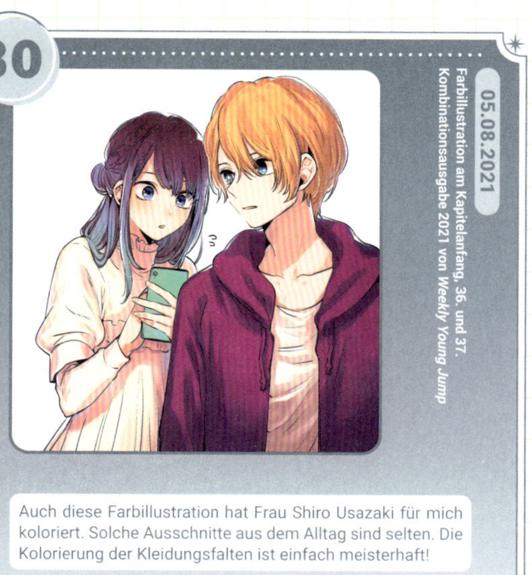

05.08.2021

Farbillustration am Kapitelanfang, 36. und 37. Kombinationsausgabe 2021 von *Weekly Young Jump*

Auch diese Farbillustration hat Frau Shiro Usazaki für mich koloriert. Solche Ausschnitte aus dem Alltag sind selten. Die Kolorierung der Kleidungsfalten ist einfach meisterhaft!

31

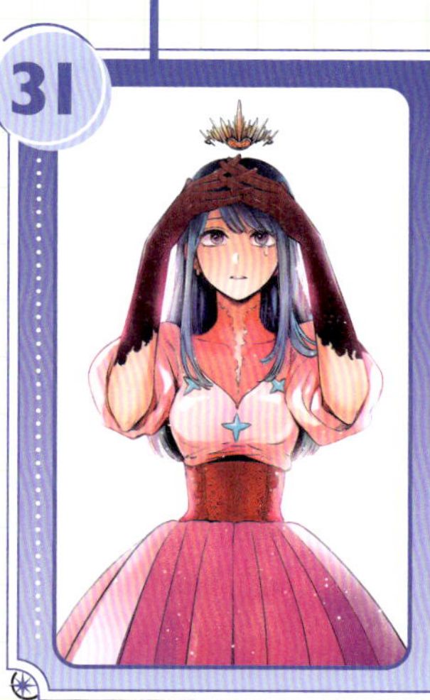

18.08.2021

Titelbild des 5. Bands

Zum ersten Mal hat ein Band von 【*Mein*Star*】 einen schwarzen Hintergrund. Eigentlich habe ich eine große Vorliebe für schwarze Hintergründe. Da ich nicht viele Gelegenheiten dazu bekomme, habe ich mich hier schaffensfreudig an die Arbeit gemacht. Auch diesmal habe ich lange überlegt, welche Farbe die Handschuhe haben sollen, und mich zum ersten Mal für eine dunklere entschieden. Von diesem Bild habe ich auch eine Version gezeichnet, wo Akane sich in Ai versetzt und deren Augen hat. Ich dachte nämlich, sie könnte irgendwo gebraucht werden, aber bisher ist sie nirgendwo erschienen.

32

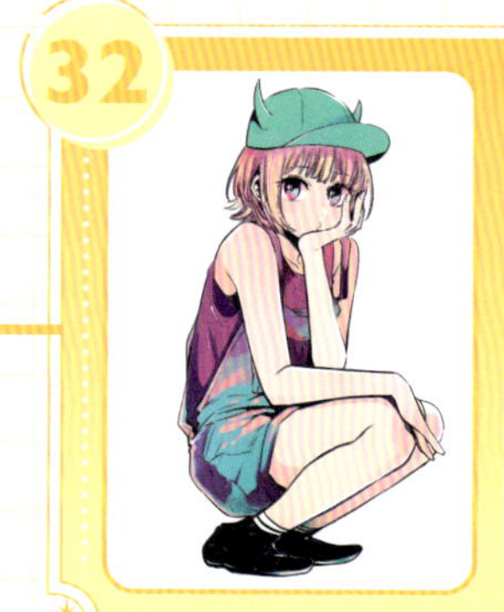

19.08.2021

16. Bonusillustration, *Shonen Jump+*

Memcho in Sommerkleidung. Die Auswahl ihrer Klamotten fällt mir am leichtesten, weil ich mit ihrem Modestil am vertrautesten bin. Darum fallen mir auch viele Outfits ein. Auf diesem Bild gefällt mir die Farbe ihres Huts sehr gut.

37

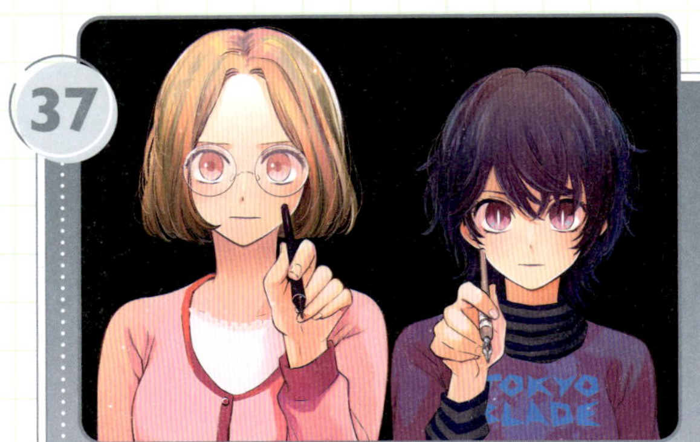

19.11.2021
Titelbild des 6. Bands

Zwecks Komposition hält Frau Kichijoji den Stift in ihrer linken Hand, aber eigentlich ist sie Rechtshänderin. Da ich linkshändig bin, verwechsle ich oft die dominante Hand von Charakteren … Es wäre lieb von euch, es in eurem Herzen zu verschließen, wenn ihr so einen Fehler entdeckt. Bei dieser Zeichnung habe ich besonders darauf geachtet, sie sorgfältig und gewissenhaft anzufertigen. Ich wollte mit dem Bild deutlich machen, dass Mangaka keine andere Wahl haben, als aufrichtig ans Werk zu gehen, was mir zum Glück gelungen ist. Mangaka haben wirklich keine andere Wahl, als aufrichtig ans Werk zu gehen …

38

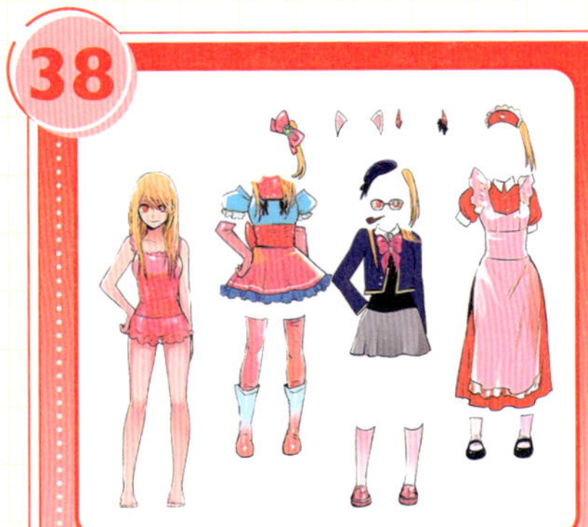

19.11.2021
Illustration zum 6. Band für Buchhandlungen

Man hatte mich gewarnt, es wäre viel Arbeit, die nötigen Teile für Anziehpuppen zu zeichnen. Tatsächlich war es mehr Arbeit als gedacht. Aber man will seiner Puppe doch süße Klamotten anziehen, nicht wahr? Was blieb mir also übrig? Wegen Platzmangels konnte ich nicht alle geplanten Outfits zeichnen …

33

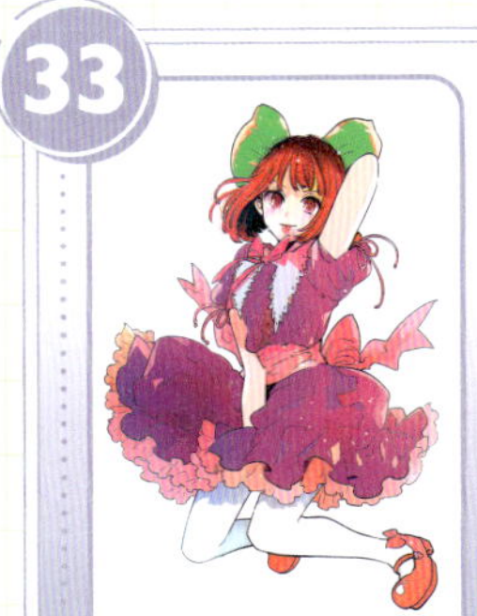

30.09.2021
17. Bonusillustration, *Shonen Jump+*

Noch ein Bild, wo der Charakter in der Luft schwebt. Ich wollte die gleiche Technik wie bei der Illustration ausprobieren, die Ai in einem orangenen Outfit zeigt (Nr. 12). Diese hier gefällt mir wegen der spannenden Kolorierung auch gut. Ich habe Freude daran, neue Farbkombinationen auszuprobieren, weil ich bisher nur wenige rothaarige Charaktere gezeichnet habe. Die Spangenschuhe stehen Natron großartig!

34

04.11.2021 **18. Bonusillustration, *Shonen Jump+***

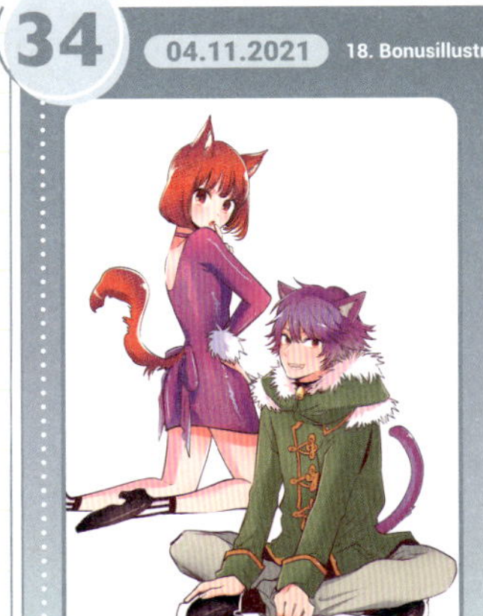

Oh! Gerade ist mir aufgefallen, dass es kaum Farbillustrationen von Meruto gibt. Vielleicht zeichne ich demnächst eine … Es kann sein, dass mein Farbgefühl komisch ist, denn oft erhalte ich verblüffte Reaktionen, wenn ich die Haarfarbe von Charakteren präsentiere.
In meinem Kopf haben sie trotz Schwarz-Weiß von Anfang an eigene Farben, in denen ich sie gedanklich zeichne. Aber verständlich, dass die Leser überrascht sind, wenn sie sie zum ersten Mal sehen. *lach*

39

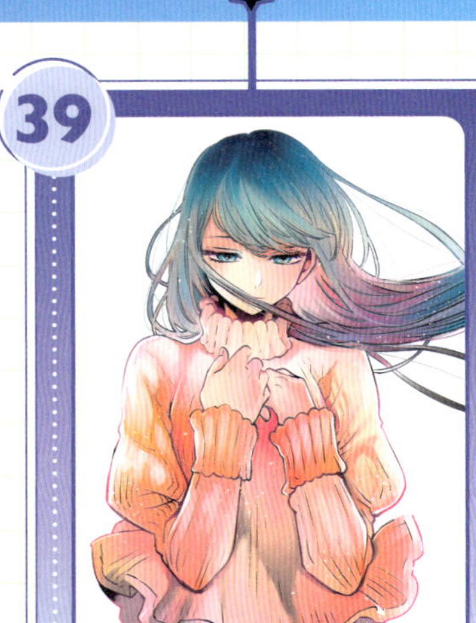

02.12.2021
19. Bonusillustration, *Shonen Jump+*

Mit dieser Zeichnung wollte ich in der kalten Jahreszeit etwas Wärme vermitteln. Wenn mich nicht alles täuscht, hatte ich Freude beim Kolorieren, aber ich erinnere mich wieder nur vage, wie ich vorgegangen bin. Ich habe eine Vorliebe für Kleidungsstücke, die eine komische Form haben.

40

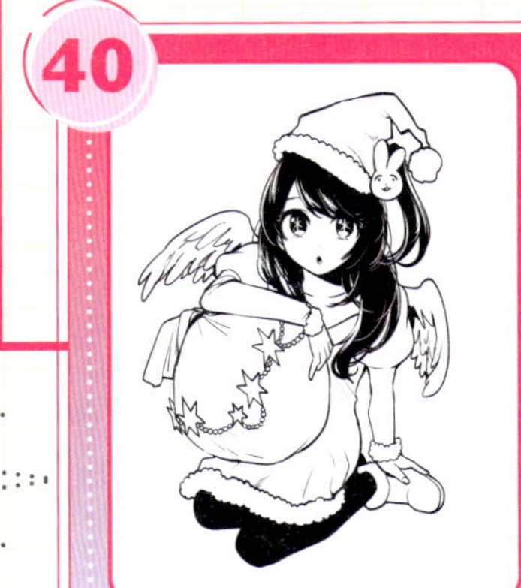

10.12.2021
Bonusillustration zu Weihnachten für den Printservice

Das Bild hat keine Farben, weil ich es in Schwarz-Weiß malen sollte. Ich denke aber, dieses Outfit würde in kalten Farben gut aussehen. Obwohl Rot naheliegend wäre, weil es ein Weihnachtskostüm ist.

35

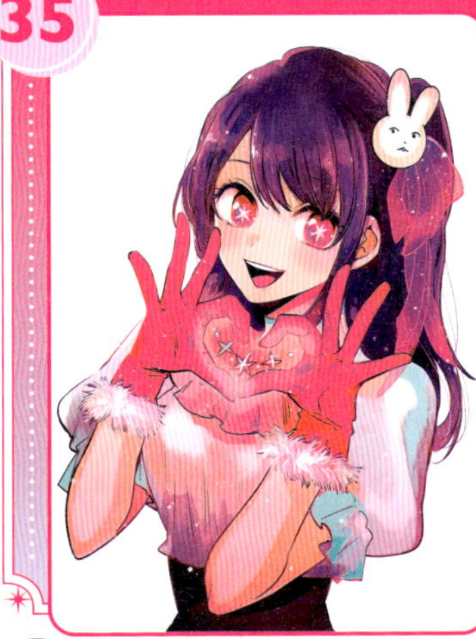

11.11.2021
Titelbild der 50. Ausgabe 2021 von *Weekly Young Jump*

Ich war sehr glücklich, zum ersten Mal das Titelbild von *Young Jump* zeichnen zu dürfen. Schließlich bekommt man nicht alle Tage so eine Gelegenheit, weil auf dem Titelbild des Magazins ja gewöhnlich Fotos abgedruckt sind. Ich habe mich beflügelt ans Werk gemacht und letztendlich ein Titelbild geschaffen, das total untypisch für *Young Jump* ist. Witzig.

36

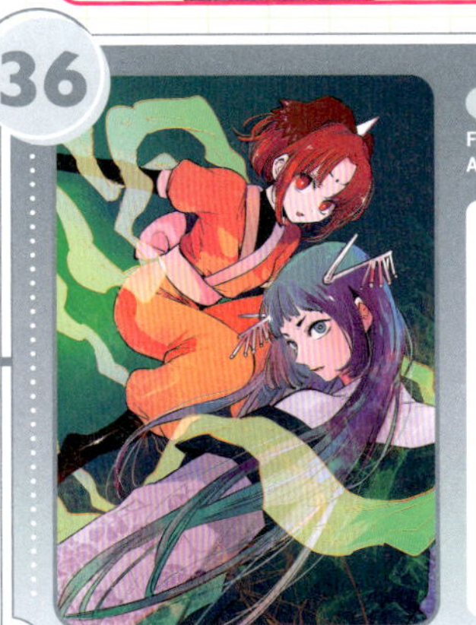

11.11.2021
Farbillustration am Kapitelanfang, 50. Ausgabe 2021 von *Weekly Young Jump*

Das Bild macht deutlich, dass das 2,5-dimensionale Theater langsam seinen Höhepunkt erreicht. Dieser Abschnitt der Geschichte war wirklich, wirklich, wirklich aufwendig … Ich erinnere mich kaum mehr daran, wie ich diese Farbillustration überhaupt gezeichnet habe. Die Kolorierung ist sehr markant, vielleicht in Anlehnung an 2,5-dimensionale Stücke (dieser Kommentar ist so oberflächlich, als würde die Illustration gar nicht von mir stammen).

41

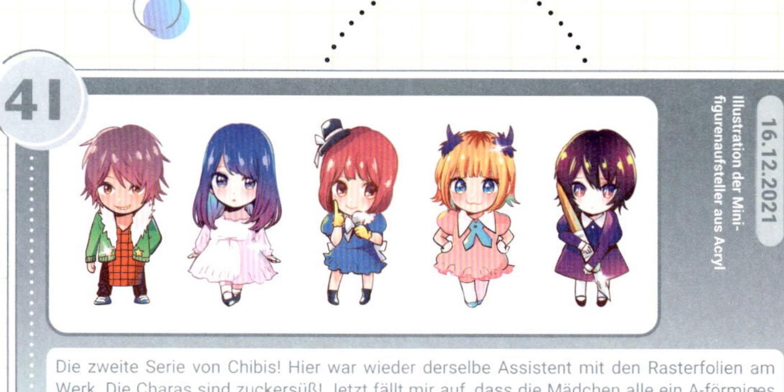

16.12.2021

Illustration der Mini-figurenaufsteller aus Acryl

Die zweite Serie von Chibis! Hier war wieder derselbe Assistent mit den Rasterfolien am Werk. Die Charas sind zuckersüß! Jetzt fällt mir auf, dass die Mädchen alle ein A-förmiges Kleid tragen. Die passen wohl gut zu Miniaturen.

42

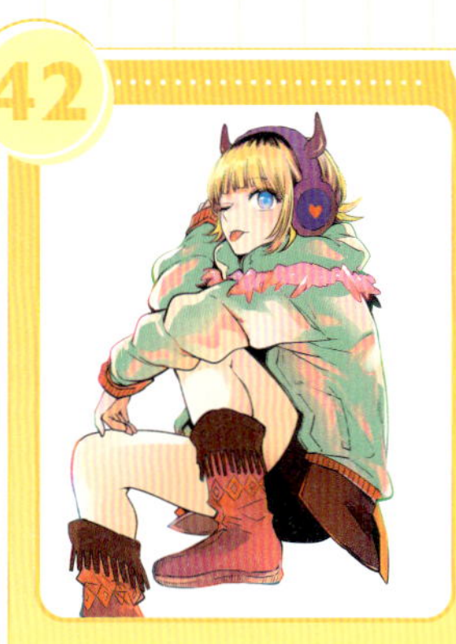

23.12.2021

20. Bonusillustration, *Shonen Jump+*

Viele halten sie für Kopfhörer, aber nein, das sind Ohrwärmer. Aber nicht so wichtig.

43

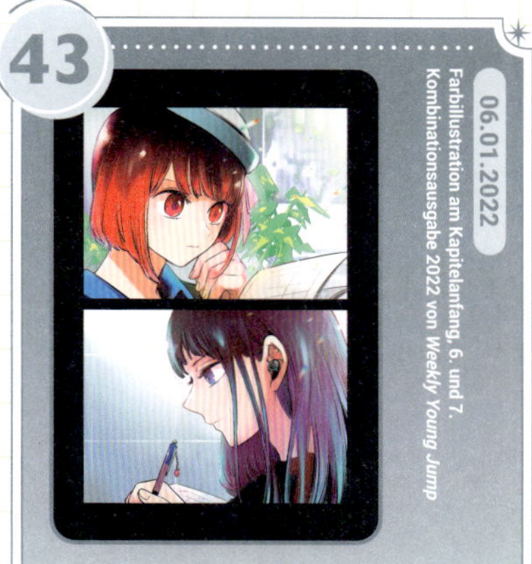

06.01.2022

Farbillustration am Kapitelanfang, 6. und 7. Kombinationsausgabe 2022 von *Weekly Young Jump*

Mein Thema lautete: professionelle Momente in der Freizeit. Beide studieren ihre Rollen ein. Akanes Pony reicht bis kurz über die Augenbrauen. Ich hoffe, ich konnte die Konzentration der zwei vermitteln.

2022

44

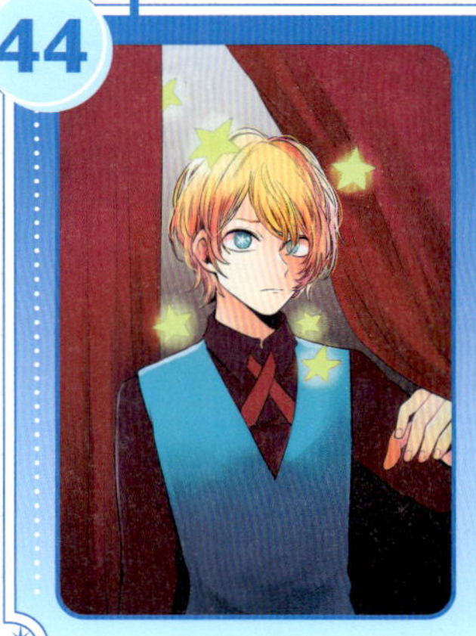

06.01.2022

21. Bonusillustration *Shonen Jump+*

Für einen Moment habe ich überlegt, ob die Sterne lieber sechsförmig sein sollen. Letztendlich sind es fünfeckige geworden, weil es mir so vorkam, dass die sechseckigen ihn piksen würden. Glück gehabt, Akun.

45

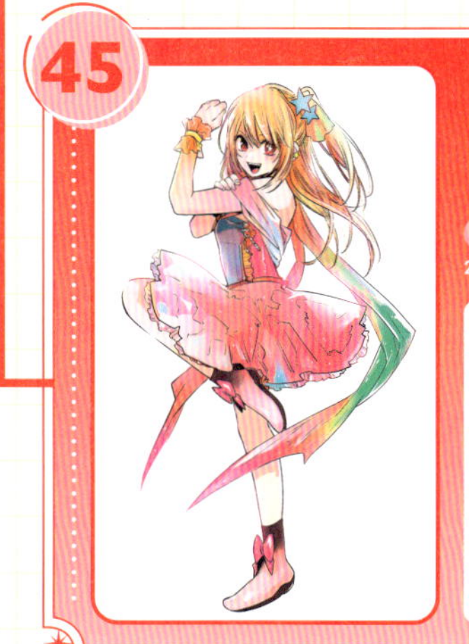

20.01.2022

22. Bonusillustration, *Shonen Jump+*

Da das Bild im Januar erscheinen sollte, habe ich Ruby voller Vorfreude und Tatendrang gezeichnet. Es gibt viele Zeichenstile und Präferenzen, aber ich persönlich wünsche mir, dass meine Zeichnungen vor Lebenskraft sprühen. Bei Ruby fällt es mir leicht, diesen Wunsch umzusetzen.

46

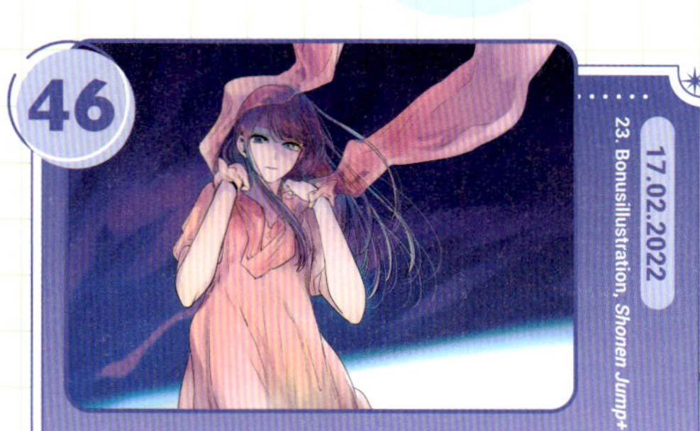

17.02.2022

23. Bonusillustration, *Shonen Jump+*

Hier steht Akane an einem Ort, der wie das Ende der Welt aussieht … Diese Illustration habe ich in einer kalten Jahreszeit gezeichnet. Ich hatte die Strichzeichnung angefangen und mittendrin aufgegeben, weil ich irgendwie nichts hinbekam. Nach einiger Zeit habe ich mich wieder daran gewagt – und so ist das obige Bild entstanden. Dabei sollte die Stimmung anfangs sanft und feenhaft werden … Es bleibt spannend, was bei meinen Zeichnungen herauskommt!

47

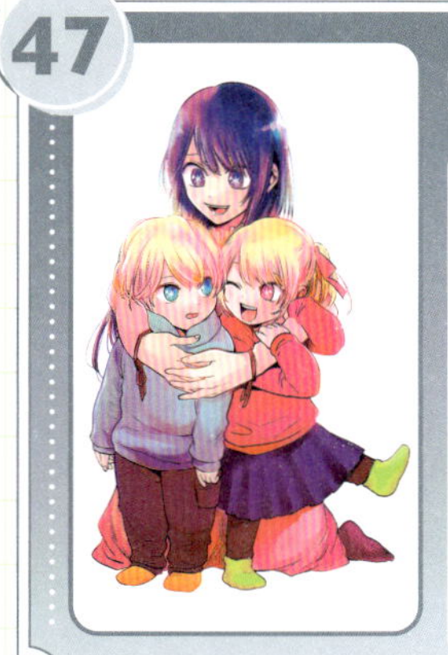

18.02.2022

Titelbild des 7. Bands

Was die Titelbilder der Comics betrifft, erkundige ich mich immer bei Aka, welche Charaktere ich darauf zeichnen soll. Ich war sprachlos, wie grausam er doch ist, als er mir beim siebten Band antwortete: »Die Familie Hoshino.« Ich habe alles getan, was ich konnte, damit die Charaktere glücklich aussehen …

48

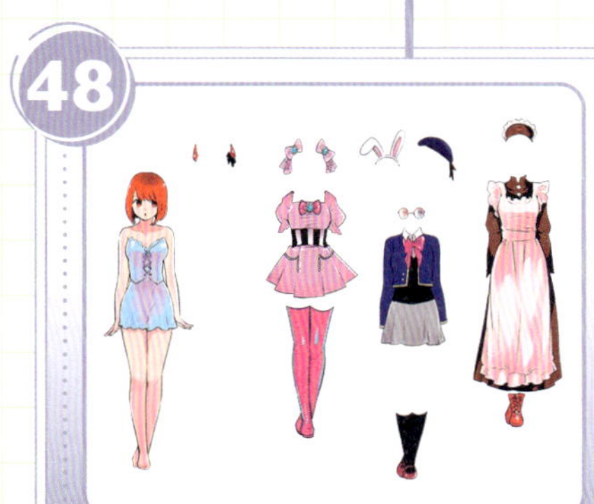

18.02.2022

Illustration zum 7. Band für Buchhandlungen

Die zweite Anziehpuppe! Auch diesmal war es eine Mordsarbeit! Kana ist zwar nicht mollig, aber ich achte darauf, dass sie nicht zu schlank gerät. Das ist quasi mein Geheimrezept.

49

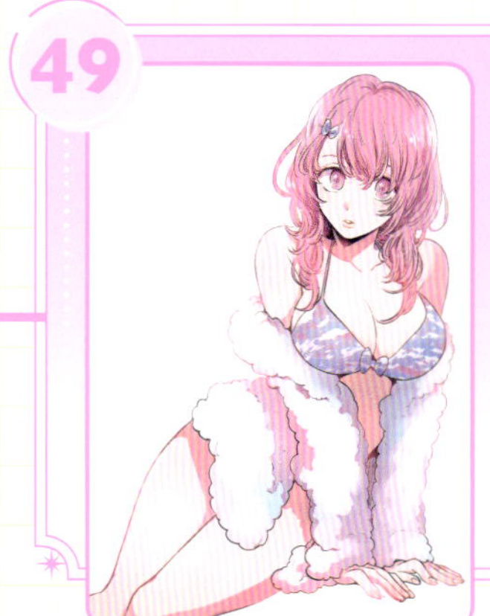

24.03.2022

Die erste Farbillustration von Minami. Aus irgendeinem Grund kam sie bei meinen Freunden gut an. So stelle ich sie mir bei Fotoshootings vor. Ich hatte lange nicht mehr solche Brüste gezeichnet …

50

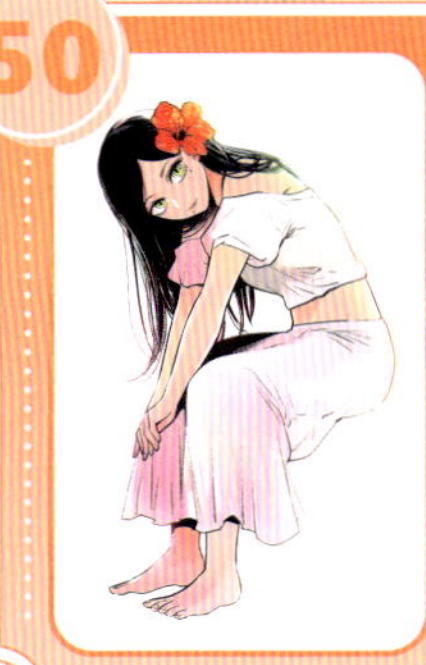

28.04.2022

25. Bonusillustration, *Shonen Jump+*

Die erste Farbillustration von Frill. Es gibt keinen besonderen Grund dafür, dass sie ein Sommerkleid trägt. Eigentlich glaube ich sogar, dass sie bei Fotoshootings und Dreharbeiten eher das Image einer Eiskönigin hat.

51

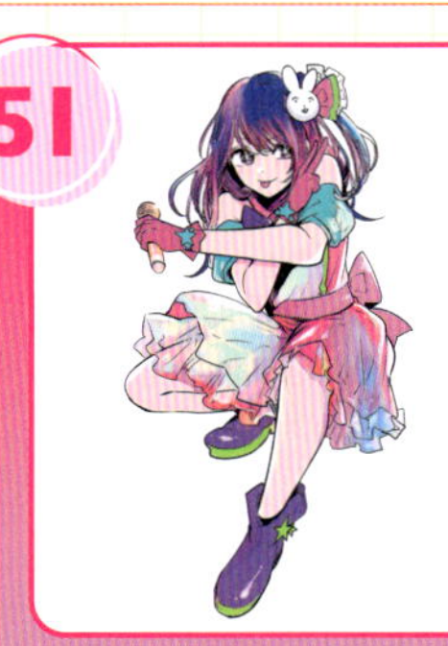

12.05.2022

26. Bonusillustration, *Shonen Jump+*

Es war lange her, seit ich Ai das letzte Mal als Idol gezeichnet hatte. Sie ist wirklich das Gesicht von 【*Mein*Star*】! Ich hatte riesigen Spaß beim Zeichnen. Es lässt mein Herz höherschlagen, wenn Charaktere in niedlichen Kleidern mit Rüschen eine freche Pose zeigen. Diese Vorliebe zeigt sich in vielen meiner Werke.

52

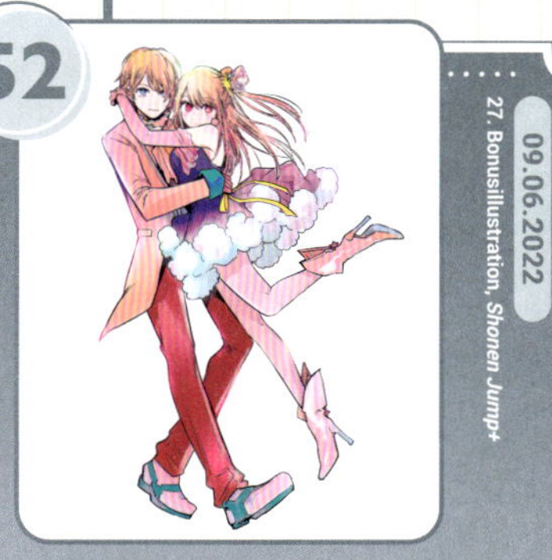

09.06.2022

27. Bonusillustration, *Shonen Jump+*

Die Geschwister hatte ich lange nicht mehr zusammen gezeichnet! Eigentlich möchte ich sie öfter zeichnen, weil ich mich freue, sie Seite an Seite zu sehen. Herrlich, wenn Geschwister so eng sind … Die beiden sehen wirklich in allen Klamotten fantastisch aus.

53

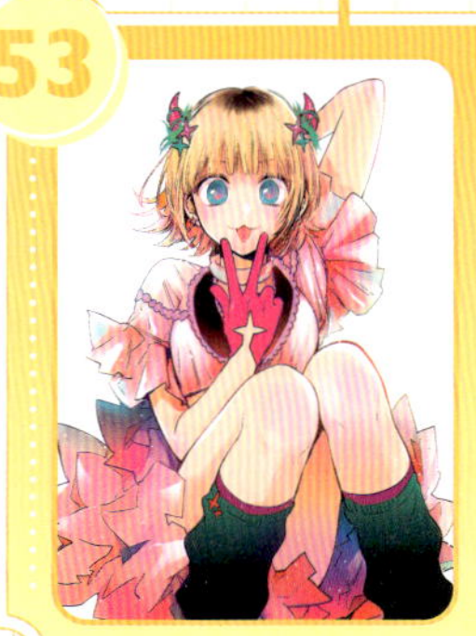

17.06.2022

Titelbild des 8. Bands

Das erste Titelbild von Memcho! Herzlichen Glückwunsch! Ich erinnere mich noch gut daran, dass ich mich mit den Farben schwergetan habe … Die Augen sind aber super süß geworden. Behaltet bitte für euch, dass die Handschuhe ähnlich koloriert sind wie die von Ai im ersten Band. Schwarze, ausgeleierte Socken fand ich schon niedlich, als ich am Musikvideo von *1 2 Fanclub* gearbeitet habe, und war glücklich, als sie auch in der Realität in Mode kamen.

54

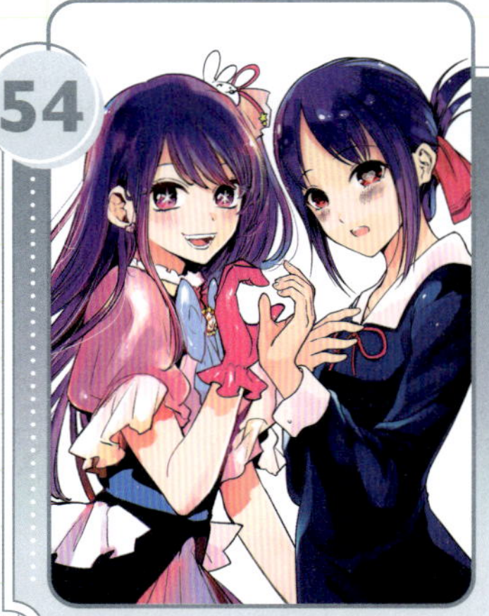

23.06.2022

Titelbild der 30. Ausgabe 2022 von *Weekly Young Jump*

Unsere erste gemeinsame Illustration! Ich durfte zuerst meine Seite fertigstellen, dann hat Aka netterweise alles passend dazu gezeichnet. Da ich mich wirklich nicht an andere Zeichnungen anpassen kann, bin ich ihm sehr dankbar dafür. Ich liebe die Kolorierung von Aka, weshalb ich nichts dagegen hatte, dass er Kaguya wie gewöhnlich koloriert. Das wäre typisch für ein gemeinsames Werk gewesen. Umso überraschter war ich, als er die Farben in meinem Stil gestaltet hat. Wenn ich die Illustration eingehend betrachte, könnte ich wahrscheinlich unsere Persönlichkeiten analysieren. Lassen wir das lieber.

55

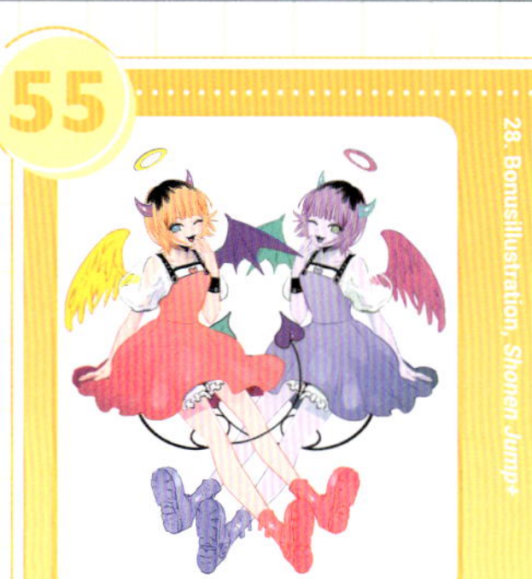

14.07.2022

28. Bonusillustration, *Shonen Jump+*

Ich werde mein Leben lang nicht aufhören, das Motiv von Engel und Teufel zu zeichnen, Pastellfarben zu benutzen und symmetrische Zeichnungen zu komponieren. Da bin ich mir sicher.

56

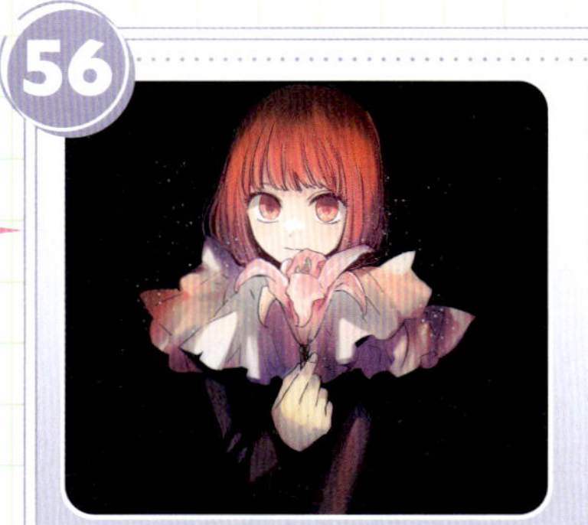

18.08.2022

29. Bonusillustration, *Shonen Jump+*

Noch eine Illustration mit meinem geliebten schwarzen Hintergrund! Sie ist überraschend gut angekommen, obwohl sie so schlicht ist. Ich sollte beim Kolorieren immer so gut auf die Lichtquelle achten wie hier … Ich gebe mein Bestes …

57

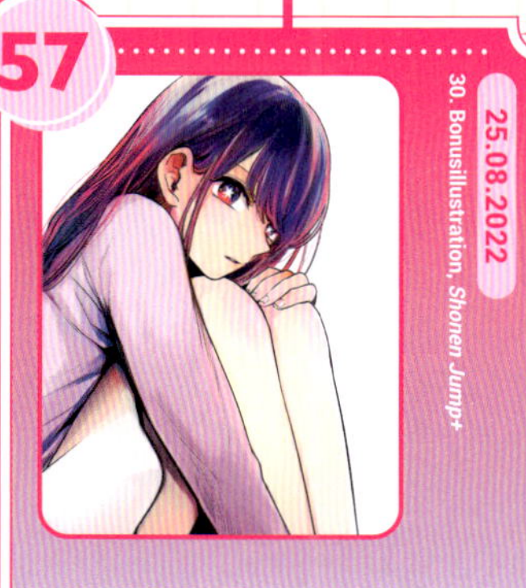

25.08.2022

30. Bonusillustration, *Shonen Jump+*

Mit diesem Bild wollte ich dem Betrachter Herzklopfen bereiten. Dodomm.

58

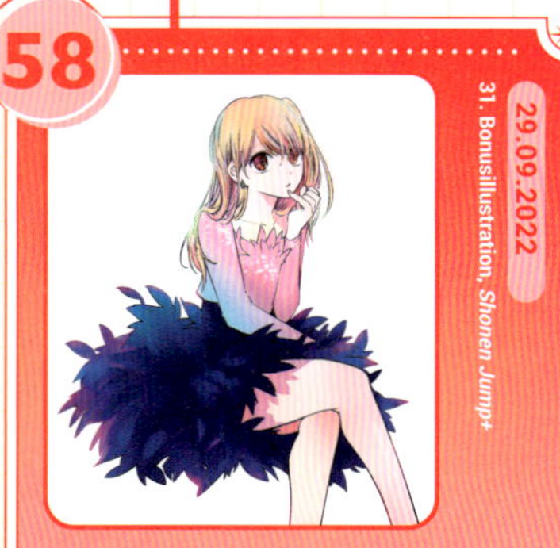

29.09.2022

31. Bonusillustration, *Shonen Jump+*

Beim Zeichnen habe ich mir den Film *Black Swan* in Erinnerung gerufen. Es ist ziemlich schwer, die Augen mit den schwarzen Sternen in einer Farbillustration zur Geltung zu bringen. Eine düstere Stimmung harmoniert einfach besser.

59

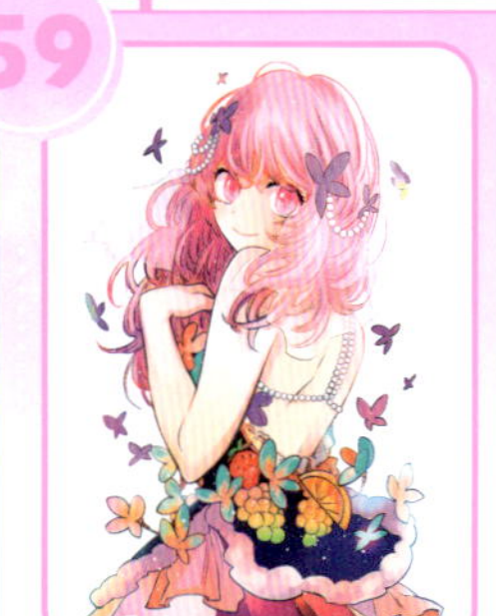

19.10.2022

Titelbild des 9. Bands

Ein Titelbild mit Minami! Ich habe mir den Kopf darüber zerbrochen, ob das Genre nicht verwechselt werden würde, wenn sie im Bikini auf dem Umschlag ist. Nach vielem Überlegen habe ich ihr ein merkwürdiges Outfit gezeichnet, das wie ein Früchteparadies aussieht. Bestimmt wird sie auch hin und wieder in solchen Kostümen fotografiert. Aus mysteriösen Gründen kommt das Bild in meiner Verwandtschaft so gut an, dass mir sogar gesagt wurde, es sei mein allerbestes Bild. Mein Bestes?! Ich finde jedenfalls auch, dass Minami hier sehr süß aussieht!

65

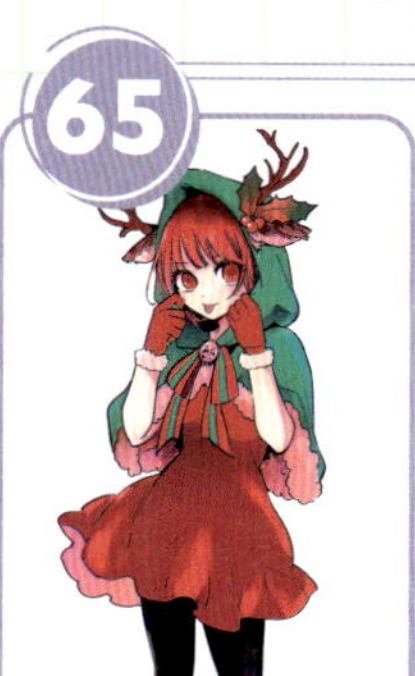

22.12.2022

35. Bonusillustration, *Shonen Jump+*

Ich wollte unbedingt etwas Weihnachtliches zeichnen, aber Weihnachtsmann-Kostüme waren abgedroschen und ich hatte weder Zeit noch Kraft, um mir etwas Kreatives auszudenken … Als Notlösung habe ich deshalb ein Rentier-Kostüm genommen. Meine Wahl fiel auf Natron, weil sie rote Haare hat. Perfekt für Weihnachten, dachte ich, aber letztendlich haben sie mir die Arbeit erschwert, weil das Rot die möglichen Farbkombinationen stark eingeschränkt hat!

60

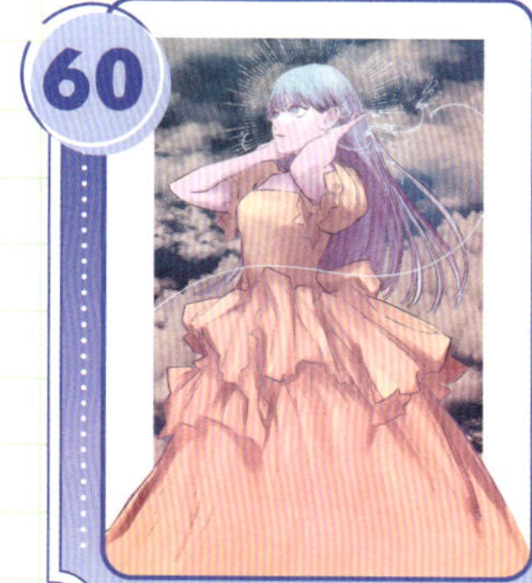

20.10.2022

Farbillustration am Kapitelanfang, 47. Ausgabe 2022 von *Weekly Young Jump*

Damit die Illustration wie eine Malerei wirkt, habe ich die Farben passend zum bewölkten Himmel matt gehalten, obwohl ich sonst immer gerne strahlende Farben benutze. So eine Stimmung herrschte nämlich auch in der Handlung (Kapitel 98) … Hinsichtlich der Kolorierung probiere ich jedes Mal etwas Neues aus, damit es nicht langweilig wird. Auch bei diesem Bild ist es mir mit Müh und Not gelungen, das zu Papier zu bringen, was ich angestrebt habe … Denke ich zumindest.

66

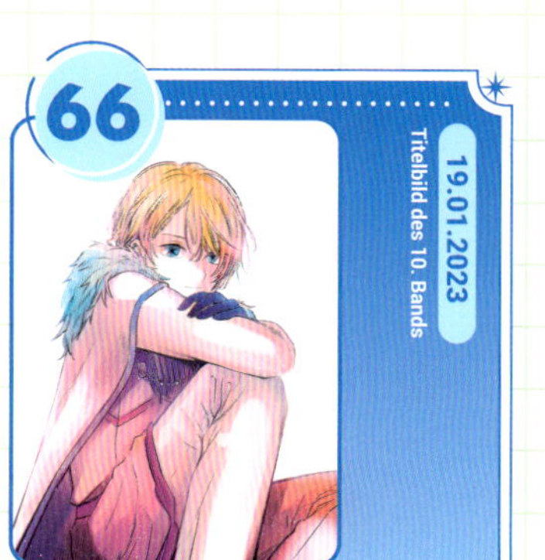

19.01.2023

Titelbild des 10. Bands

A-kun auf der dunklen Seite, aber in Weiß. Ich habe bewusst helle Farben für seine Kleidung ausgesucht, damit die schwarzen Sterne in seinen Augen hervorstechen.

62

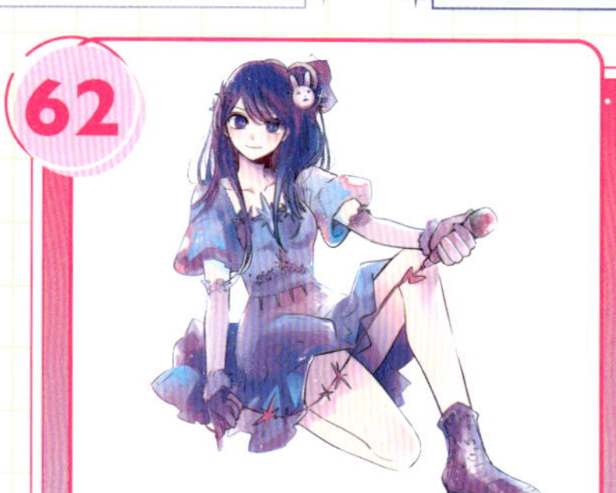

10.11.2022

Farbillustration am Kapitelanfang, 50. Ausgabe 2022 von *Weekly Young Jump*

Hier habe ich Farben benutzt, die beim Drucken am allerschwersten wiederzugeben sind, und den Designern und Druckereien das Leben schwer gemacht. Wer sich auskennt, kann sicher nachvollziehen, was ich meine. Ich benutze auch sonst immer sehr schwierige Farben, aber das hier toppt alles. An dieser Stelle möchte ich mich bei allen Beteiligten entschuldigen … Aber es wäre sicher etwas Besonderes, wenn es einen Acryl-Aufsteller oder etwas anderes Dreidimensionales mit Ai in solchen Farben gäbe. (Ich versuche schon wieder, den Leuten zur Last zu fallen …)

61

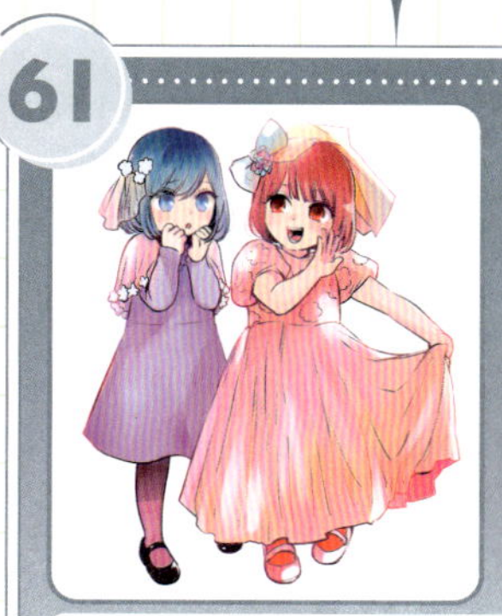

03.11.2022

32. Bonusillustration, *Shonen Jump+*

Kana und Akane in ihrer Kindheit. Sie weisen sowohl Gemeinsamkeiten als auch Unterschiede zur Gegenwart auf. Bei der Recherche nach Kinderkleidern habe ich so viele süße Sachen gefunden, dass ich die Qual der Wahl hatte.

2023

67

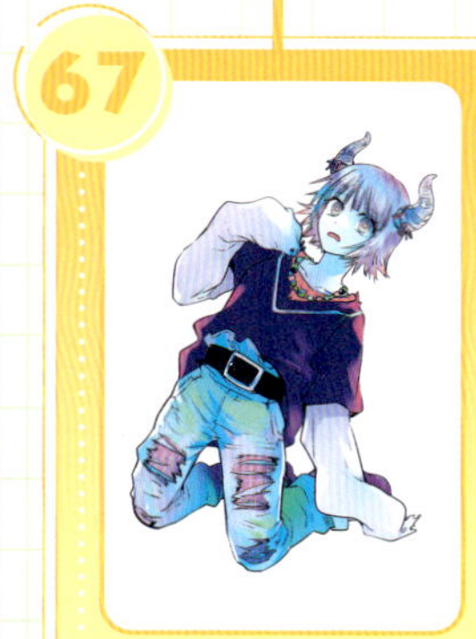

19.01.2023

36. Bonusillustration, *Shonen Jump+*

Das hier gefällt mir von meinen neuesten Bildern am besten! Ich freue mich, dass es auch viele meiner Freunde gut finden. Obwohl ich bewusst wenige Farben benutzt habe, ist die Kombination ungewöhnlich und ganz nach meinem Geschmack geworden. Memcho bereitet mir viel Freude, weil ich ihr die Klamotten anziehen kann, die ich persönlich mag. Aus diesem Bild könnte man einen tollen Schlüsselanhänger machen, findet ihr nicht?

63

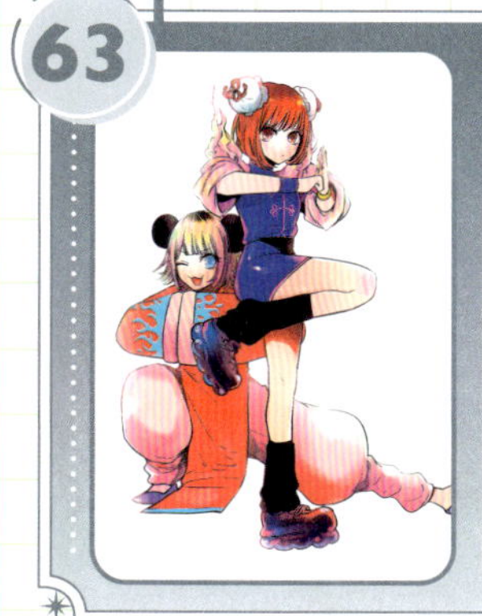

24.11.2022

33. Bonusillustration, *Shonen Jump+*

Ich glaube, bis dahin hatte ich noch keine chinesischen Kleider in Blau gezeichnet. Das war eine schöne Abwechslung. Dankenswerterweise hat die Illustration viele an ein bestimmtes Musikvideo erinnert. Ich habe überlegt, wie ich chinesische Kleider heute gestalten würde, und Elemente kombiniert, die mir aktuell gefallen. Erscheinen Kana und Memcho hier zum ersten Mal zusammen in einer Farbillustration? Ich hatte keinerlei Schwierigkeiten, weil für mich beide leicht zu zeichnen sind.

69

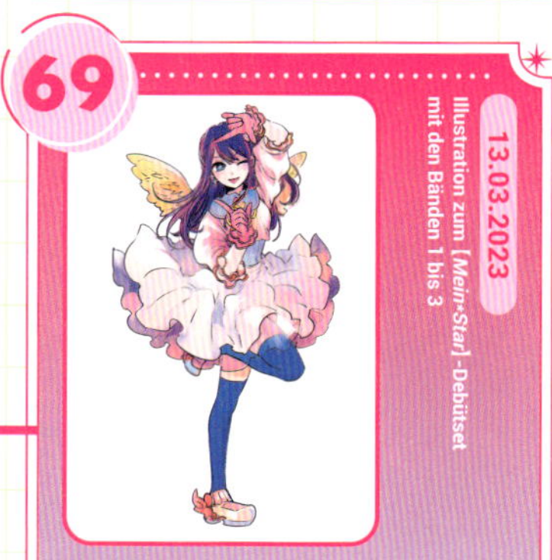

13.03.2023

Illustration zum 【Mein♥Star】-Debütset mit den Bänden 1 bis 3

Eine Farbkombination und ein Outfit dieser Art hatte es noch nicht gegeben, oder? Ich bin höchst zufrieden, dass mir eine sanfte Kolorierung gelungen ist.

68

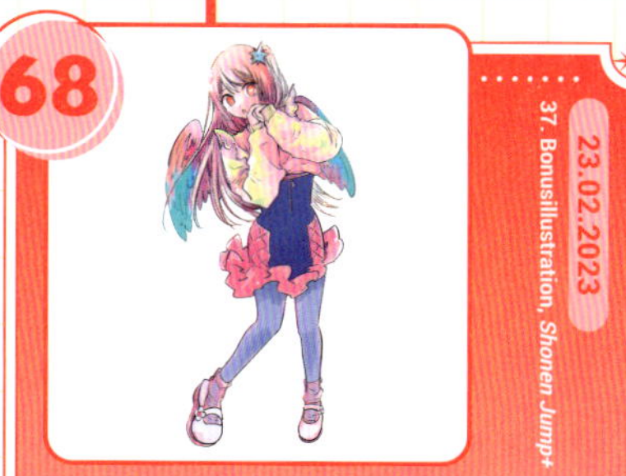

23.02.2023

37. Bonusillustration, *Shonen Jump+*

Ich habe eine Farbkombination im Retrostil angepeilt, wie sie heutzutage wieder im Trend liegt. Ich zeichne den Charakteren immer wieder die Flügel, als wäre es das Natürlichste der Welt. In diesem Winter waren gesteppte Stoffe ja total in Mode. Die Illustration habe ich nach der von Ai mit Flügeln (Nr. 69) gezeichnet, weshalb sie quasi ein Set sind.

64

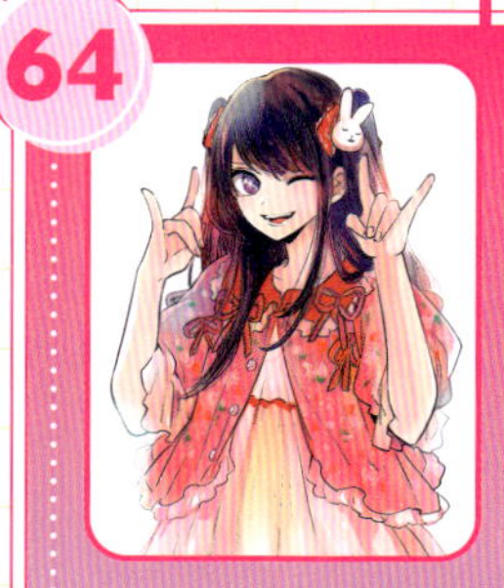

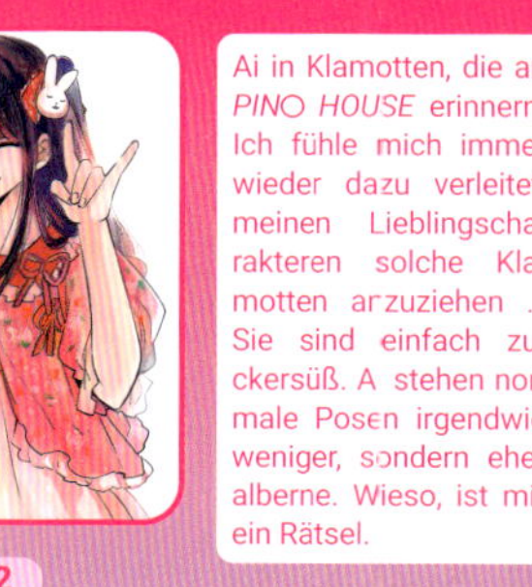

Ai in Klamotten, die an *PINO HOUSE* erinnern. Ich fühle mich immer wieder dazu verleitet, meinen Lieblingscharakteren solche Klamotten anzuziehen … Sie sind einfach zuckersüß. A stehen normale Posen irgendwie weniger, sondern eher alberne. Wieso, ist mir ein Rätsel.

01.12.2022

34. Bonusillustration, *Shonen Jump+*

70

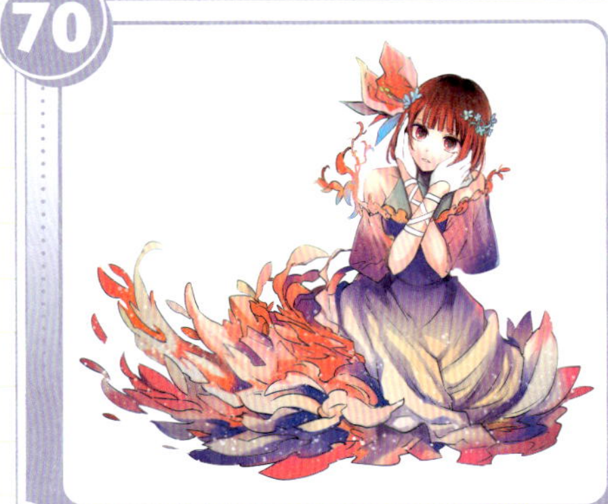

17.03.2023

Titelbild des 11. Bands

Kana Arima, die Flammenfrau. Aus dem simplen Grund, dass sie im elften Band einen Shitstorm erlebt … Ich habe die Zeichnung nach Lust und Laune koloriert nach dem Motto: »Yay! Ein schwarzer Hintergrund! Rot!«, bis ich am Ende bei den Handschuhen ankam und entsetzt erkannte, dass es keine passenden Farben mehr gab. Dann erinnerte ich mich aber wieder an Kanas Farbe in *B-Komachi* – ein Volltreffer.

71

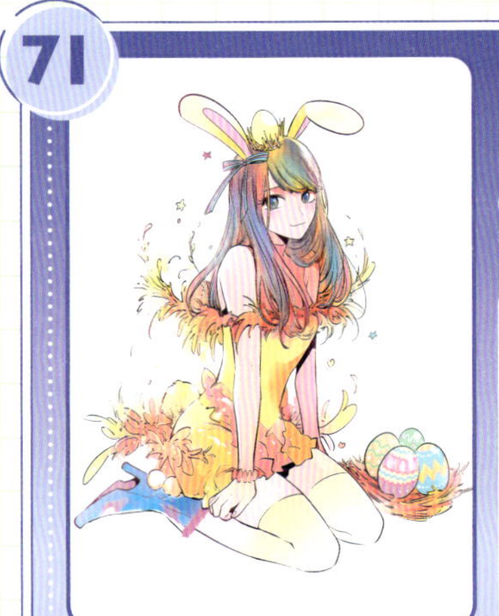

30.03.2023

38. Bonusillustration, *Shonen Jump+*

Akane als Osterhase. Bis dahin hatte ich sie oft als kalte Schönheit gezeichnet, weshalb ich mit diesem Bild ihre niedliche Seite ausdrücken wollte. Gelb hatte ich genauso selten für sie genutzt, aber ich habe einen Versuch gewagt und bin äußerst zufrieden, dass die Illustration so süß geworden ist.

72

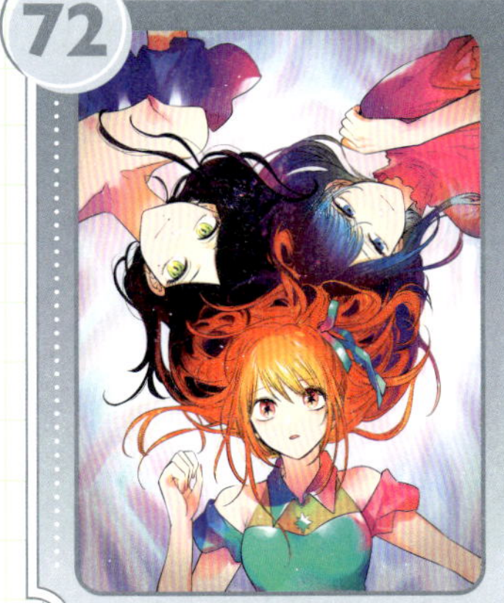

06.04.2023

Farbillustration am Kapitelanfang, 19. Ausgabe 2023 von *Weekly Young Jump*

Diese Illustration hat Frau Shiro Usazaki für mich koloriert. Obwohl ich ihr alles überlassen habe, hat sie darauf geachtet, für mich typische Farben einzusetzen. Dafür bin ich ihr sehr dankbar. Am Ende habe ich die Kolorierung ein winziges bisschen bearbeitet, aber sie hat meinen Stil großartig wiedergegeben. Eine bewundernswerte Qualität. Dabei wusste ich selbst nicht mehr so recht, wie sich die Haare in der Mitte vermischen.

73

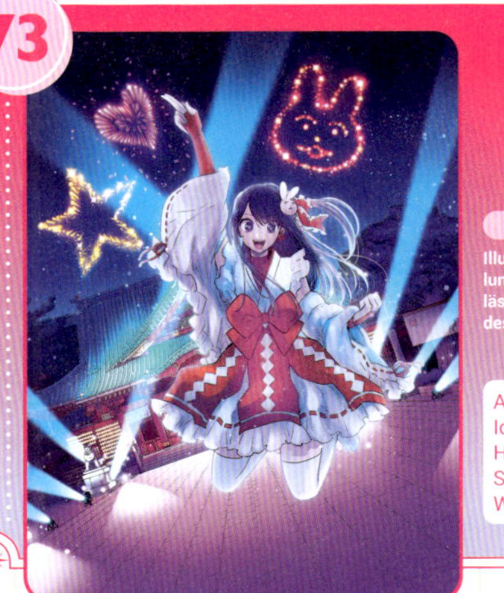

15.04.2023

Illustration zur Kunstausstellung *Nihon no matsuri ten* anlässlich des 1300. Jubiläums des Kanda Myojin

Ai als Tempelmädchen-Idol. Ein nächtlicher Hintergrund, weil er den Scheinwerfern mehr Wirkung verleiht.

74

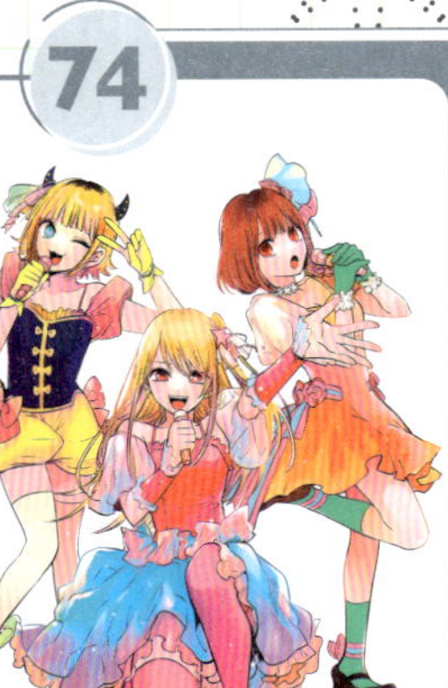

27.04.2023

Titelbild zur Sonderausgabe von Weekly Young Jump *»Young Jump Daiichiwa«*

Die erste Farbillustration vom neugeborenen *B-Komachi*! Man hatte mich schon lange darum gebeten, aber ich hatte es immer vor mir hergeschoben, weil es so viel Arbeit ist, drei Charaktere auf einmal zu zeichnen. Endlich habe ich es geschafft! Die Kostüme sind unterschiedlich, damit ihre Persönlichkeiten zur Geltung kommen. Irgendwann möchte ich die drei auch in gemeinsamen Kostümen zeichnen …

75

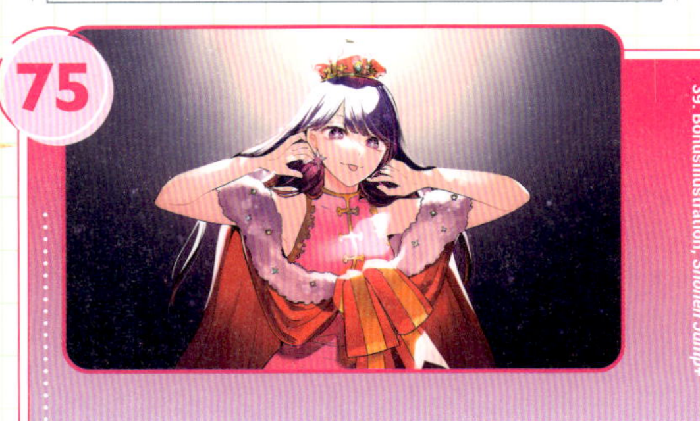

27.04.2023

39. Bonusillustration, *Shonen Jump+*

Diese Illustration hat Frau Shiro Usazaki für mich koloriert. Sie ist mir wirklich eine große Hilfe … Ich war begeistert, wie charismatisch Ai geworden ist. Bei Farbillustrationen kommt es nämlich auf die Kolorierung an. Sie bestimmt ihre Qualität. An dieser Stelle noch einmal vielen Dank für die wunderbare Arbeit bis ins Detail. Mein Konzept war es, Ai als König darzustellen statt als Königin.

76

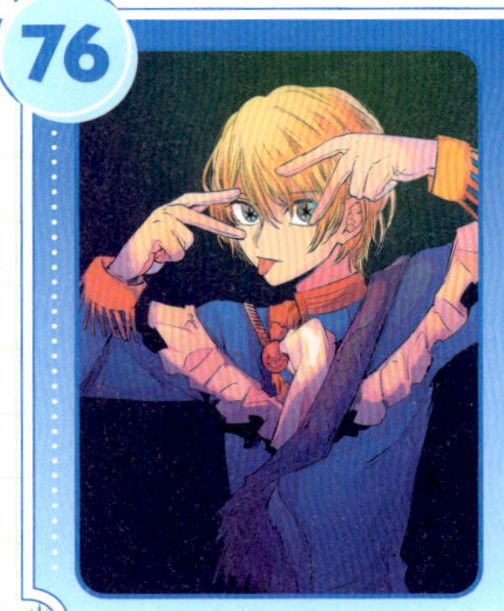

11.05.2023

40. Bonusillustration, *Shonen Jump+*

Hier habe ich einen Entwurf fertiggestellt, den ich ursprünglich für das Titelbild des zehnten Bandes angefangen hatte. Eine Hommage auf Ais Pose im ersten Band. Aqua stürzt sich immer tiefer in den Abgrund, aber ich versichere ihm beim Zeichnen in Gedanken, dass ich ihn bis zum bitteren Ende auf seinem Weg begleiten werde.

77

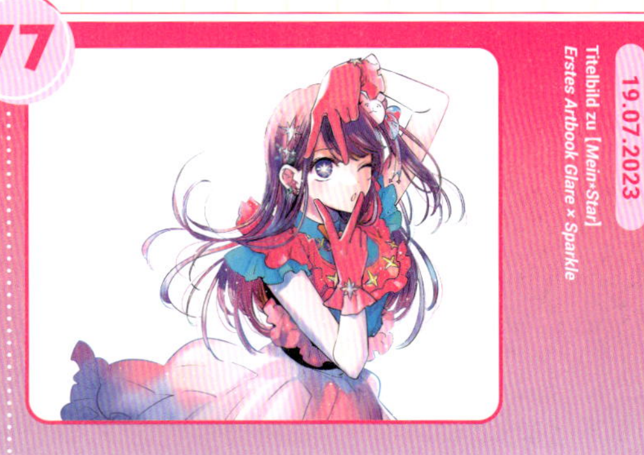

19.07.2023

Titelbild zu [Mein♥Star] *Erstes Artbook Glare × Sparkle*

»Du kannst immer noch so tolle Bilder von Ai zeichnen?«, haben meine Freunde gestaunt, als ich ihnen dieses Bild gezeigt habe. Ich glaube aber, wenn es um Ai geht, kennt meine Kreativität keine Grenzen … *lach* Sie ist ein wundersames Mädchen, das mir dieses Gefühl gibt. Eine meiner Lieblingsillustrationen!

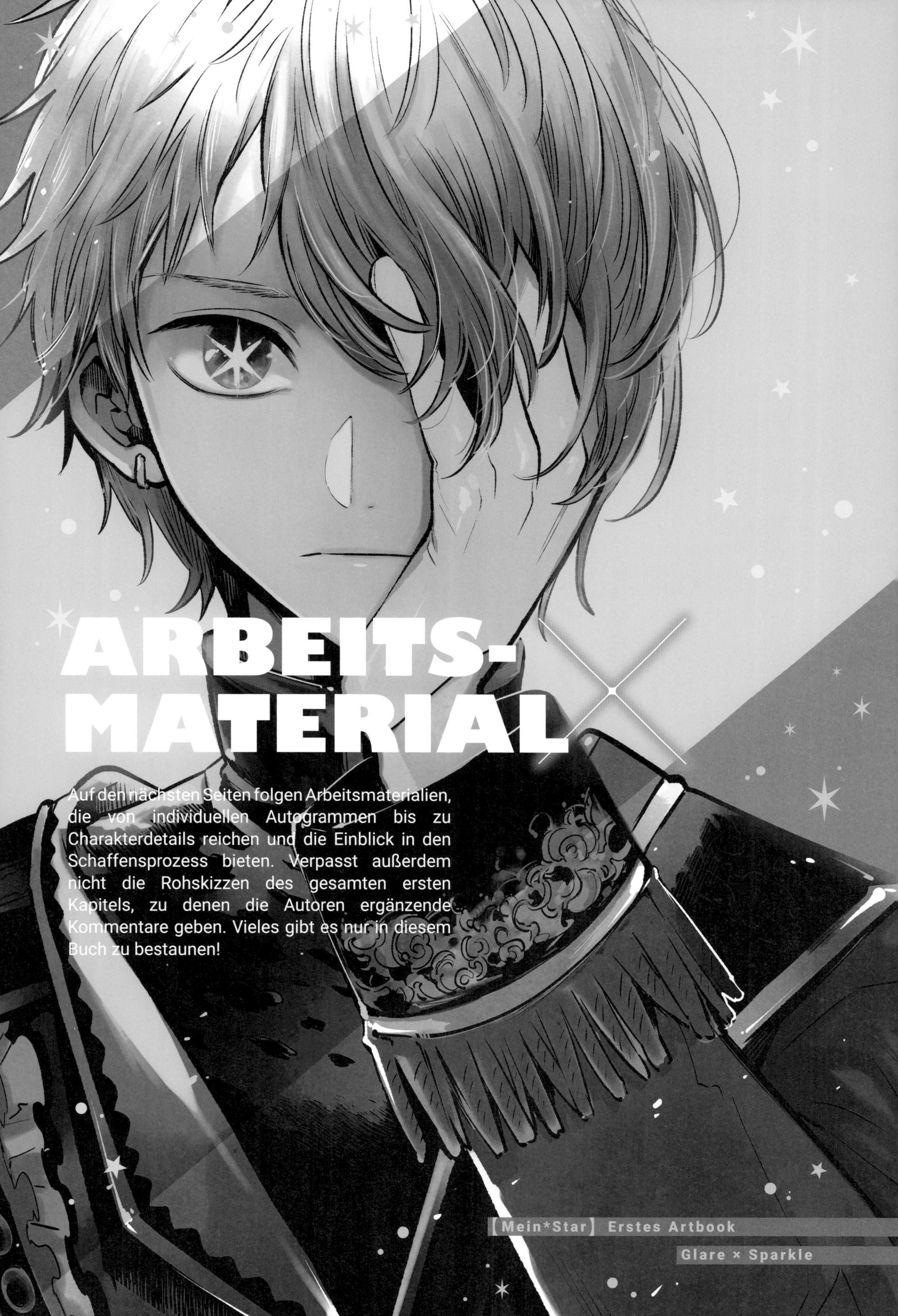

ARBEITS-MATERIAL

Auf den nächsten Seiten folgen Arbeitsmaterialien, die von individuellen Autogrammen bis zu Charakterdetails reichen und die Einblick in den Schaffensprozess bieten. Verpasst außerdem nicht die Rohskizzen des gesamten ersten Kapitels, zu denen die Autoren ergänzende Kommentare geben. Vieles gibt es nur in diesem Buch zu bestaunen!

Die Autogramme sprühen nur so vor Individualität und ergänzen die Geschichte von 【*Mein*Star*】, die vom Showbusiness handelt. Einige Autogramme erscheinen hier zum ersten Mal!

【Autogramme】

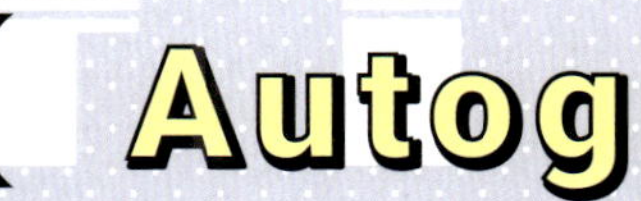

★ Kana Arima

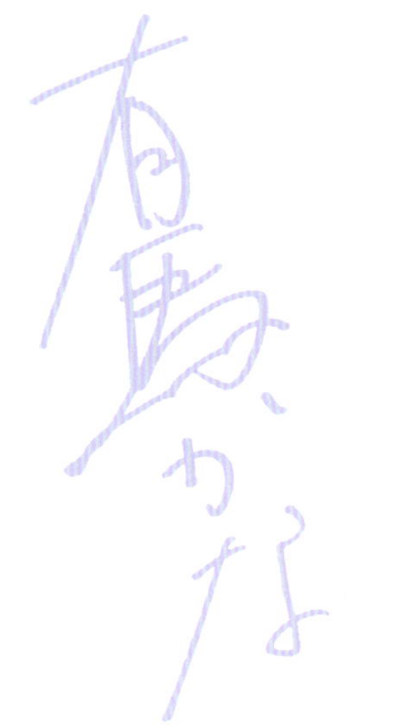

★ Ai von *B-Komachi*

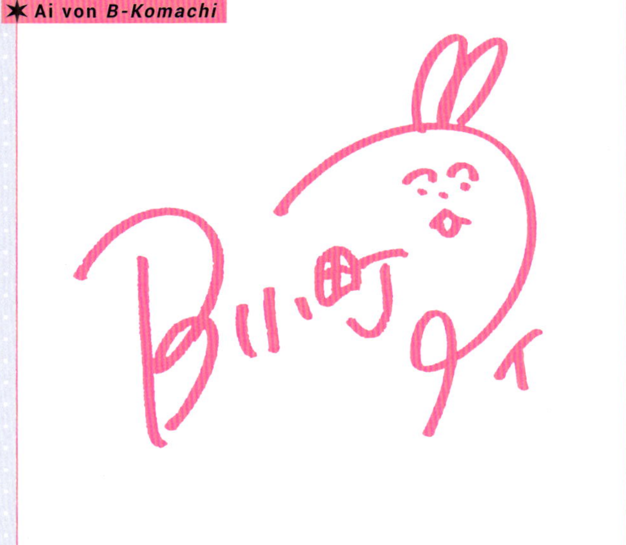

★ Akane Kurokawa

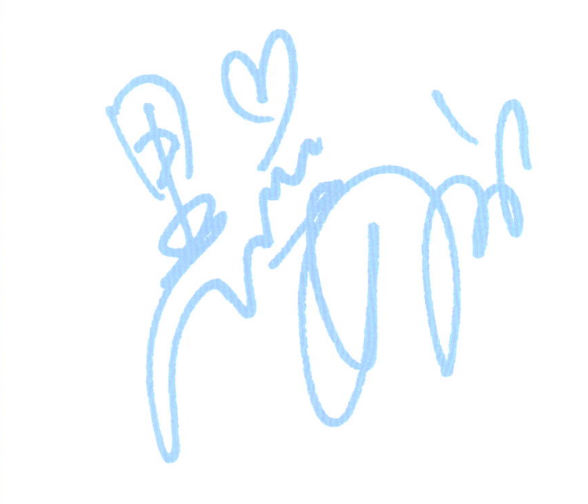

★ Aqua Hoshino

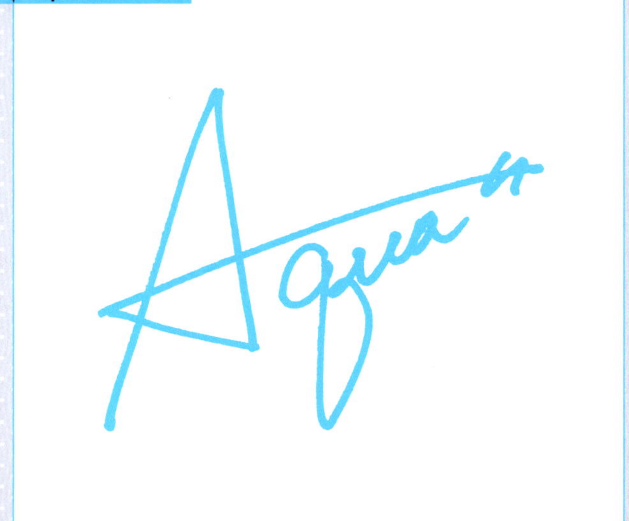

★ Memcho

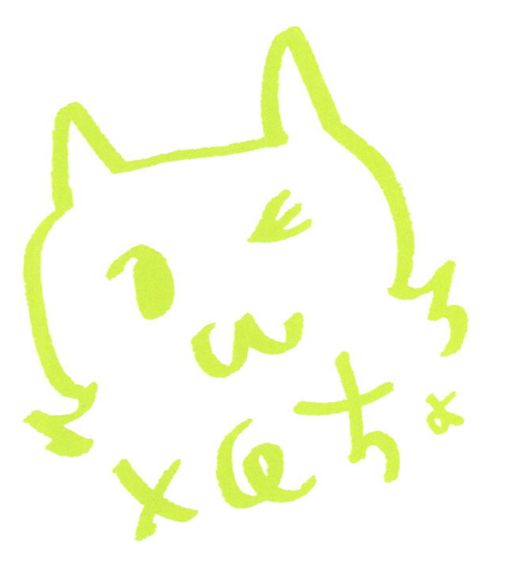

★ Ruby Hoshino

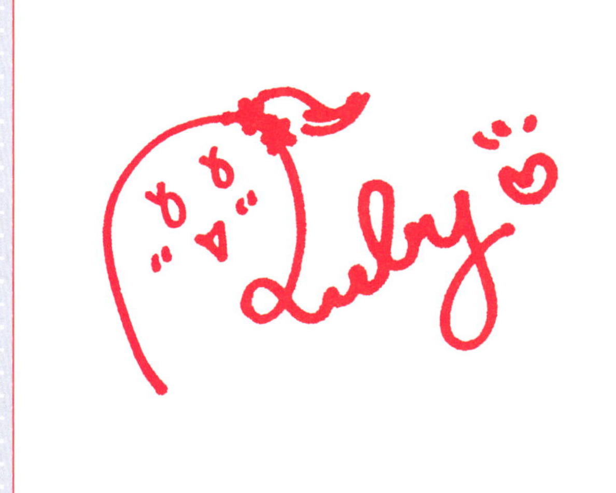

✶ Frill Shiranui

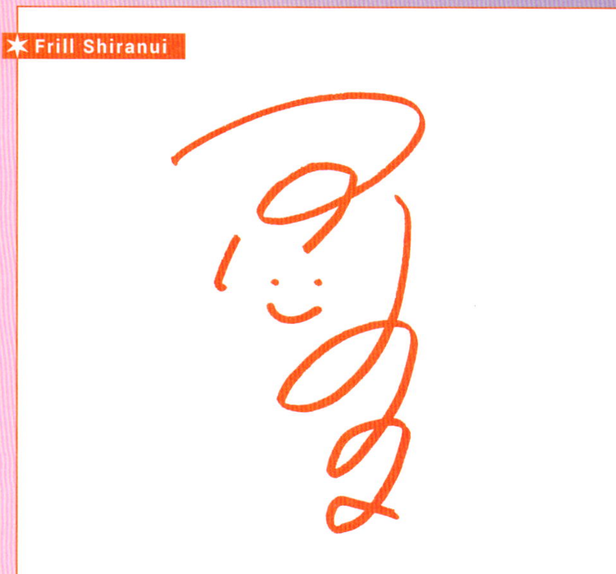

✶ Yoriko Kichijoji

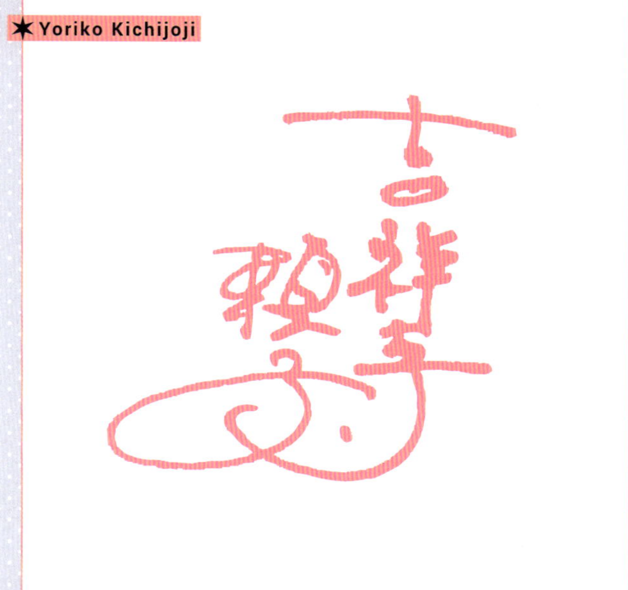

✶ Meruto Narushima

* Erstveröffentlichung

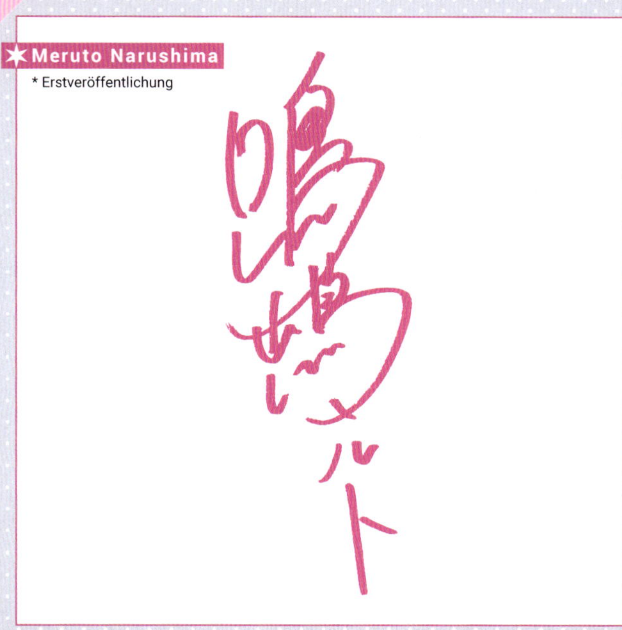

✶ Abiko Samejima

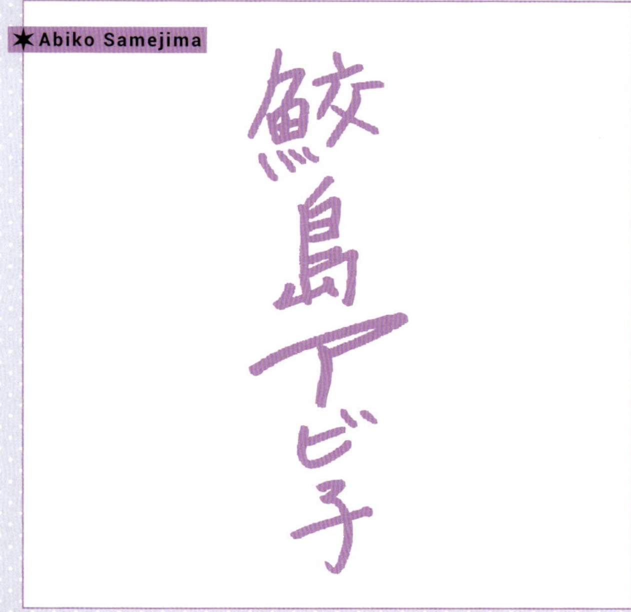

✶ Pieyon

* Erstveröffentlichung

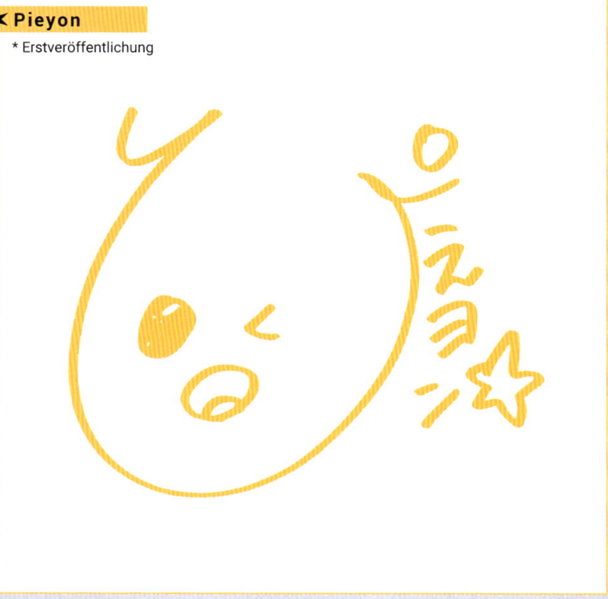

✶ Minami Kotobuki

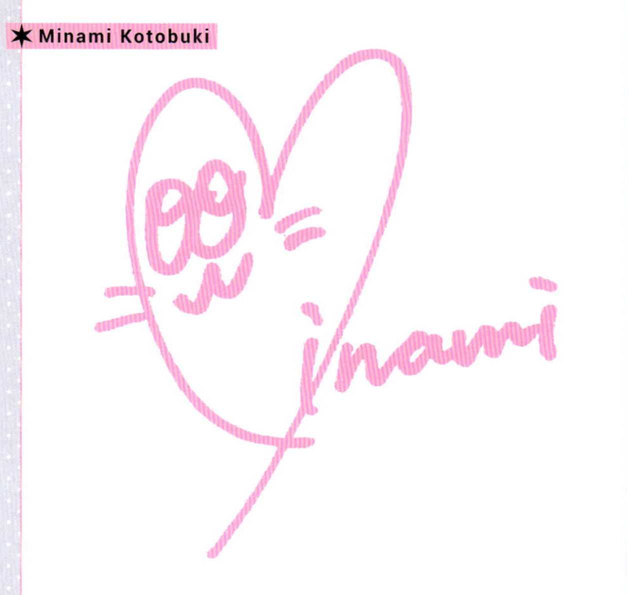

【Anfängliche Charakterdesigns】

In diesem Buch werden zum ersten Mal die Charakterdesigns der Hauptfiguren präsentiert, die im ersten Band erschienen sind! Neben den Entwürfen von Aka Akasaka und der Endversion von Mengo Yokoyari stehen auch wertvolle Notizen zu den Charakteren.

Entwurf von Aka Akasaka

Ai Hoshino (vorläufiger Name)
Sie hat Augen mit sechseckigen Sternen.
16 Jahre alt. Wenn sie nicht geschminkt und gestylt ist, sind ihre Haare oft ungekämmt.
Mit Haarspray fixiert. Um ihr Image aufzubauen, will sie nach Möglichkeit immer die gleiche Frisur tragen.

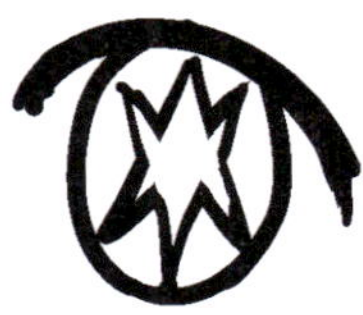

Asterismus, Sternenglanz, Lichtstern.
Lichtreflexe in Kristallen, zeigen sich bevorzugt in Rubin und Saphir.
Symbolisiert Talent.

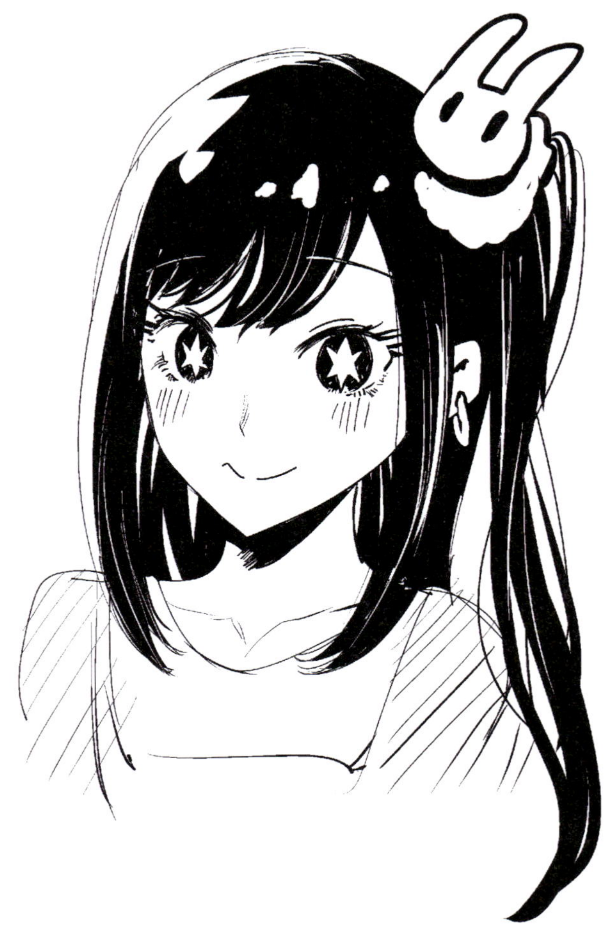

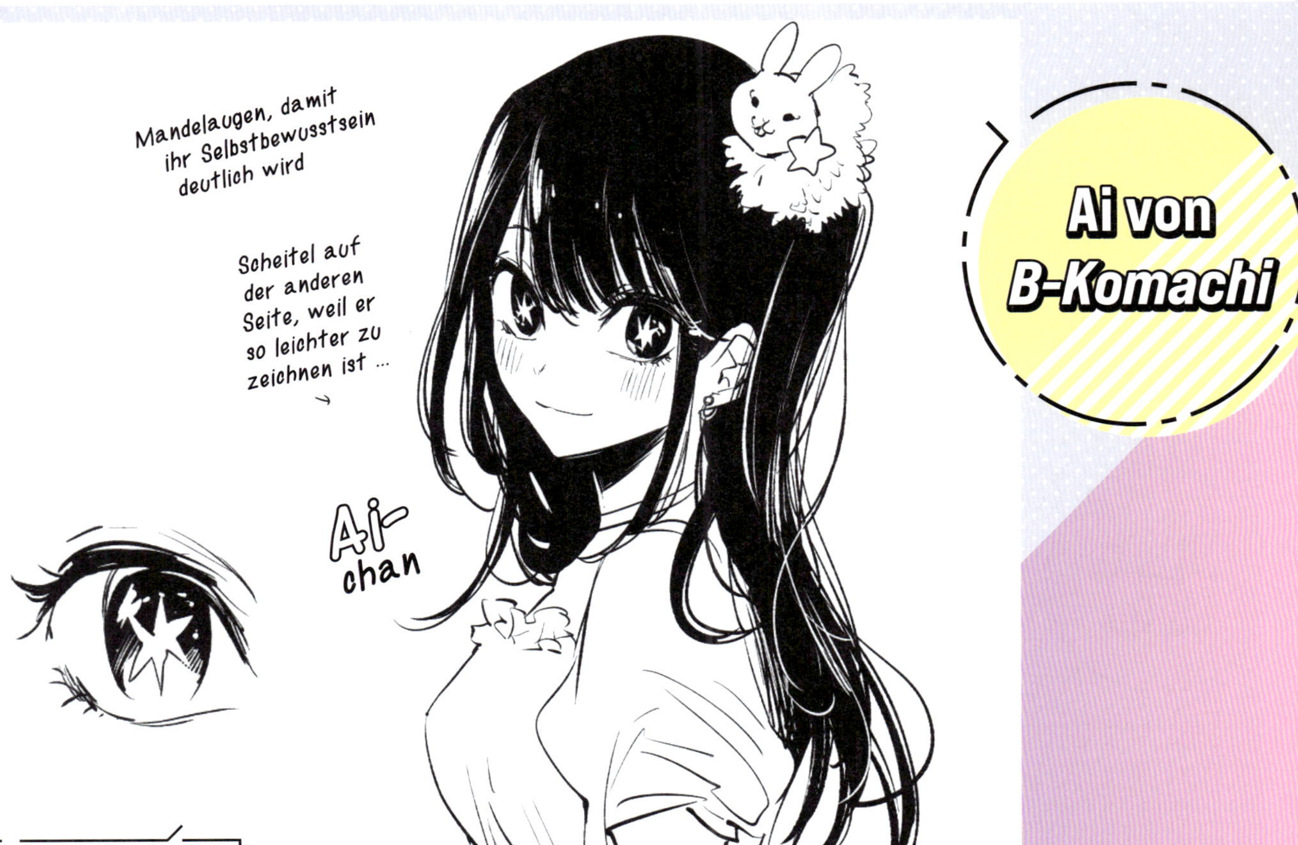

Ai von B-Komachi

Version von Mengo Yokoyari

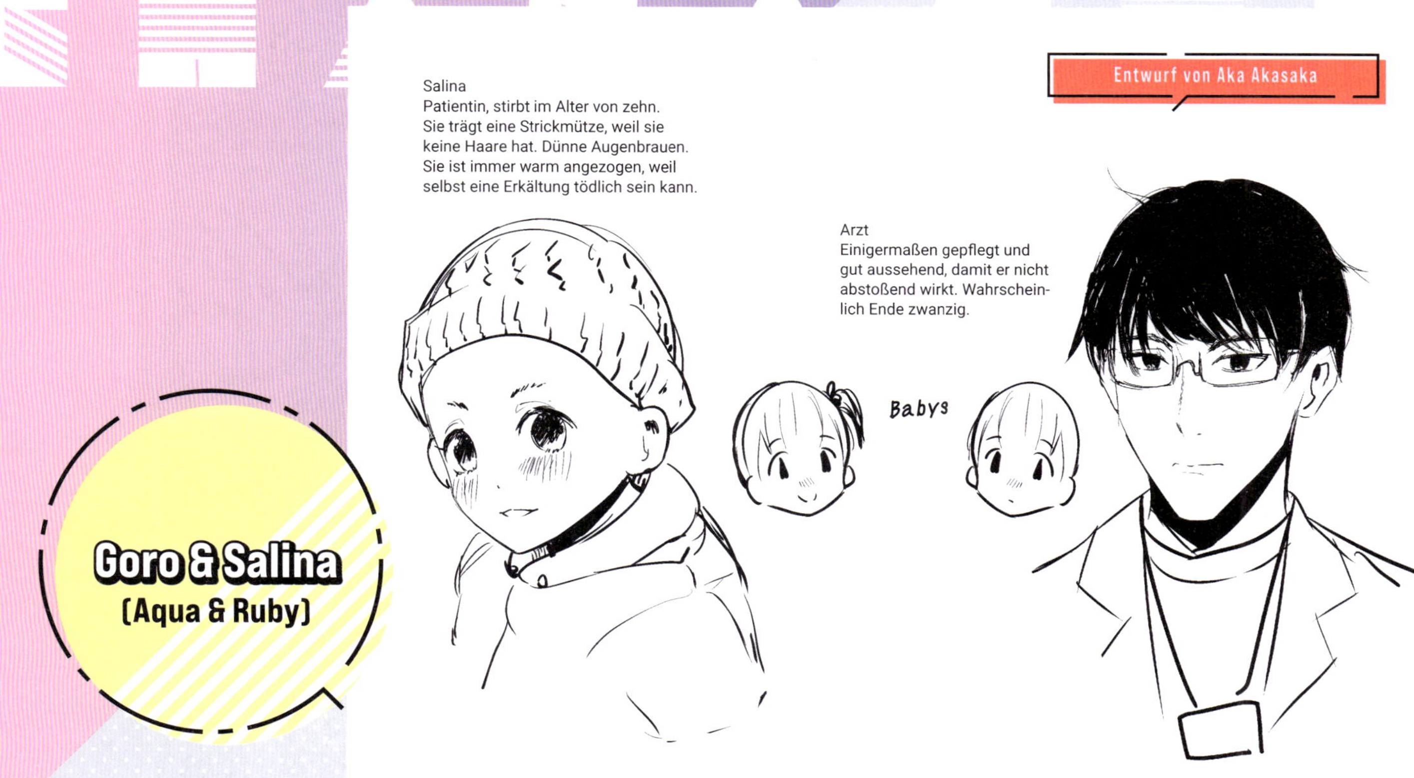
Entwurf von Aka Akasaka
Salina
Patientin, stirbt im Alter von zehn. Sie trägt eine Strickmütze, weil sie keine Haare hat. Dünne Augenbrauen. Sie ist immer warm angezogen, weil selbst eine Erkältung tödlich sein kann.
Arzt
Einigermaßen gepflegt und gut aussehend, damit er nicht abstoßend wirkt. Wahrscheinlich Ende zwanzig.
Babys
Goro & Salina
(Aqua & Ruby)

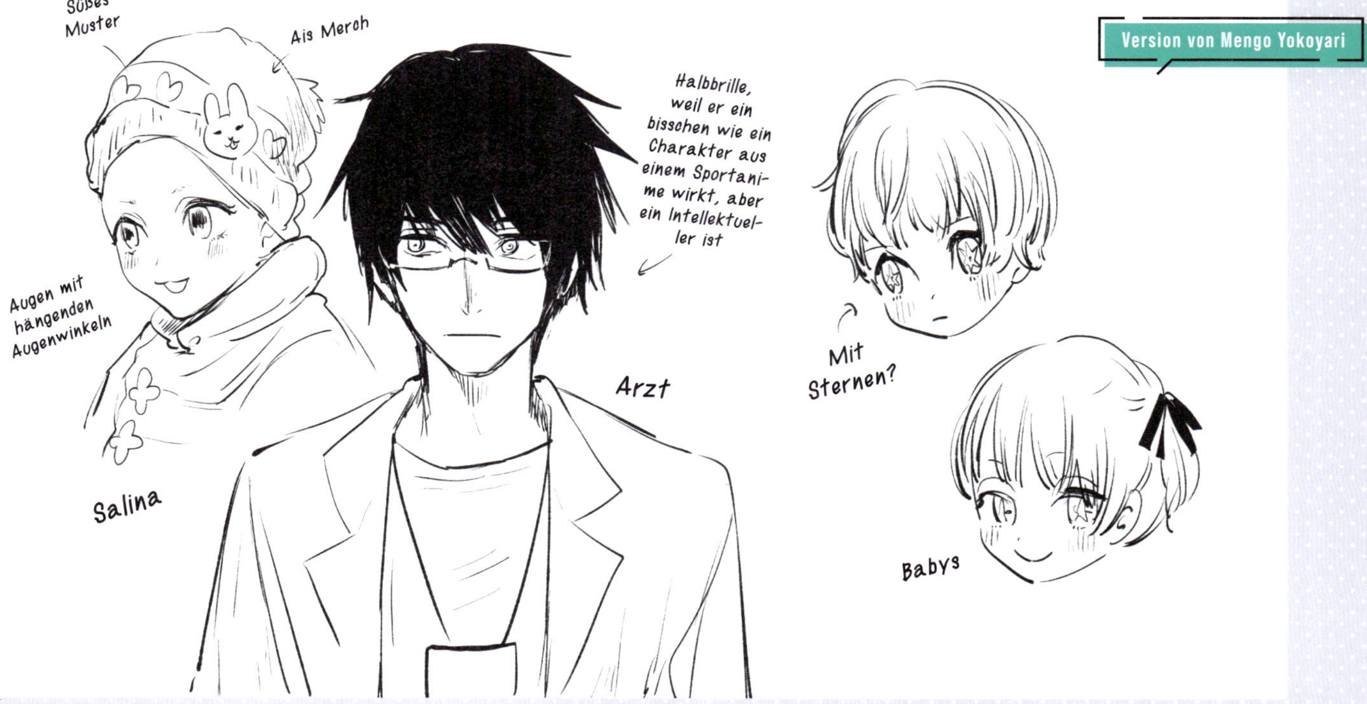
Version von Mengo Yokoyari
Süßes Muster
Als Merch
Halbbrille, weil er ein bisschen wie ein Charakter aus einem Sportanime wirkt, aber ein Intellektueller ist
Augen mit hängenden Augenwinkeln
Arzt
Mit Sternen?
Salina
Babys

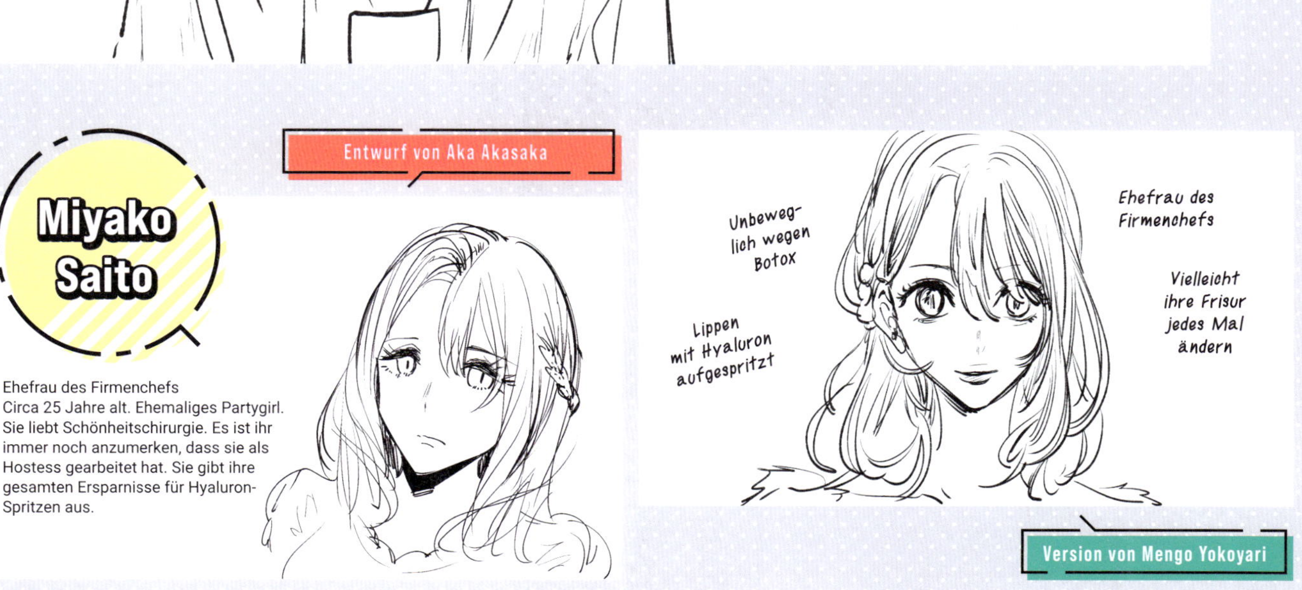
Miyako Saito
Entwurf von Aka Akasaka
Ehefrau des Firmenchefs
Circa 25 Jahre alt. Ehemaliges Partygirl. Sie liebt Schönheitschirurgie. Es ist ihr immer noch anzumerken, dass sie als Hostess gearbeitet hat. Sie gibt ihre gesamten Ersparnisse für Hyaluron-Spritzen aus.
Unbeweglich wegen Botox
Lippen mit Hyaluron aufgespritzt
Ehefrau des Firmenchefs
Vielleicht ihre Frisur jedes Mal ändern
Version von Mengo Yokoyari

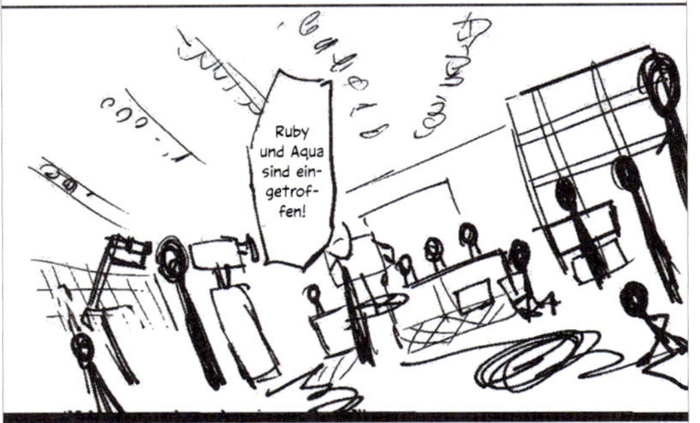

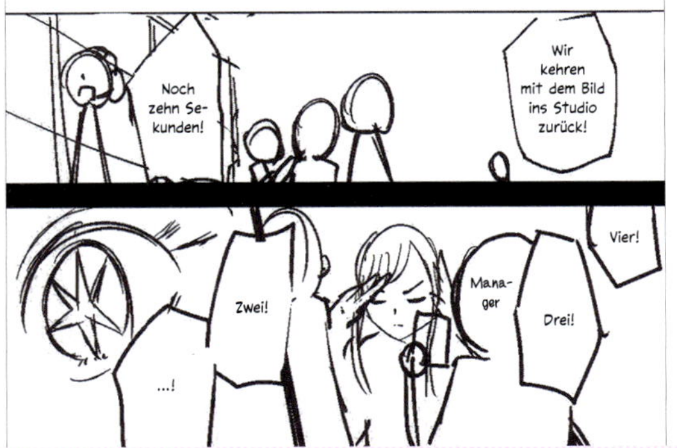

Rohskizzen vom 1. Kapitel

Hier werden die Rohskizzen zum gesamten ersten Kapitel vorgestellt, zusammen mit weiterführenden Kommentaren von Aka Akasaka, der die Rohskizzen erstellt, und Mengo Yokoyari, die auf dieser Grundlage den Manga gezeichnet hat. Die zahlreichen Hintergrundgeschichten können nur hier gelesen werden!

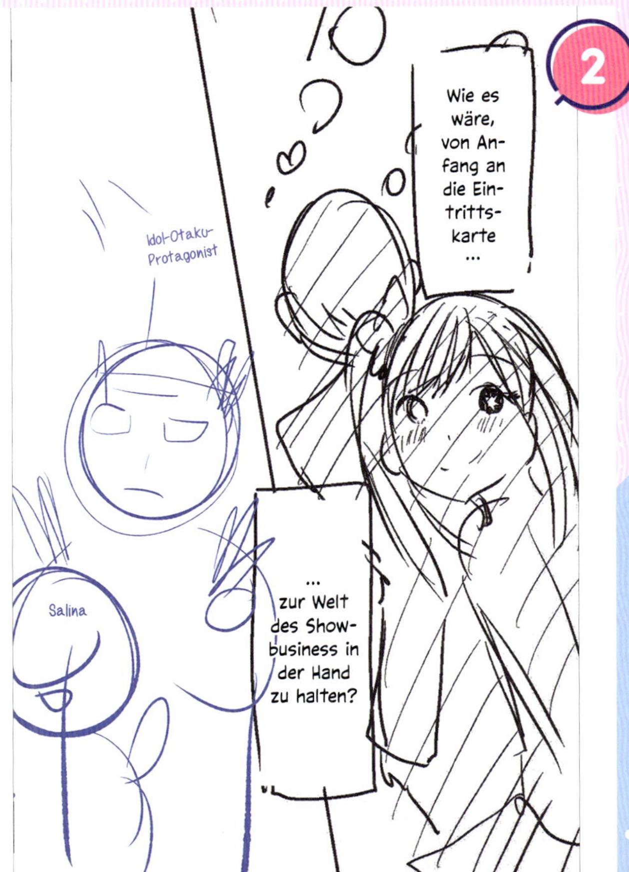

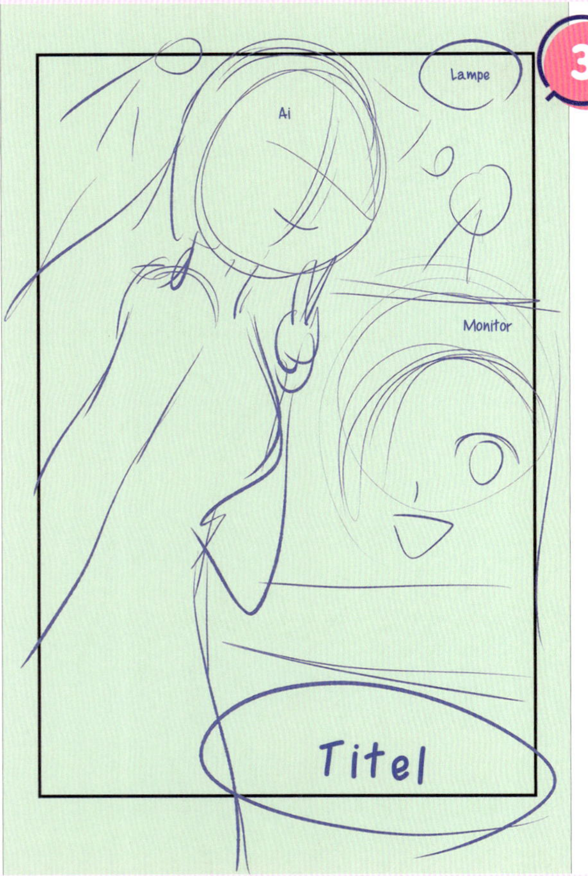

Akas Ergänzung

Um die Szene im Studio (1 bis 3) zu zeichnen, habe ich die Produktion einer Fernsehsendung besichtigt. Ich habe viele Erkenntnisse daraus gewonnen, wie zum Beispiel, dass man beim Countdown vor der Aufnahme nur bis zwei zählt und die Eins weglässt. Die Panels auf der Doppelseite (2 und 3) habe ich genauso angeordnet wie in den ersten Kapiteln meiner bisherigen Serien: rechts den Text und links einen Charakter in groß.

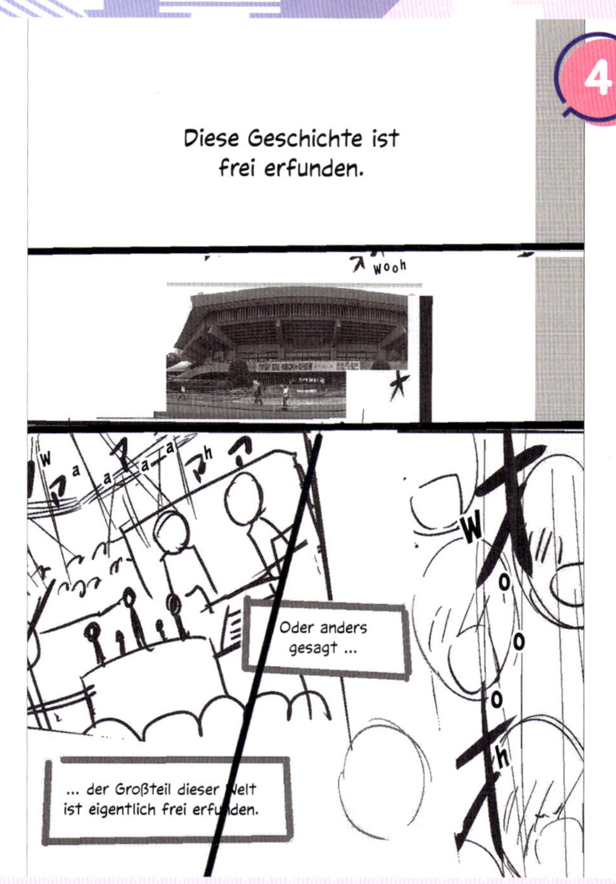

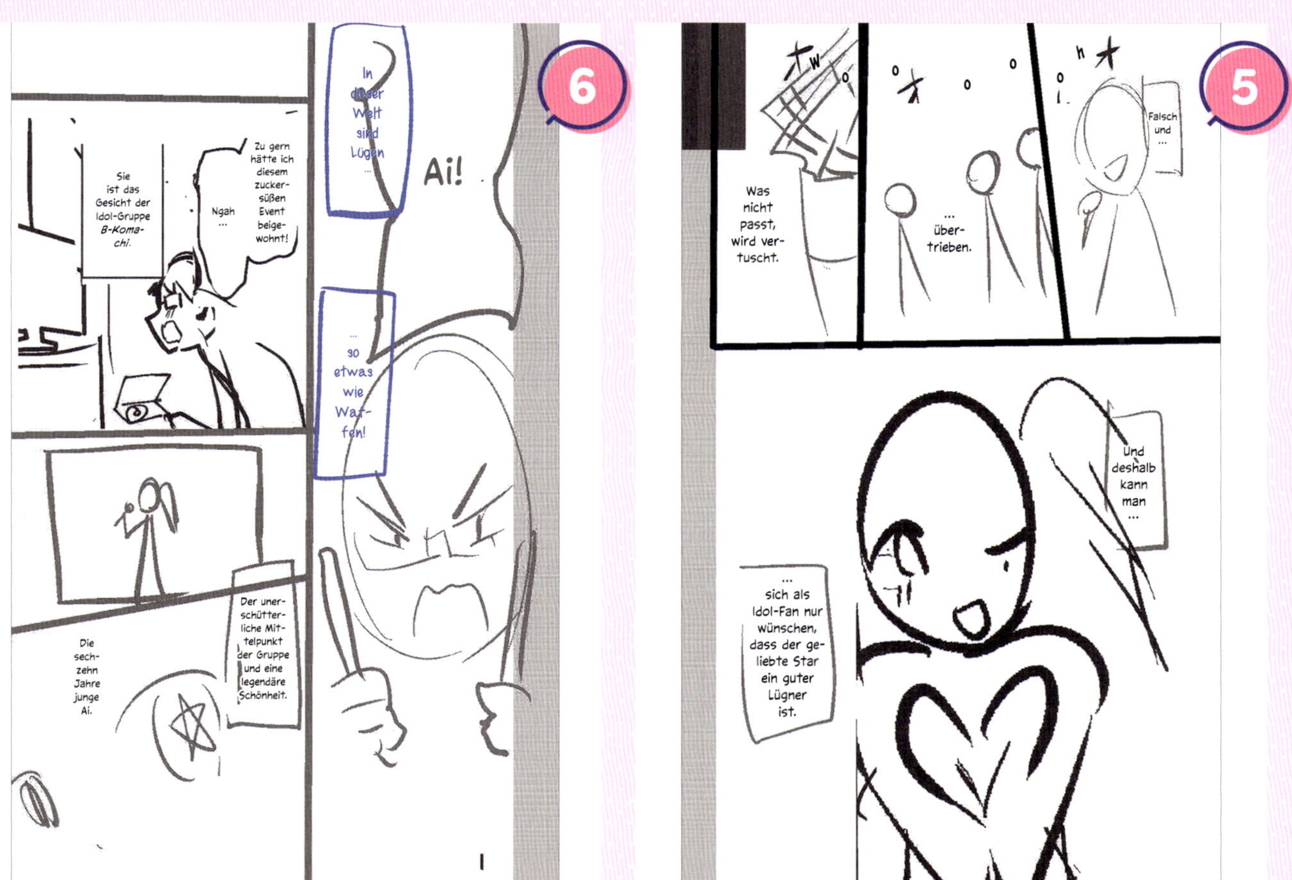

Mengos Ergänzung

Im Erstentwurf begann der Monolog (1 und 2) mit den Worten: »Wir hüten ein Geheimnis. Von dieser Lüge darf niemand erfahren. In dieser Welt sind Lügen so etwas wie Waffen.« Das letzte Stück wollte ich gerne aufgreifen, weshalb es schließlich in dem Panel von Goro untergekommen ist (6).

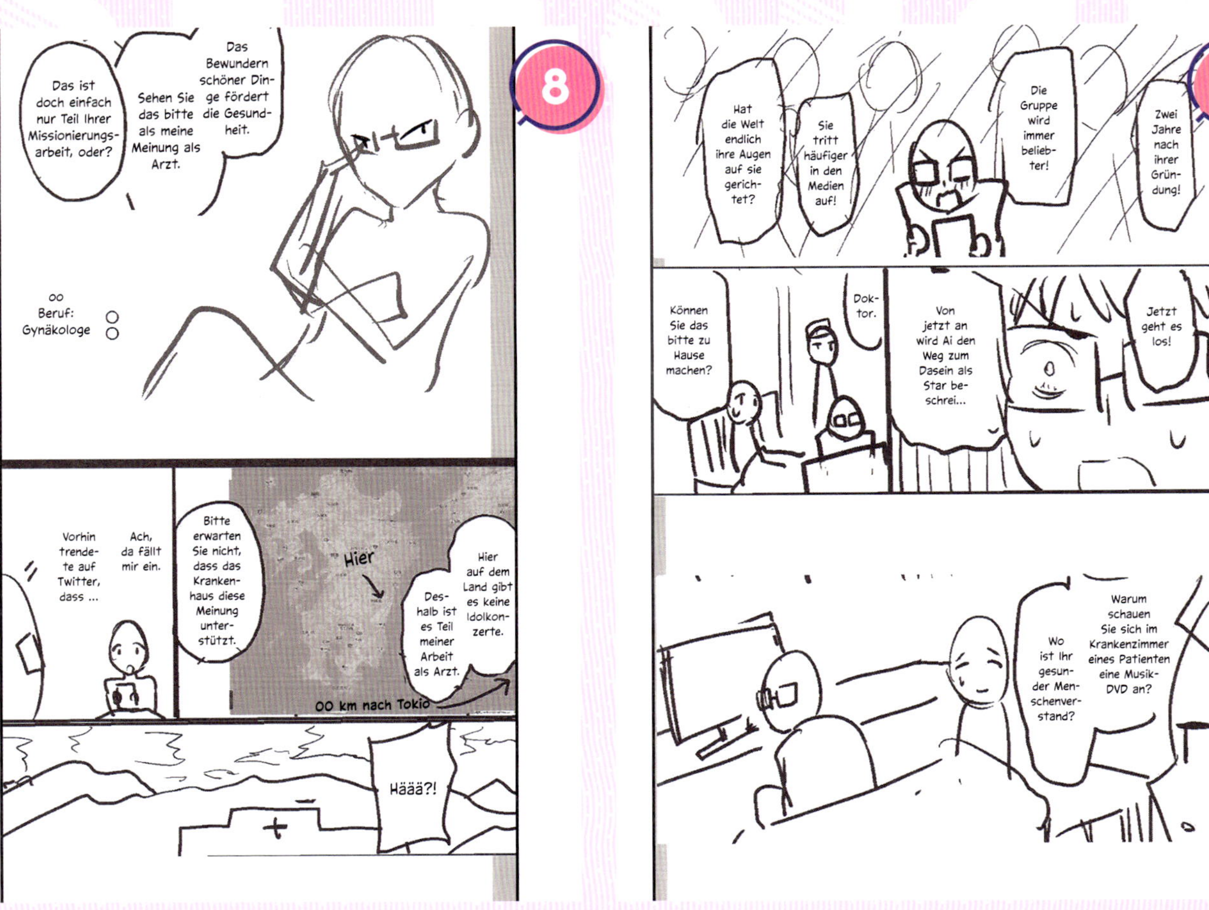

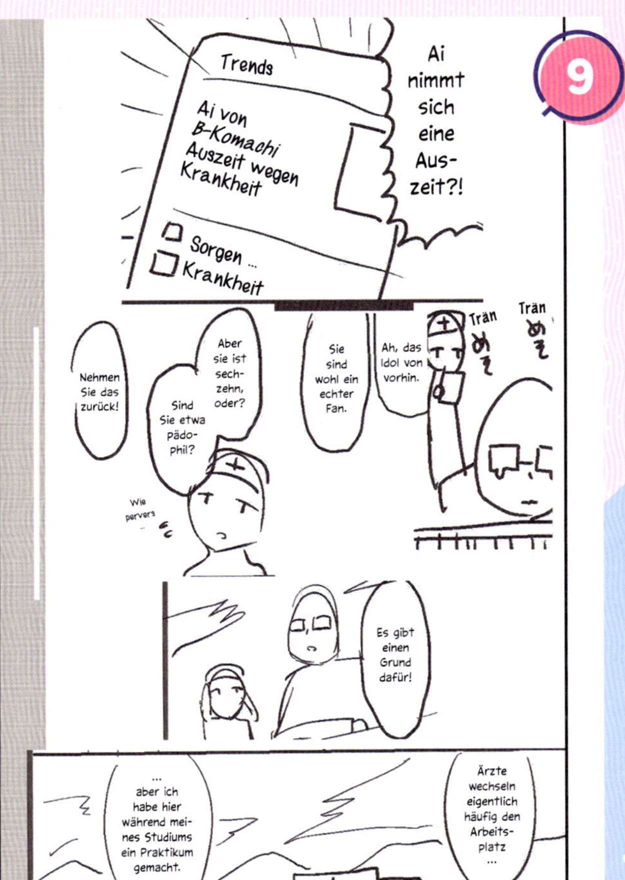

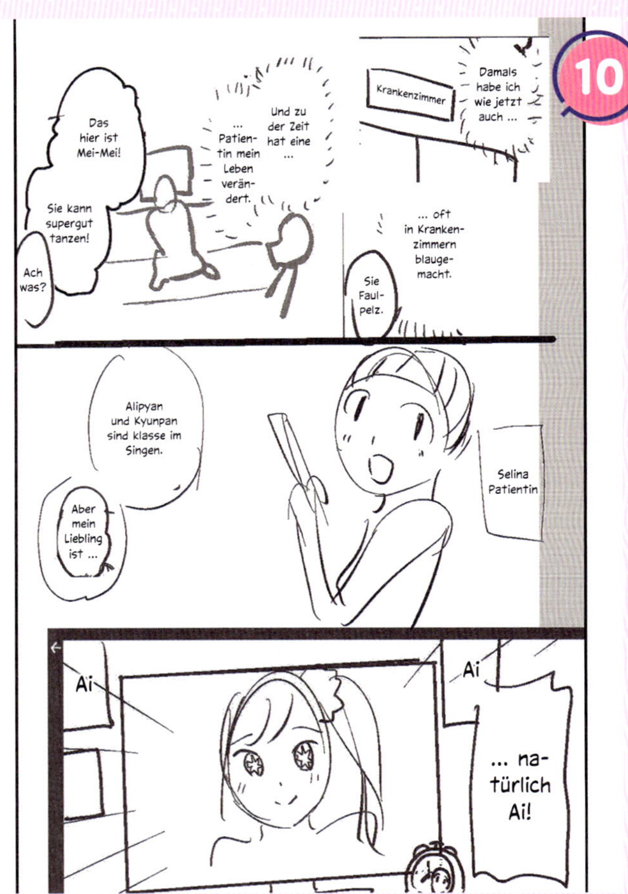

Mengos Ergänzung

Wie an Seite 8 erkennbar, hatte Goro zu diesem Zeitpunkt noch keinen Namen. Deshalb steht auch auf Seite 2 »Idol-Otaku-Protagonist«. Als wir uns über seinen Namen beraten haben, habe ich erwähnt, dass er für mich wie ein »Goro« aussieht, woraufhin der Name dann tatsächlich genommen wurde. Auf Seite 10 steht übrigens »Selina«, aber das ist nur ein Druckfehler. *lach*

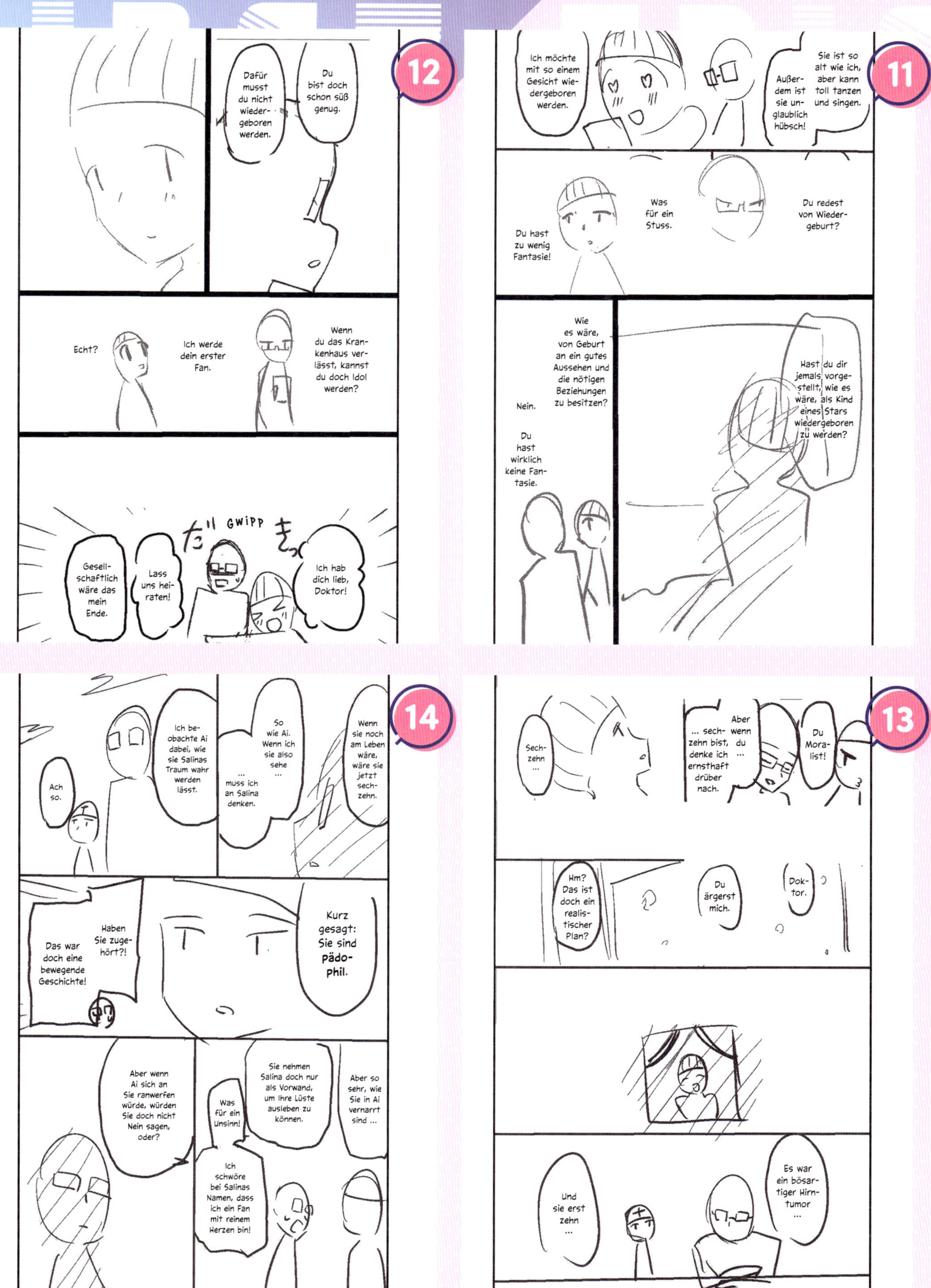

Akas Ergänzung

Auf den Seiten 13 und 14 ist erkennbar, dass ich die Panels herausgeschnitten und hin und her geschoben habe, um verschiedene Anordnungen auszuprobieren. So bin ich letztendlich zu dieser Variante gekommen. Das Gespräch zwischen Goro und der Krankenschwester sowie die Erinnerungen an Salina habe ich nach dem Erstentwurf hinsichtlich Text und Layout deutlich geändert.

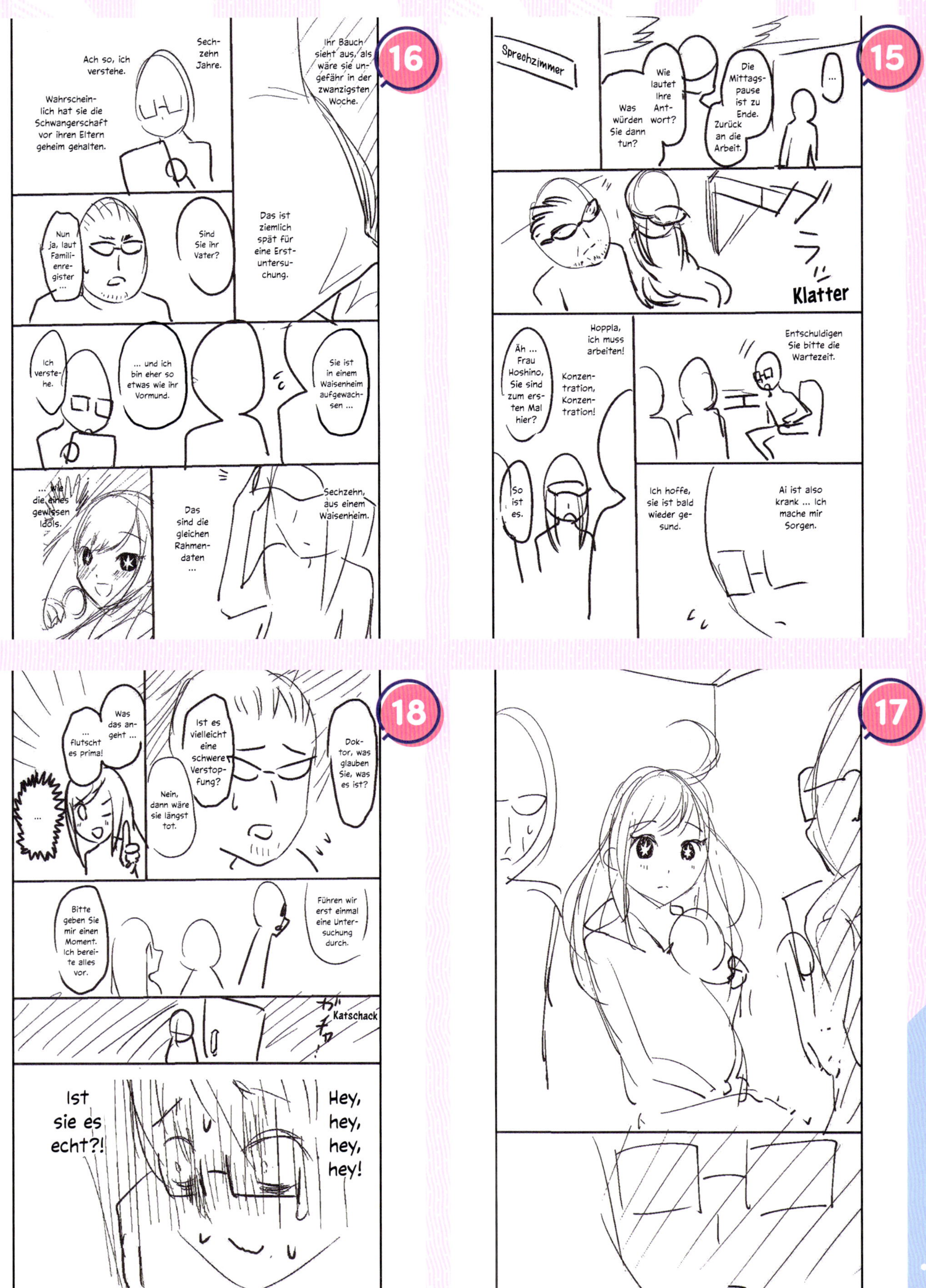

Mengos Ergänzung

Die Rohskizzen von Aka sind detailreicher als gewöhnlich, weil wir hier im ersten Kapitel sind. Die Rohskizzen vom ersten Kapitel neigen bei allen Serien dazu, ausführlicher zu werden. Sie dienen nämlich auch dazu, bei Besprechungen die Stimmung des Werkes zu verdeutlichen. Die Rohskizzen von【*Mein*Star*】waren vom Start weg perfekt, weshalb ich nur zum Ende hin ein paar Ideen eingebracht habe.

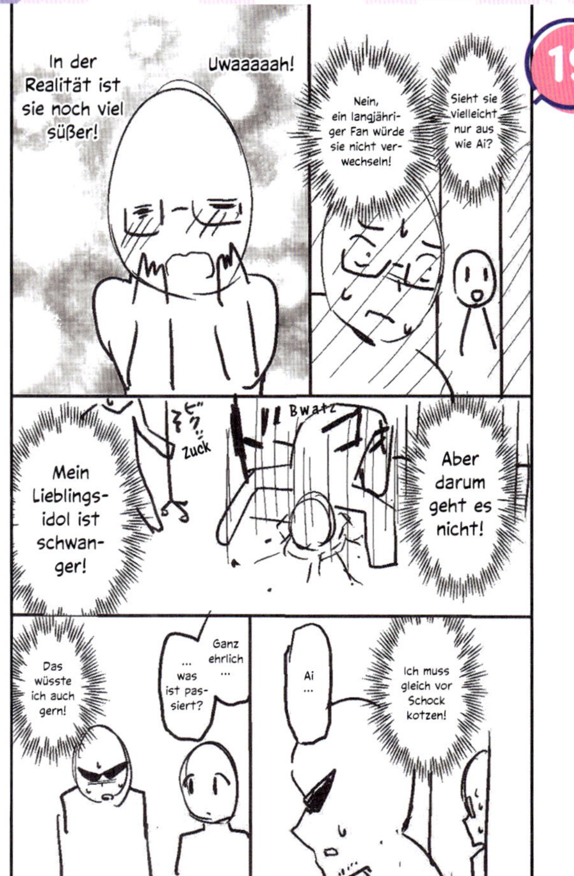

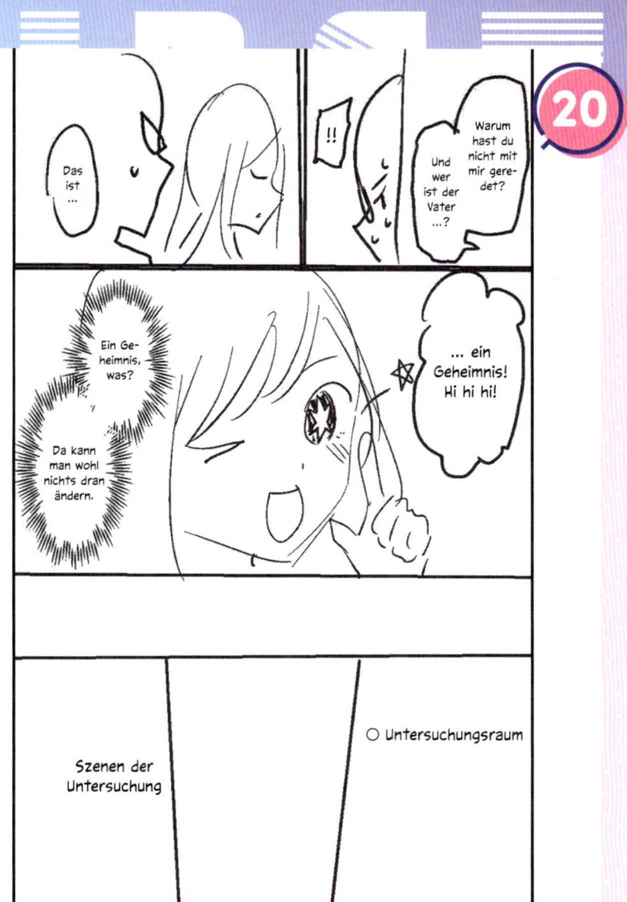

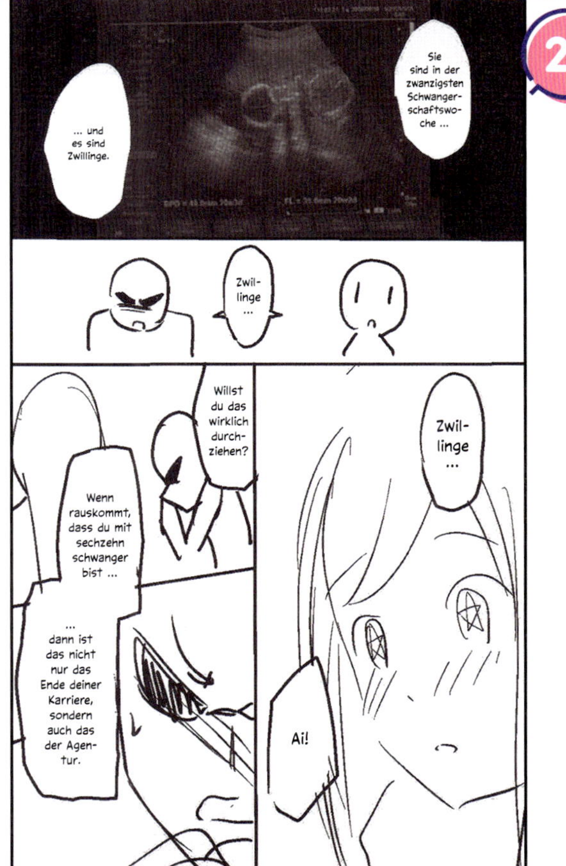

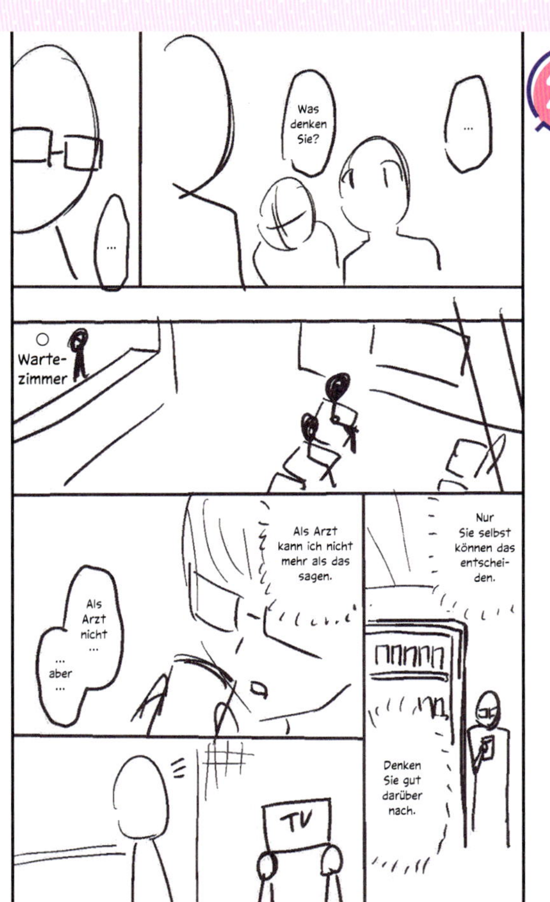

Akas Ergänzung

Hier stellt sich heraus, dass der Lieblingsstar schwanger ist (19). Lange bevor ich das Konzept für 【*Mein*Star*】 entwickelt habe, habe ich den Plot eines Idol-Mangas geschrieben. Seine Protagonistin sollte ins Showbusiness gehen, um die Schulden ihrer Familie abzubezahlen. Eine ganz andere Handlung also. Aber womöglich hätte 【*Mein*Star*】 auch so einer Geschichte folgen können ...

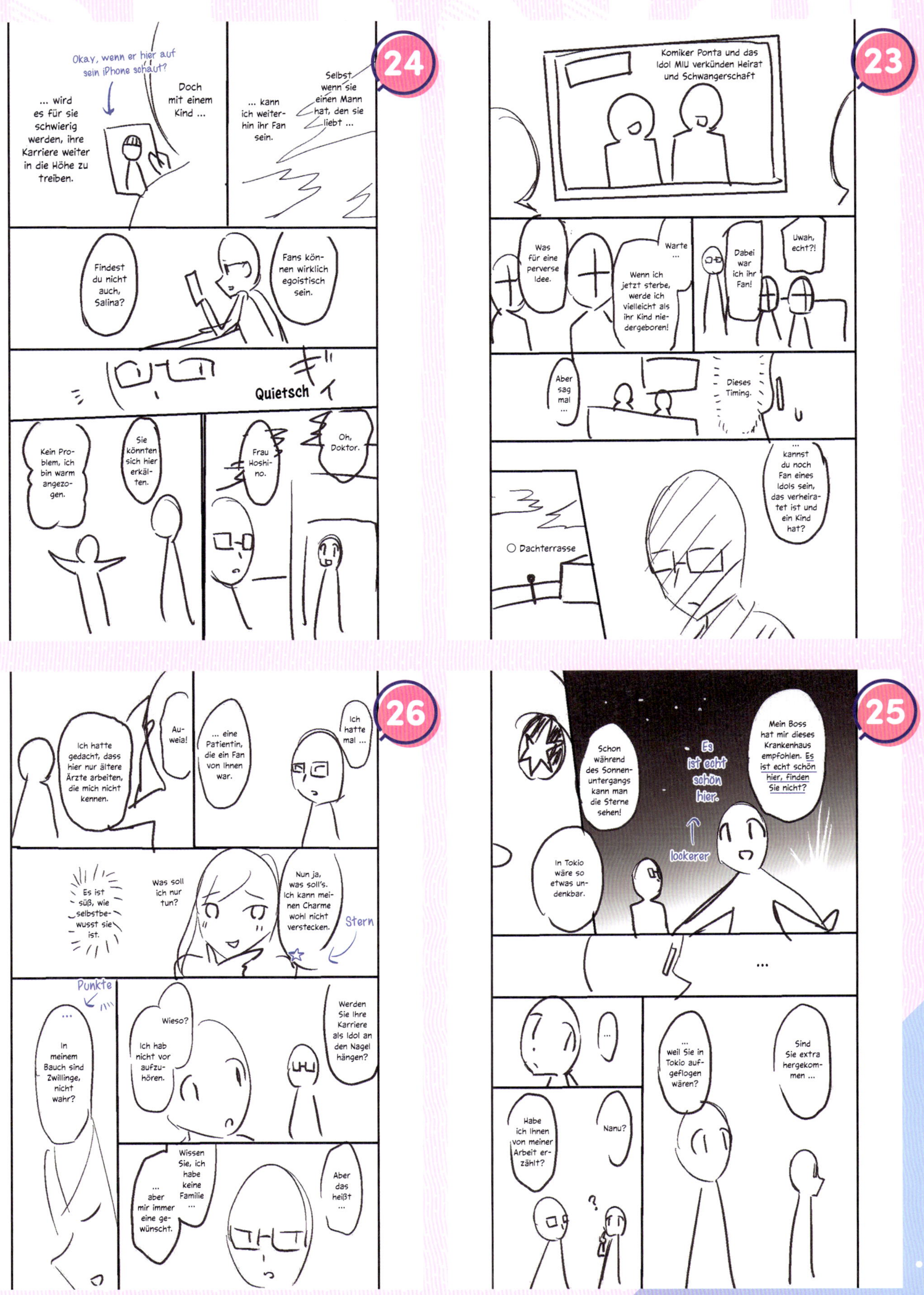

Mengos Ergänzung

Ich habe vorgeschlagen, in Goros Monolog (30) »Sie strahlt wie ein Stern« in »Sie strahlt wie der hellste Stern« umzuändern. Dafür hatte ich keinen besonderen Grund, aber instinktiv kam mir dieser Text passender vor. Alle Stellen, die mit einem blauen Stift nachgetragen wurden (24 bis 26), sind ebenfalls Vorschläge von meiner Seite.

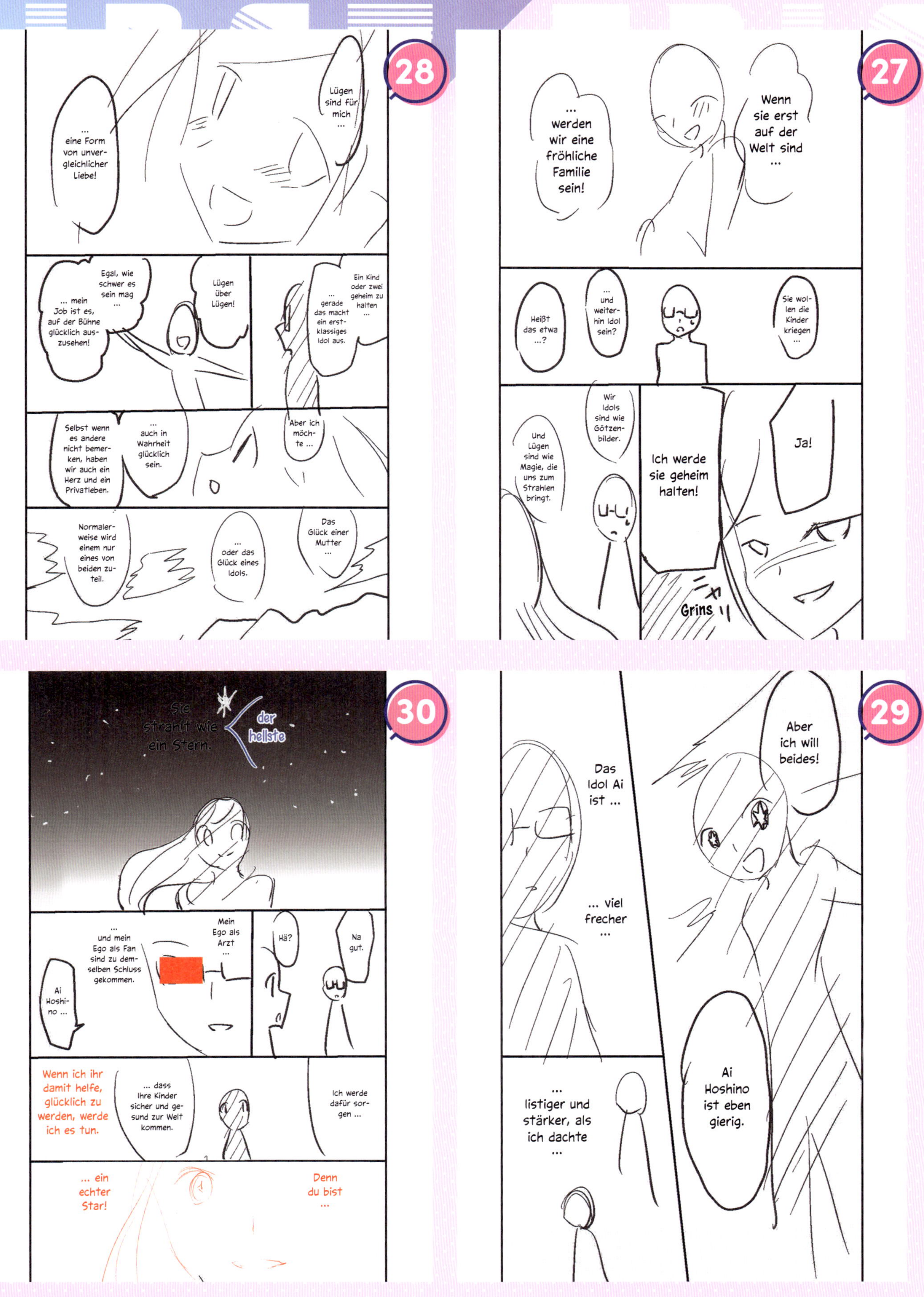

Akas Ergänzung

Über die rot markierten Stellen haben Mengo und ich uns beim ersten Entwurf intensiv beraten und den Text sowie das Layout drastisch geändert. Außerdem habe ich die Anweisung hinzugefügt, dass Goros rechtes Auge durch die Reflexion seiner Brille verdeckt werden soll, und kleinere Anpassungen vorgenommen.

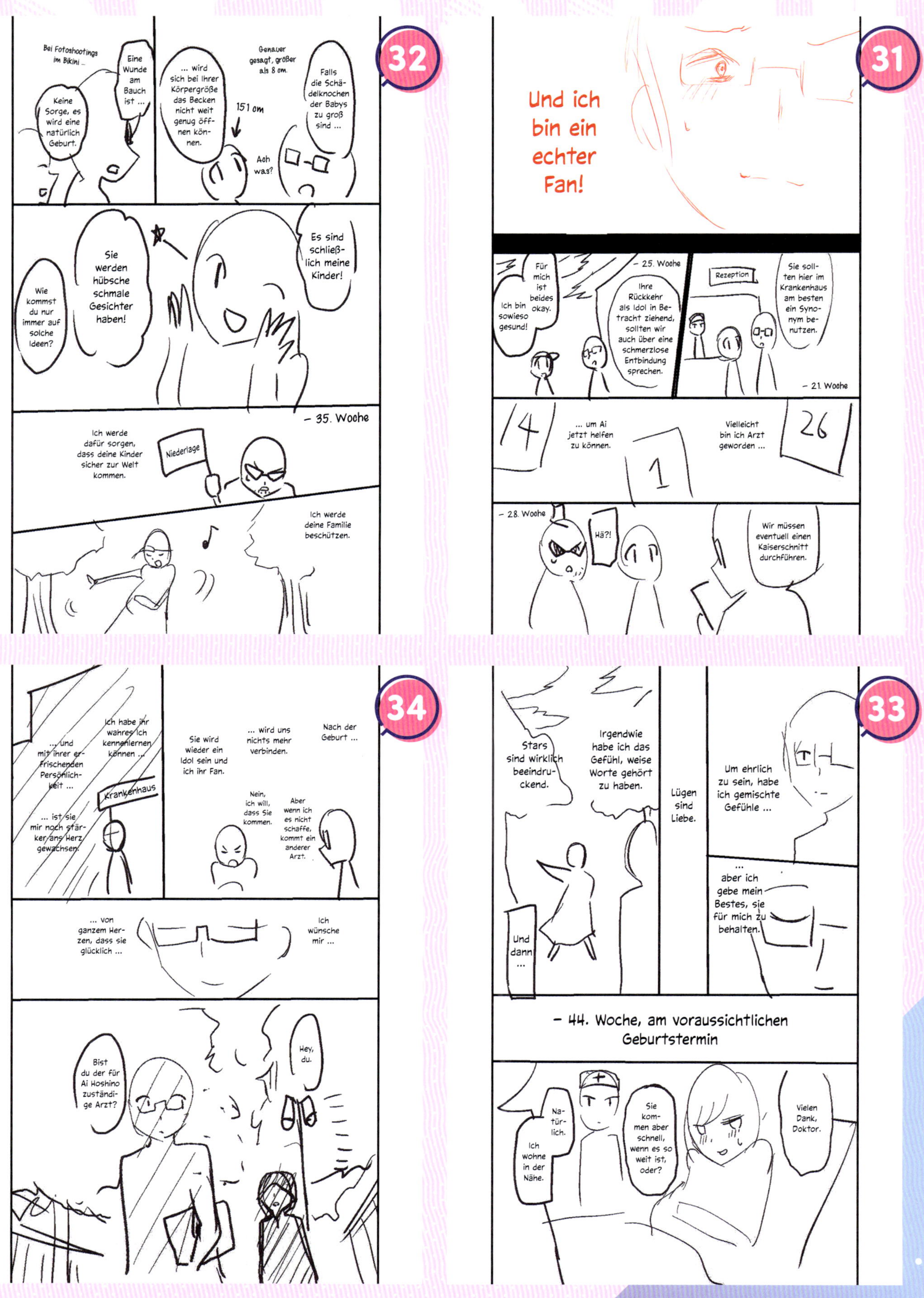

Mengos Ergänzung

Für Goros Monolog in der Szene mit Ai (30 bis 31) hatte Aka zwei Vorschläge. Die andere war: »Der größte Wunsch meines Egos als Arzt und meines Egos als Fan lautet, dass du glücklich bist.« Ich habe einige weitere Varianten vorgeschlagen, aber letztendlich fanden wir Akas Idee am passendsten und haben uns für sie entschieden.

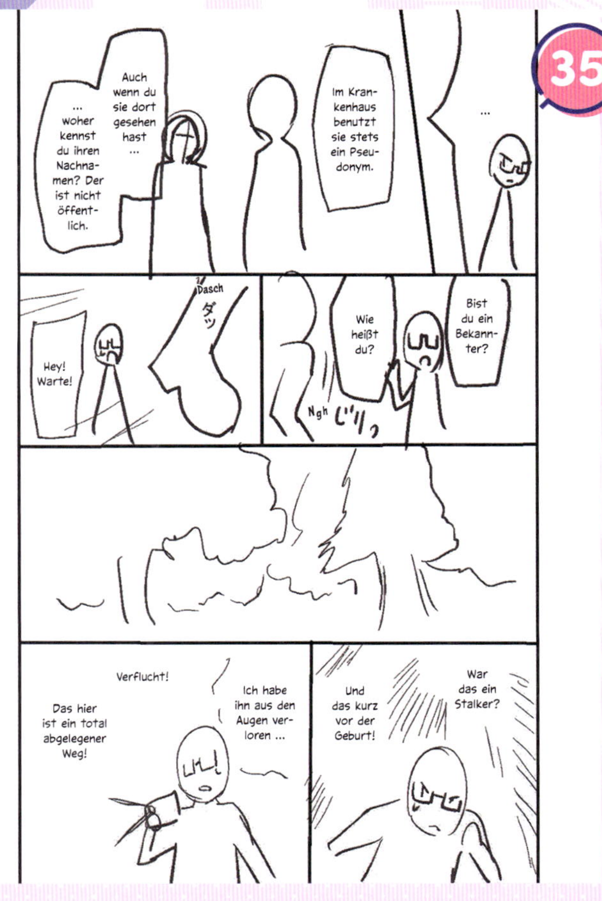

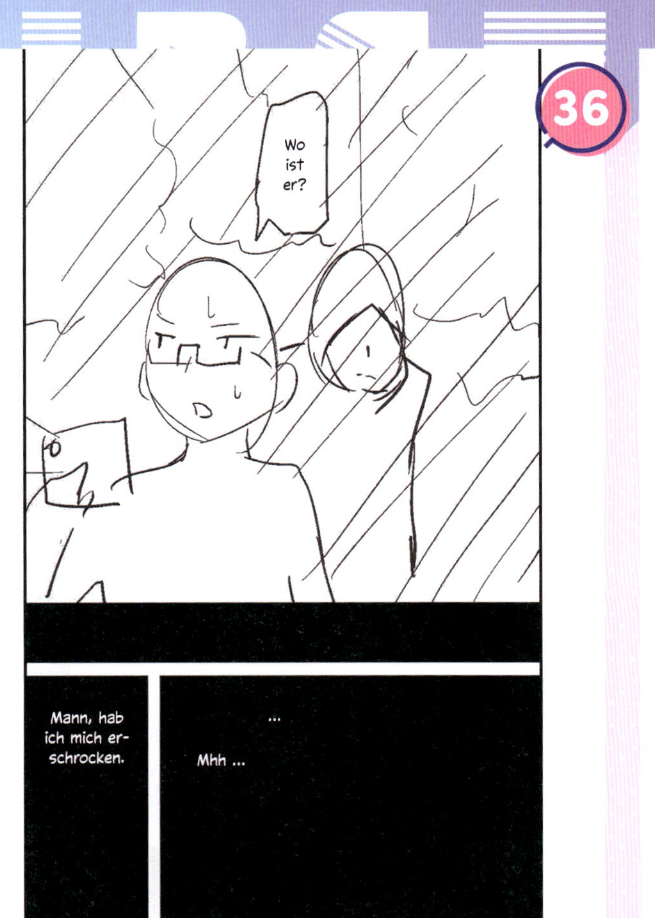

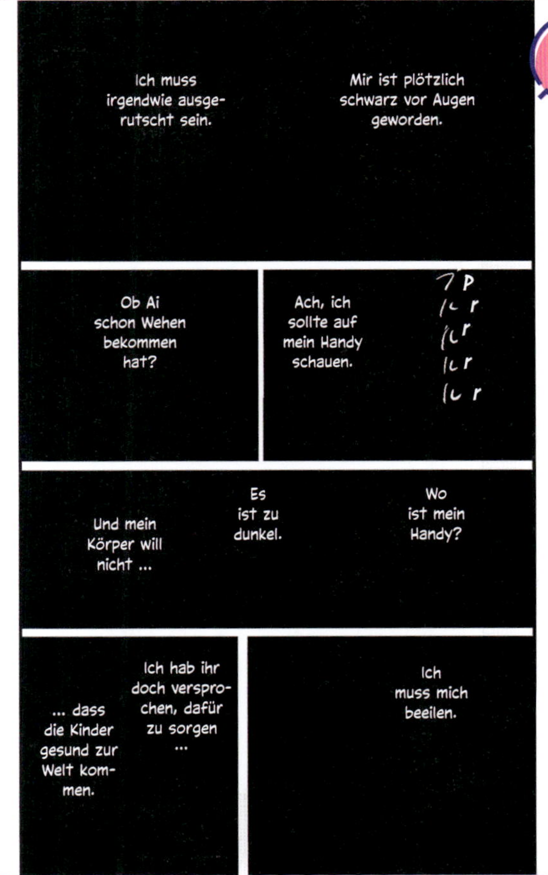

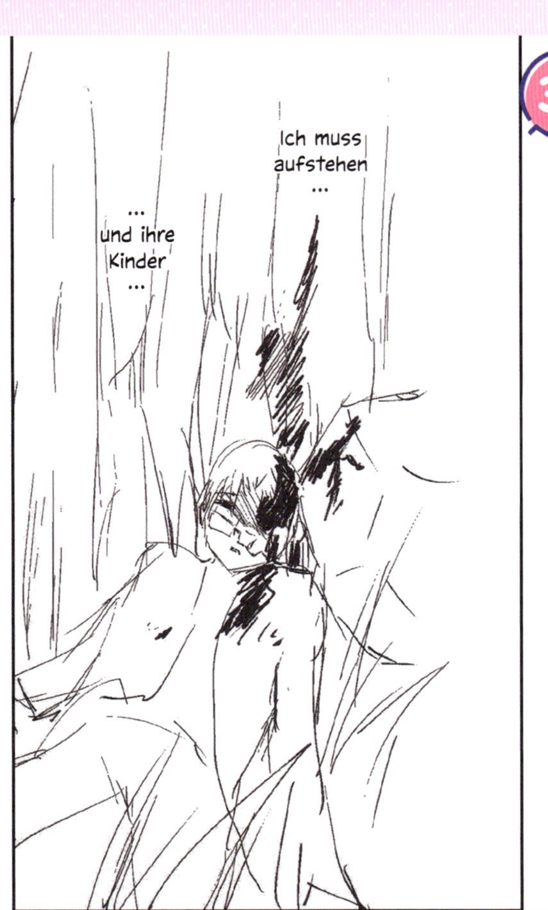

Akas Ergänzung

Zu der Methode, nur Text und einen dunklen Hintergrund zu zeigen (36 bis 37), hat uns der Manga *AI-REN* inspiriert. Da wir beide große Fans dieses Mangas sind, haben wir die Szene beschwingt zu Papier gebracht. *lach*

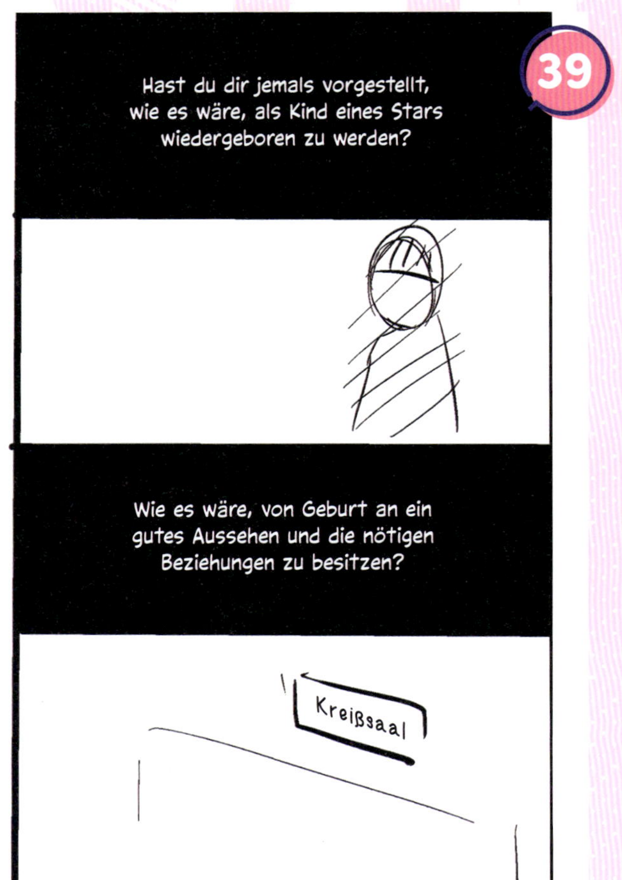

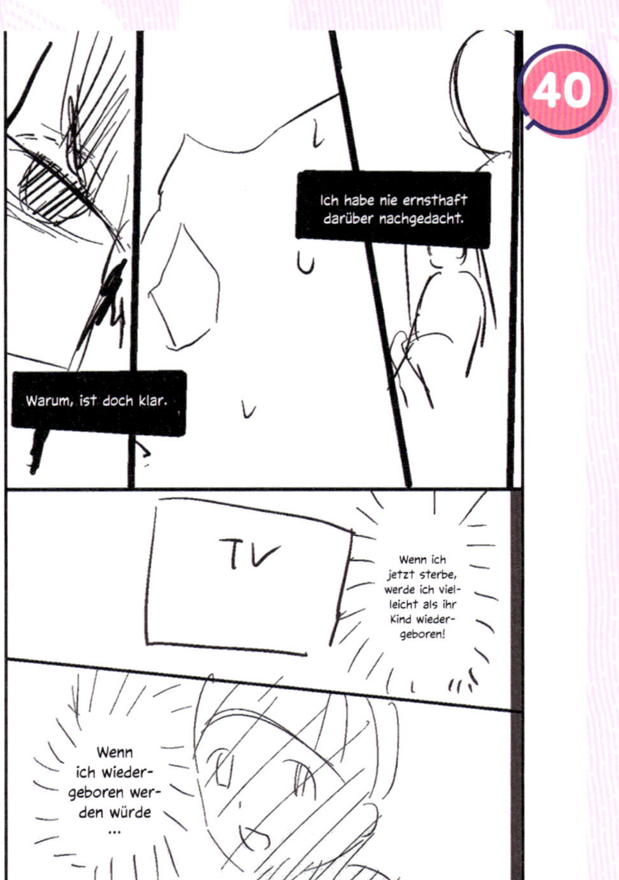

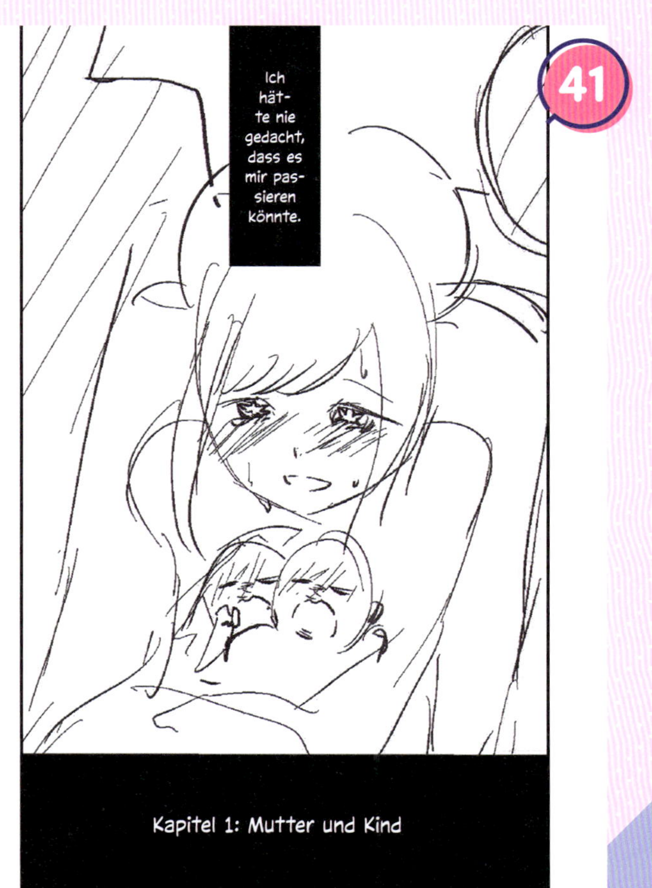

END

Akas Ergänzung

Im Erstentwurf war Goros Monolog nach dem Blackout bis zu seiner Wiedergeburt (36 bis 41) um eine Seite länger. Aber als wir den Entwurf ausgebessert haben, wollten wir, dass die Szenen von Salinas Rückblende bis zur letzten Seite flotter über die Bühne gehen. Also haben wir beschlossen, den Monolog zu kürzen.

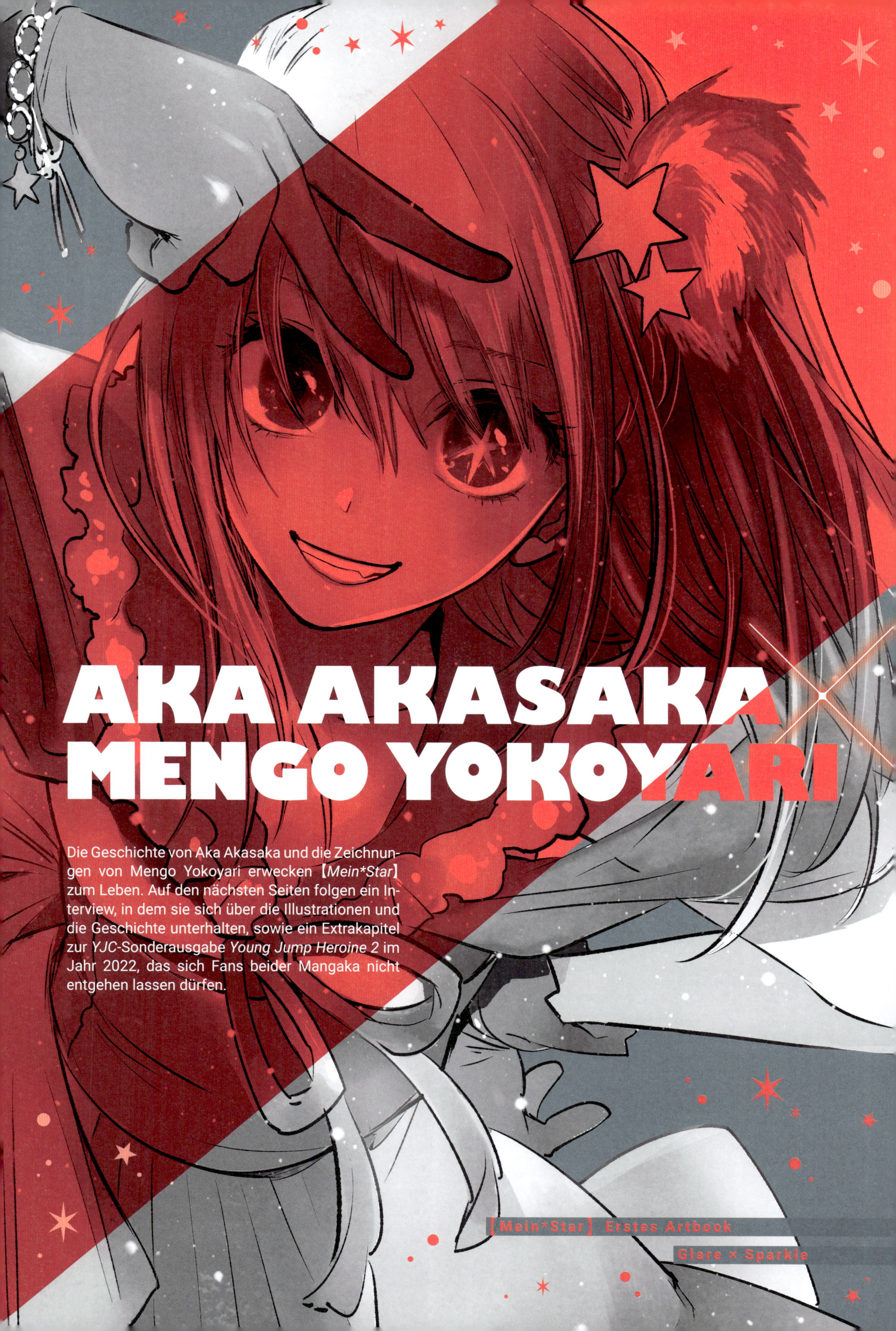

AKA AKASAKA × MENGO YOKOYARI

Die Geschichte von Aka Akasaka und die Zeichnungen von Mengo Yokoyari erwecken 【*Mein*Star*】 zum Leben. Auf den nächsten Seiten folgen ein Interview, in dem sie sich über die Illustrationen und die Geschichte unterhalten, sowie ein Extrakapitel zur *YJC*-Sonderausgabe *Young Jump Heroine 2* im Jahr 2022, das sich Fans beider Mangaka nicht entgehen lassen dürfen.

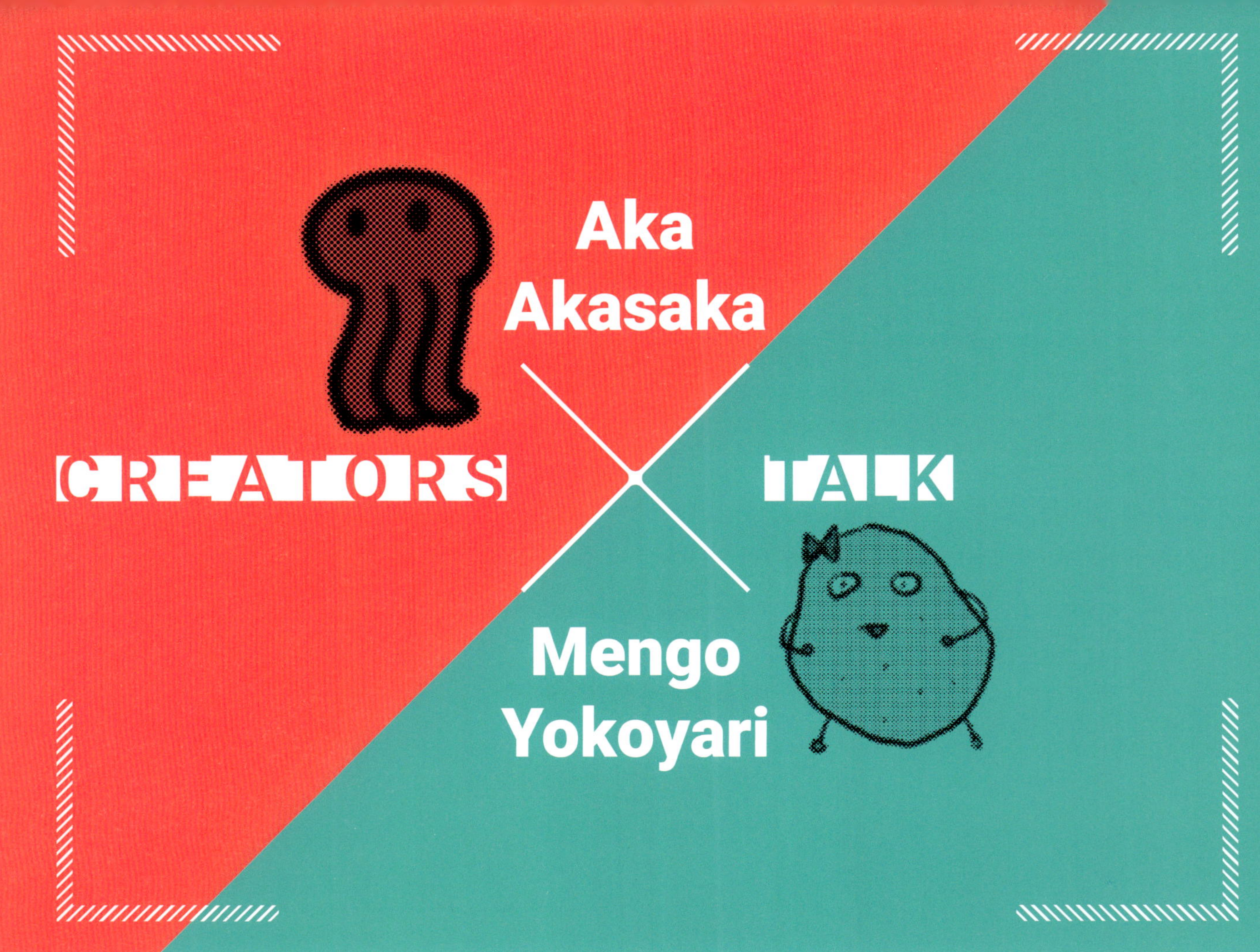

Ein Werk, das durch den multiplizierenden Synergieeffekt zweier Schöpfer entstanden ist

Was ist Ihnen durch den Kopf gegangen, als beschlossen wurde, ein Artbook von 【*Mein*Star*】 herauszugeben?

Mengo Yokoyari (im Folgenden: Yokoyari): Ehrlich gesagt hatte ich gemischte Gefühle dabei. Ich denke nämlich nicht, dass meine Zeichnungen gut genug sind, um sie ohne eine Geschichte zu vermarkten. Da mir das Selbstvertrauen gefehlt hat, hat mich der Begriff »Artbook« ganz schön eingeschüchtert. Solange der Fokus aber auf 【*Mein*Star*】 liegt, bin ich mittlerweile damit einverstanden, ein Artbook herauszugeben.

Aka Akasaka (im Folgenden: Akasaka): Unsere Serie pausiert jede fünfte Woche, aber Mengo hat dann stets die Extraaufgabe, eine Illustration zu zeichnen, die auf *Shonen Jump+* veröffentlicht wird. Also freue ich mich sehr darüber, dass ihre Arbeit in gebündelter Form präsentiert wird. Sie sagte zwar gerade, sie hätte kein Selbstvertrauen, aber sie bringt wirklich wundervolle Zeichnungen zu Papier. Ich möchte darum alle Leser bitten, sie zu bestaunen!

Erzählen Sie uns doch bitte, warum Sie sich für den Titel *Glare × Sparkle* entschieden haben.

Akasaka: Mengo meinte, es wäre ihr äußerst peinlich, sich den Titel selbst auszudenken.

Yokoyari: Ja, ist doch super schwierig, oder? Das ist so ähnlich, als müsste man dem eigenen Fotobuch einen Titel geben. *lach* Deshalb habe ich von den Wörtern, die mir die Redaktion vorgeschlagen hat, »Glare« und »Sparkle« ausgesucht. »Glare« steht für ein blendendes Licht und »Sparkle« für glitzerndes Funkeln. Bei dieser Serie bin ich bemüht, starke und zugleich funkelnde, süße Zeichnungen anzufertigen. Die beiden Wörter spiegeln mein Konzept also gut wider. Da wir außerdem als Autoren »Aka Akasaka × Mengo Yokoyari« angeben, dachte ich, es wäre doch schön, auch im Titel des Artbooks ein Malzeichen zu benutzen.

Akasaka: Die Idee mit dem Malzeichen fand ich auch sehr gut. Um ehrlich zu sein, hatte ich mir auch einige Vorschläge überlegt, für den Fall, dass ich gefragt würde. Ein Glück, dass ich sie für mich behalten habe. Das wäre peinlich gewesen. *lach*

Yokoyari: Sag das doch gleich! Was für Ideen hattest du denn?

Akasaka: Ich habe nach Wörtern gesucht, die die Buchstaben »A« und »I« beinhalten und mit Licht, Regenbogen und Juwelen zu tun haben. Wenn man englische Wörter im Titel benutzt, sollten sie meiner Ansicht nach einfach zu lesen sein. Entsprechend schwierig war es, passende Wörter zu finden. Letztendlich wollte ich aber Mengo die Entscheidung überlassen, weil ihre Illustrationen im Mittelpunkt stehen.

Yokoyari: »First Stage« wurde mir ebenfalls vorgeschlagen, was auch naheliegend wäre. Ich wollte den Titel aber persönlicher gestal-

…n, weshalb ich mich für den jetzigen entschieden habe.

…as Malzeichen ist für Sie also ein wichtiger …unkt.

…okoyari: Genau. Das liegt auch daran, dass ich …n Fan von *Hunter × Hunter* bin. *lach* Außer…em wird der Synergieeffekt von uns Autoren …urch ein Malzeichen besser ausgedrückt als …urch ein Pluszeichen. Meiner Meinung nach …ann nur ein Malzeichen dieses Werk beschrei…en.

…kasaka: Wenn wir schreiben würden, die Story …tamme von mir und das Artwork von Mengo, …önnte man denken, Mengo wäre nicht an der …eschichte beteiligt. In Wahrheit frage ich sie …ber des Öfteren nach ihrer Meinung. Ich finde, …as Malzeichen drückt auch das gut aus.

…okoyari: Obwohl der Großteil der Geschichte …atürlich Aka zuzuschreiben ist. Ein Manga wird …tsächlich durch Multiplikation geschaffen. Er …t nicht die Summe unserer Fähigkeiten, son…ern im wahrsten Sinne des Wortes ihr Produkt. …us diesem Grund finde ich das Malzeichen …erfekt.

…kasaka: Früher habe ich als Assistent bei Frau …nsei Kataoka gearbeitet. Sie unterscheidet …ich nicht zwischen Story und Artwork, sondern …ezeichnet sich und Herrn Kazuma Kondo als Au…oren. Das habe ich immer beneidet und das hat …ich auf die Idee mit dem Malzeichen gebracht.

…okoyari: Stimmt, der Vorschlag kam von dei…er Seite.

Aka – Als ich die Illustration vonb Ai gesehen habe, dachte ich: »Der Sieg ist unser!«

welche Farben nicht nebeneinander aufgetragen werden dürfen. *lach*

Akasaka: Mengo hatte schon lange den Wunsch geäußert, auf den Titelbildern reine Farben zu benutzen wie bei *Kaguya-sama*. Darum hat sie auf diesem Bild die Handschuhe in einem reinen Pink koloriert.

Yokoyari: In der Manga-Rubrik der Buchhandlungen sticht *Kaguya-sama* ins Auge, weil die Titelbilder in gesättigten Farben gestaltet sind. Da ich auch eine Vorliebe für intensive Farben habe, wollte ich bei 【*Mein*Star*】 das Gleiche tun. So kommt es, dass ich auch auf den nächsten Titelbildern die Handschuhe in gesättigten Farben angemalt habe.

Akasaka: Stimmt, die Charaktere tragen auf unseren Titelbildern grundsätzlich Handschuhe.

Yokoyari: Ich finde, sie sind ein Markenzeichen von Idols. Außerdem trägt Card Captor Sakura ja auch welche.

Gibt es Vorbilder für die Kostüme?

Yokoyari: Ja, unter anderem die Kostüme von AKB48 in ihrer Anfangszeit. Ich nehme mir auch die Idols von UP-FRONT PROMOTION als Beispiel, weil ich ein großer Fan bin. *lach* Außerdem stammen meine Ideen oft von Underground-Idols. Grundsätzlich achte ich darauf, dass sie eher lebhaft wirken als ruhig und dezent. Was Aquas Kostüme betrifft, schaue ich hin und wieder auf die Kostüme von männlichen Idolgruppen, habe da aber keine spezifischen Vorbilder.

Eine einzigartige Kollaboration zwischen der energievollen Ai und der gegensätzlichen Kaguya

Akasaka: Es gibt noch eine Illustration, die mir im Gedächtnis geblieben ist, nämlich die von Ai und Kaguya! Damals war Ai schon fertig, als ich mich an die Arbeit gemacht habe. Also musste ich Kaguya unter dem Druck zeichnen, sie an die Farben von Mengo anzupassen.

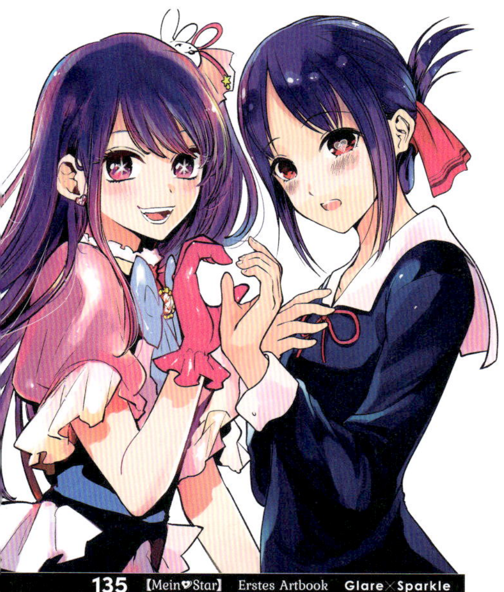

bin, das Titelbild solle sie nur bis zur Schulter zeigen. Der Redakteur bat mich aber, ihre Hände mit reinzunehmen, um mehr Dynamik zu erzeugen. Daraufhin hat mir Aka eine Skizze geschickt, die zur Vorlage dieser Pose wurde. Das Titelbild haben also ich, Aka und die Redaktion gemeinsam geschaffen.

Akasaka: Wenn ich mich recht erinnere, habe ich damals auch vorgeschlagen, Ai ihre Zunge rausstrecken zu lassen.

Yokoyari: Ich habe überlegt, wie er sich das vorstellt, und das Titelbild des zweiten Bands von *Kaguya-sama* mit dem Charakter Chika Fujiwara sowie das Titelbild von *Spica* zurate gezogen. Auf diese Weise habe ich diese Illustration ausgearbeitet. Sie ist in gewisser Weise eine Chimäre. *lach*

Für dieses Bild gilt also: »× Redakteur«.

Yokoyari: Genau. Wir haben es zu dritt geschaffen. Es liegt mir sehr am Herzen.

Akasaka: Damals hat mich Mengo auch ge fragt, ob sie sich das so vorstellen kann wie b *Hunter × Hunter*.

Yokoyari: Ich habe mich nicht verändert. *lach Ich bin wirklich froh, dass wir das Malzeiche genommen haben. Es wäre ja komisch, wen da ein anderes Zeichen stehen würde, zum Be spiel ein Herz oder so. *lach*

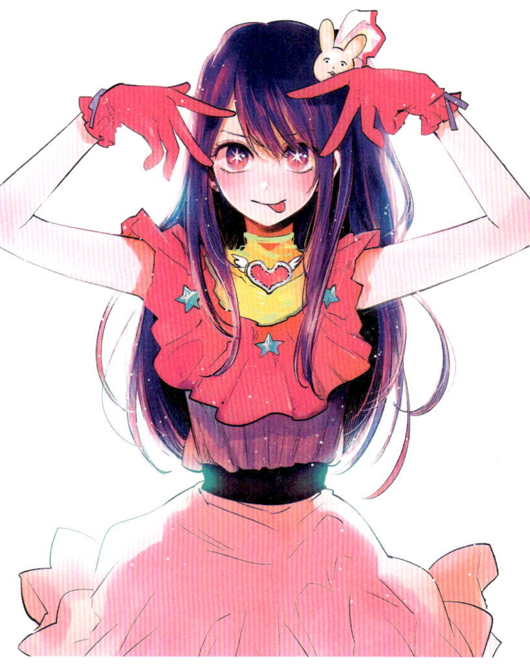

Mengo – Das Titelbild gehört bunt und grell, damit es ins Auge sticht!

Akasaka: Der Redakteur bittet immer wieder um Kostüme, die die Leser zum Cosplay anregen.

Yokoyari: Stimmt. Beim Zeichnen habe ich mir damals keine großartigen Gedanken gemacht, sondern einfach ein Kostüm entworfen, das ich als süß empfinde. Dieses Kostüm entwickelte sich aber zu Ais Markenzeichen und wird heute sowohl für die Key Visuals des Anime als auch für Ais Cosplay genutzt. Allerdings ist es bisher nur auf diesem Titelbild erschienen, weil es mir nicht liegt, dasselbe Outfit mehrmals zu zeichnen. *lach*

Akasaka: Diese Illustration ist zum Pfeiler der Farbgebung dieses Werks geworden. Mengos Farben werden auch im Anime wiedergegeben, weshalb die Animation entsprechend farbenfroh aussieht. Mengo ist bei diesem Werk einfach nicht wegzudenken.

Yokoyari: Insbesondere das Titelbild gehört bunt und grell, damit es ins Auge sticht! Selbst wenn dem Betrachter die Farbkombination komisch vorkommt, Hauptsache, das Titelbild zieht die Blicke auf sich. Darum achte ich stets darauf, markante Farben zu benutzen, damit das Werk den Leuten im Gedächtnis bleibt. Das Titelbild des ersten Bands weist viele Komplementärfarben wie Gelb, Blau und Pink auf. Bestimmt würden mich Leute, die sich in Farbenlehre auskennen, dafür in die Mangel nehmen. Ich verstoße nämlich gegen alle Grundsätze,

Eine ausdrucksstarke Illustration, di zum Pfeiler der Farbgebung wurde

Welche der zahlreichen Illustrationen vo *Mein*Star* bedeutet Ihnen besonders viel?

Akasaka: Als Allererstes fällt mir dazu das Tite bild des ersten Bands ein. Als ich die Illustratio von Ai gesehen habe, dachte ich: »Der Sieg is unser!« *lach* Auf den Titelbildern ihrer vergan genen Werke hatte Mengo die Charaktere of frontal und mit glitzernden Augen gezeichnet die ans Universum erinnert haben. Schon lang bevor sie sich an dieses Titelbild gesetzt ha habe ich den Wunsch geäußert, dass sie dies Elemente auch in unserer Serie einbringt.

Yokoyari: Das habe ich bei meiner Arbeit im Hinterkopf behalten. Darüber hinaus habe ich versucht, dieselbe Stimmung wie bei *Spica* (Ko dansha) wiederzugeben, wo ich für das Artwor zuständig war. Denn Aka meinte, ihm würd das Titelbild gut gefallen. Im Endeffekt ist ein sehr ausdrucksstarke Illustration dabei heraus gekommen, die als Symbol dieses Werkes a vielen Stellen genutzt wird. Außerdem mache viele Fans die Pose nach.

Akasaka: Wo ich auch hingehe, geben mir di Leute das gleiche Peace-Zeichen wie Ai. *lach*

Yokoyari: Anfangs habe ich Ai ganz normal vor vorne gezeichnet, weil ich davon ausgegangen

kasaka: So ist Mengo. Sie weiß nicht, was den eiz ihrer Bilder ausmacht. *lach* Attraktiv ist ier auch, wie Kanas Haare leicht im Wind we- en. Männer lieben eben flatternde Dinge.
okoyari: Darf ich das so verstehen wie den agdinstinkt von Tieren? *lach* Der vierte and umfasst auch das Kapitel, wo Aqua die euchtstäbe in allen drei Farben des neugebo- nen *B-Komachi* in der Hand hält und Kana be- chließt, dafür zu sorgen, sein Star zu werden. arum wussten die Leser, dass Weiß ihre Farbe t. Ich hätte ihre Handschuhe also auch in Weiß nmalen können, habe aber Gelb gewählt, da- it es die Blicke auf sich zieht.
kasaka: Das Gelb sieht großartig aus.
okoyari: Im Nachhinein finde ich aber, dass ihr esichtsausdruck zu kindlich geraten ist.
kasaka: Sie ist eben eine Groß-Lolita. *lach*
okoyari: Trotzdem hat sie etwas von einem einen Mädchen ... Ich würde das Alter auf gendwas zwischen ihrer Zeit als Schau- piel-Wunderkind und heute schätzen. Aber ihr ut ist echt süß.
kasaka: Der Hut ist von Kana nicht mehr weg- udenken.
okoyari: Damals hatte Kana immer mehr Her- en der Leser erobert, weshalb ich unter Druck tand und mir dachte: »Nun erscheint sie auf em Titelbild! Es darf mir auf keinen Fall miss- ngen!« Ich bin sehr vorsichtig vorgegangen, veil Bilder meistens in die Hose gehen, wenn ch sie unter solchem Druck zeichne. Je mehr ch denke, dass ich das Bild nicht vermasseln arf, desto wahrscheinlicher sieht der Charak- er am Ende nicht mehr hübsch aus. Geht dir as auch so?
kasaka: Und wie! Hin und wieder gelingen ei- em die Charaktere einfach nicht so, wie man nöchte.
okoyari: Diese Illustration ist mir aber gelun- en.
kasaka: Ein Glück.

)as sind die Lieblingspanels der Auto- en! Ihr Standard lautet, dass alle Pa- els süß aussehen

Velches ist Ihr Lieblingspanel?

okoyari: Knifflige Frage. Da gibt es so viele. germaßen feststeht. Ich neige allerdings dazu, Mädchen voller Energie zu zeichnen. Darum sah Kaguya auf meiner Skizze viel ausgelassener aus, als würde sie gleich rufen: »Yay!« Auf dem fertigen Bild war sie aber schüchtern. *lach*
Akasaka: Dieses Vorhaben hat echt Spaß gemacht. Es hat mich an früher erinnert, als solche Kollaborationen geläufiger waren.
Yokoyari: Es war eine schöne Abwechslung, mit Aka etwas zu zeichnen, weil wir privat nicht dazu kommen. Wir haben auch noch nie mit Paint Chats gespielt.
Akasaka: Früher habe ich solche Programme oft benutzt, aber heute möchte ich nach Möglichkeit nicht mehr zeichnen. *lach* Bei dieser Illustration habe ich mich aber gefreut, ein gemeinsames Werk mit Mengo zu schaffen. Eine schöne Erinnerung.
Yokoyari: Ja, sie hat etwas von einem Erinnerungsfoto.

Die Illustration von Kana Arima, die unter dem Druck entstand, dass sie auf keinen Fall misslingen dürfe

Akasaka: Das Titelbild des vierten Bands finde ich auch klasse. Als ich es zum ersten Mal gesehen habe, war ich begeistert, wie unglaublich hübsch Kana hier aussieht. Das Umschlagdesign wird erst beschlossen, nachdem die Illustration fertig ist. Damals habe ich mir den Kopf darüber zerbrochen, was wir in den Fokus rücken sollen. Ich wollte den flatternden Schal auf die Vorderseite bringen, aber wiederum auch dieses süße Gesicht in Großformat zeigen.
Yokoyari: Beim Zeichnen bin ich davon ausgegangen, dass Kanas Gesicht wie auf den Titelbildern der vorangehenden Bände groß abgedruckt wird. Aka und die Redaktion haben aber dafür plädiert, das ganze Bild zu zeigen.
Akasaka: Du willst einfach nicht einsehen, wie reizvoll dieser flatternde Schal ist!
Yokoyari: Ist er denn wirklich so reizvoll?
Yokoyari: Du hättest sie doch nicht anpassen müssen. *lach*
Akasaka: Es hat mir aber Spaß gemacht.
Yokoyari: Dabei fand ich die Vorstellung witzig, wie unsere Illustrationen nebeneinander stehen, als wäre es eine Montage. Ich wurde oft gefragt, ob ich beide Charaktere gezeichnet hätte. *lach*
Akasaka: Jetzt erkenne ich aber, dass viele Stellen nicht genügend abgestimmt sind. Mengos Farbgebung ist wirklich einzigartig und kann von niemandem nachgeahmt werden.
Yokoyari: Das stimmt doch gar nicht! Du hast sie wunderbar an meine angepasst. Selbst wenn ich gebeten würde, eine Farbillustration in deinem Stil zu malen, wäre ich wahrscheinlich gar nicht dazu fähig. Die Haare von Kaguya haben hier eine Farbsättigung, die ich in ihrer Geschichte noch nie gesehen habe.
Akasaka: Ihre Fingerhaltung ist auch gelungen, findest du nicht? Mir gefällt es, dass sie neben Ai ein wenig schüchtern wirkt, obwohl sie sonst immer vor Selbstbewusstsein strotzt.
Yokoyari: Ja, daran wird der Unterschied der beiden schön deutlich. Ai stellt sich mehr in den Vordergrund.

Stammt die Bildkomposition von Ihnen, Frau Yokoyari?

Yokoyari: Genau. Ich dachte nämlich, Aka hätte es leichter, wenn die Komposition schon eini-

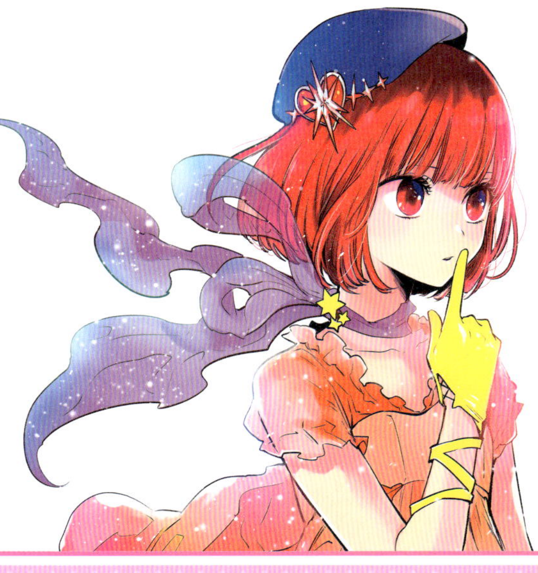

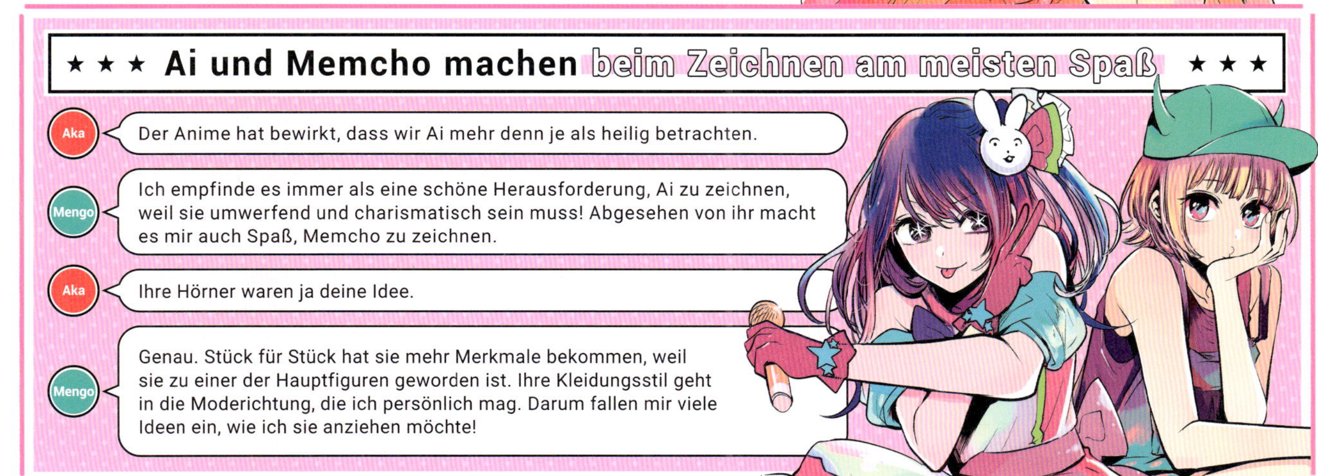

Akasaka: Wenn alle Panels süß aussehen, hatte ich die Sorge, dass die Leser ein Panel, das unbedingt süß rüberkommen muss, vielleicht gar nicht als besonders empfinden. Wenn ein Charakter einmal süß aussehen soll, gebe ich aber mein Bestes.
Yokoyari: Mein Ziel lautet, dass alles süß aussieht und die Highlights sogar noch süßer! Ich möchte den Durchschnittswert steigern.
Akasaka: Du achtest also darauf, das Süßelevel zu erhöhen.
Yokoyari: Was meine Lieblingspanels betrifft, finde ich, dass mir Minami Kotobuki durchwegs gut gelungen ist. Minami versuche ich immer im Stil von Kyoto Animation zu zeichnen. *lach*
Akasaka: Stimmt, Minami ist süß.
Yokoyari: Es gibt auch ein Panel, das ich erst durch die Meinung der Leser lieb gewonnen habe. Im neunten Band posen die drei Mitglieder von *B-Komachi* auf einem Konzert. Dieses Panel habe ich erst später für mich entdeckt. Im Manga kommentieren die Fans, die den Livestream dieses Konzerts anschauen, dass Kana ein düsteres Gesicht mache und Ruby psychisch labil wirke. Die Leser lobten mich, dass die Gesichtsausdrücke von Kana und Ruby auf diesem Panel wirklich so aussehen, wie die Fans es empfinden. Dadurch habe ich erst erkannt, dass es mir hier gelungen war, ihren seelischen Zustand auszudrücken. Das hat mich glücklich gemacht. Viele Dinge bemerkt der Zeichner nämlich erst dann, wenn man ihn darauf aufmerksam macht.

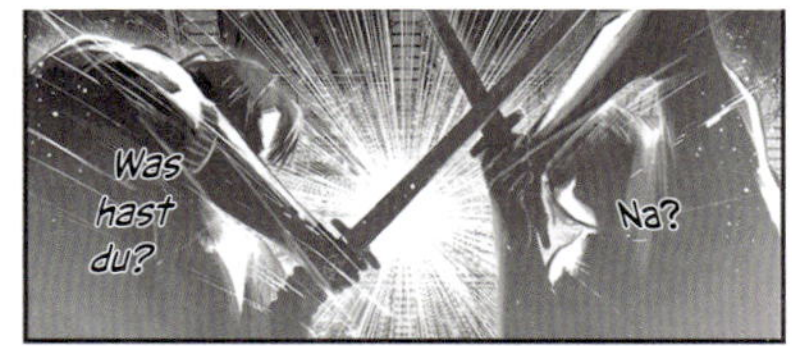

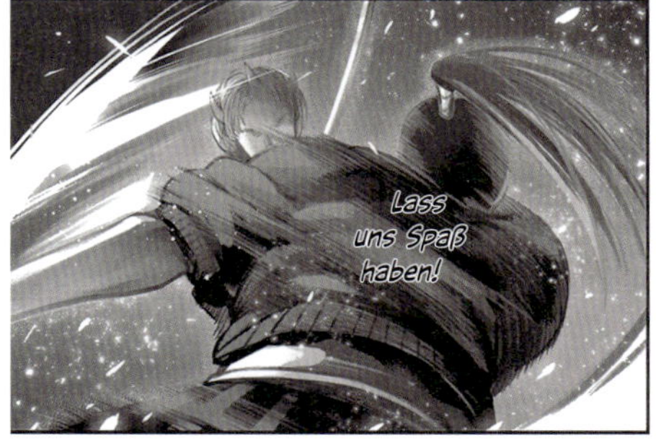

Mit der Episode der Mangaka haben die Autoren ein Tabu gebrochen und von sich selbst erzählt

Yokoyari: Mir gefällt auch das Kapitel, in dem Abiko und Yoriko die Nacht durcharbeiten, um ein Manuskript fertig zu machen!
Akasaka: Beim Verfassen des Kapitels habe ich eine bestimmte Absicht verfolgt. 【*Mein*Star*】 führt den Lesern ja vor, was in der Unterhaltungsindustrie hinter den Kulissen passiert. Da habe ich mich gefragt, ob wir Mangaka verschont bleiben dürfen und ob es nicht unfair wäre, wenn wir nicht auch in die Mangel genommen würden. Solche Gedanken haben meine Ideen einbringen könnte, und für diesen Abschnitt einige Vorschläge gemacht. Als Mengo sie umgesetzt hat, habe ich mich sehr gefreut.
Yokoyari: Das 2,5-dimensionale Theater war aber so eine große Herausforderung, dass ich gar nicht mehr an jene Zeit zurückdenken möchte. *lach* Ich habe alles gegeben, was ich konnte, mich an vielen Stellen aber unsicher gefühlt. Das Genre liegt mir einfach nicht. Jede Woche musste ich schmerzlich einsehen, dass meine Skills nicht ausreichen. Merutos Gesichtsausdrücke, die Doppelseiten – alles hat mich viel Mühe und Energie gekostet.
Akasaka: Damals hast du mich ständig gefragt, wann der Teil endlich abgeschlossen ist. *lach*
Yokoyari: Ich habe beim Zeichnen die Charaktere angefleht, endlich wieder ihre normalen Klamotten anzuziehen. *lach* Das 2,5-dimensionale Theater war eine echte Herausforderung, hat mir aber auch Freude

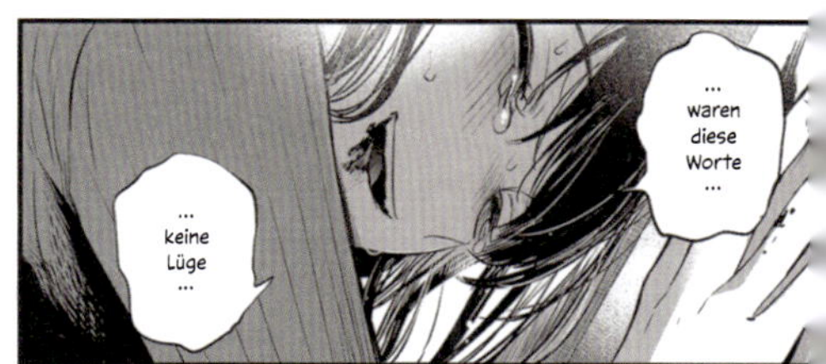

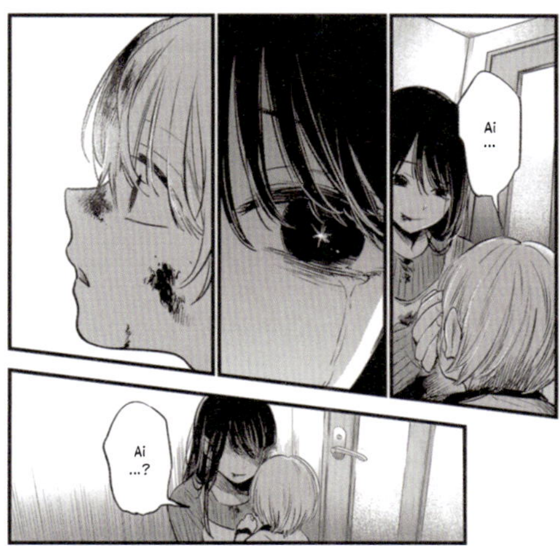

Mengo | Ich betrachte es als meine Identität, dass meine Charaktere ein süßes Gesicht haben.

bereitet, weil ich viele neue Bildkompositionen ausprobieren konnte.
Akasaka: Der Teil hat auch für mich viel Arbeit bedeutet. Ich habe so viel recherchiert wie noch nie. Ich habe Theaterdirektoren, Schauspieler und viele andere Personen interviewt, die mir den Aufbau eines Theaterstücks genau erklärt haben. Schauspieler haben unterschiedliche Ansichten über spezifische Dinge, weshalb es schwer war herauszufinden, was die Norm ist. Es gibt auch viele Konventionen, wann man zum Beispiel von »Theater« spricht und wann von »Schauspiel«. Mir ist fast die Puste ausgegangen, weil ich die Basics von Theaterstücken und die vielen Konventionen beachten musste.
Yokoyari: Das kann ich mir gut vorstellen. Ich betrachte es als meine Identität, dass meine Charaktere ein süßes Gesicht haben. Deshalb möchte ich sie süß zeichnen, so erschöpft ich auch sein mag. Es war aber sehr schwierig, die Charaktere süß zu zeichnen, während sie schauspielen.
Akasaka: Dazu habe ich in meinen Rohskizzen oft die Anweisung gegeben, sie böse aussehen zu lassen.
Yokoyari: Gar nicht so einfach, in einem bestimmten Gesichtsausdruck »süß« und »böse« zu vereinbaren!
Akasaka: Bei mir ist es umgekehrt. Als ich *Kaguya-sama* gezeichnet habe, war ich zufrieden, solange die Charaktere in den Highlights gut aussehen. In den restlichen Szenen durften sie ruhig etwas böse wirken.
Yokoyari: Du hast mich ja um solche Kontraste gebeten.
Akasaka: Viele Panels haben einen bleibende Eindruck bei mir hinterlassen. Das gilt auch fü den Teil »Der erste Auftritt«. Zum Beispiel das vo hin angesprochene Panel, wo Kana beschließ Aquas Star zu werden. Ansonsten fällt mir noc die Szene von Ais Tod im ersten Band ein.
Yokoyari: Bei dem Kapitel, in dem Ai stirbt, hab ich mir besonders viel Mühe gegeben. Wenn ic alte Zeichnungen von mir betrachte, fallen mi immer etliche Dinge auf, die ich hätte besse machen können. Was dieses Kapitel betriff habe ich aber das Beste aus meinen damalige Fähigkeiten gemacht, weshalb ich auch heut vergleichsweise wenige Stellen entdecke, di ich gerne ausbessern würde. Mir wurde gesag Ais Gesichtsausdruck bei ihrem Ableben hab viele Fans in ihren Bann gezogen.
Akasaka: Erstaunlich, dass man dadurch Fan gewinnen kann.

Im Abschnitt des 2,5-dimensionalen Theater heben sich viele Panels durch Kursivschrift un dynamische Linien ab, die so aussehen, als wä ren sie mit Pinsel gezeichnet. Haben Sie, Her Akasaka, in Ihre Rohskizzen diese An weisungen gegeben?

Akasaka: Richtig. Es ist sehr schwierig ein eindrucksvolle Schauspiel im Manga auszudrücken. Meis tens blieb mir als nichts übrig, als mic auf die Zeichnunge von Mengo zu verlas sen. Ich habe über legt, wie ich trotzden

Aka

Wir arbeiten an diesem Werk mit der Bereitschaft, dass auch wir an den Pranger gestellt werden.

kasaka: Ich würde aber auch gern sehen, wie u die Augen als Autorin dieses Werks darstelen würdest.
'okoyari: Wenn das so ist … In Ordnung! Bei ;elegenheit werde ich Augen in Großformat eichnen. Wäre das nicht eine gute Idee für as Titelbild des letzten Bands? Oder hast du chon eine Vorstellung, wie es aussehen soll?
kasaka: Ein Bild, auf dem alle Charaktere zu ehen sind.
'okoyari: Hätte ich bloß nicht gefragt … *lach*)abei strebe ich an, bis zum Ende meines /langaka-Lebens keine Bilder mit allen Chaakteren, keine Fahrräder und keine Gitarren zu eichnen. *lach*
kasaka: Manche möchten eine Serie erst leen, wenn sie abgeschlossen ist. Für solche eute müssen wir meiner Meinung nach deutch machen, wann sie zu Ende ist. Für mich st das ein Titelbild, auf dem alle Charaktere :u sehen sind. Deshalb habe ich auch das Tielbild des letzten Bands von *Kaguya-sama* so jestaltet.
'okoyari: Okay. Wenn du unbedingt darauf eestehst, lege ich mich beim letzten Band ins 'eug! *lach*

Akasaka: Es gibt viele Illustrationen, die ich gerne einmal sehen möchte. Am meisten wünsche ich mir aber, dass Mengo weniger Arbeitsbelastung hat …
Yokoyari: Dir bleibt nichts anderes übrig, als diese Antwort zu geben, weil ich mich ständig übers Kolorieren beklage. *lach*
Akasaka: Wenn du möchtest, greife ich dir gerne unter die Arme!
Yokoyari: Wirklich? Das klingt spannend. Dann lass uns das doch einmal machen. Die nächste Kollaboration ist also beschlossen! *lach* Du kannst mir aber ruhig sagen, was für Illustrationen du dir wünschst!
Akasaka: Wenn das so ist, würde ich gerne sehen, wie du Augen in Großformat zeichnest. Eine Illustration, bei der die Augen im Mittelpunkt stehen.
Yokoyari: Das würde ich super gerne ausprobieren, aber ich weiß nicht. Der Anime zeigt ja schon wunderschöne Augen in Großformat. Sie sind in so guter Qualität gezeichnet, dass sie gar nicht zu toppen sind.
Akasaka: Sie sind echt beeindruckend. In den Augen kann man wirklich ein Universum erkennen! *lach*
Yokoyari: Am liebsten würde ich mir die Bilder ausleihen und sie im Manga benutzen. *lach* Sie sind echt mega!

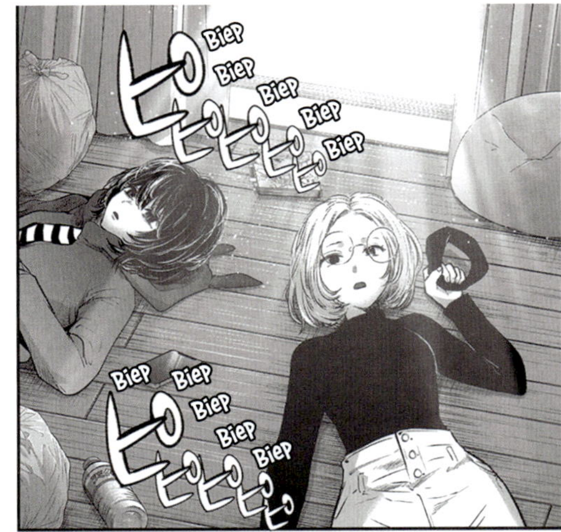

mich dazu gebracht, diese Episode zu schreiben. Innerlich habe ich mich gesträubt. *lach*
Yokoyari: Wenn Mangaka eine Geschichte über Mangaka zeichnen, hält man sie hin und wieder für Narzissten, die von sich selbst erzählen.
Akasaka: Als ich Mengo um Rat gefragt habe, weil wir für dieses Kapitel unter Beschuss geraten könnten, antwortete sie mir: »Okay! Stellen wir dem Beschuss!«
Yokoyari: Was dem Werk zugutekommt, sollten wir auch tun.
Akasaka: Wir arbeiten an diesem Werk mit der Bereitschaft, dass auch wir an den Pranger gestellt werden und nicht nur fremde Leute.
Yokoyari: Genau, wir müssen Risiken auf uns nehmen. Bestimmt glauben die Leser, ich sei genauso durchgedreht wie Abiko … *lach*

Benutzen Sie auch zwei Zahnbürsten gleichzeitig, wie Abiko es tut?

Yokoyari: Ich auf gar keinen Fall!
Akasaka: Ich ja, um ehrlich zu sein. Ich benutze sogar zwei Föhne gleichzeitig. *lach*
Yokoyari: Viele gehen ja davon aus, dass ich solche Sachen mache. *lach* Yoriko sagt in der Geschichte, dass sie im Bett tief und fest schlafen würde, aber auf dem Fußboden nach etwa vier Stunden aufwachen kann. Diese Ansicht stammt ebenfalls von Aka und nicht von mir.
Akasaka: Meiner Meinung nach wird das Werk realistischer, wenn der Autor ein Stück von sich selbst preisgibt. Deshalb möchte ich auch in Zukunft mein Wissen zu Papier bringen, egal ob ich dafür kritisiert werde oder nicht.
Yokoyari: Aka ist gut darin, persönliche Elemente unauffällig in die Geschichte einzubringen. Ich im Gegensatz veröffentliche nur selten, wie ich gewöhnlich arbeite.
Akasaka: Ich glaube fest daran, dass es dem Werk mehr Realismus verleiht, wenn man hier und da wahre Begebenheiten erwähnt.

Wie wird das Titelbild des letzten Bands aussehen? Augen in Großformat, alle Charaktere zusammen oder …

Herr Akasaka, was für eine Farbillustration von [*Mein*Star*] wünschen Sie sich in Zukunft?

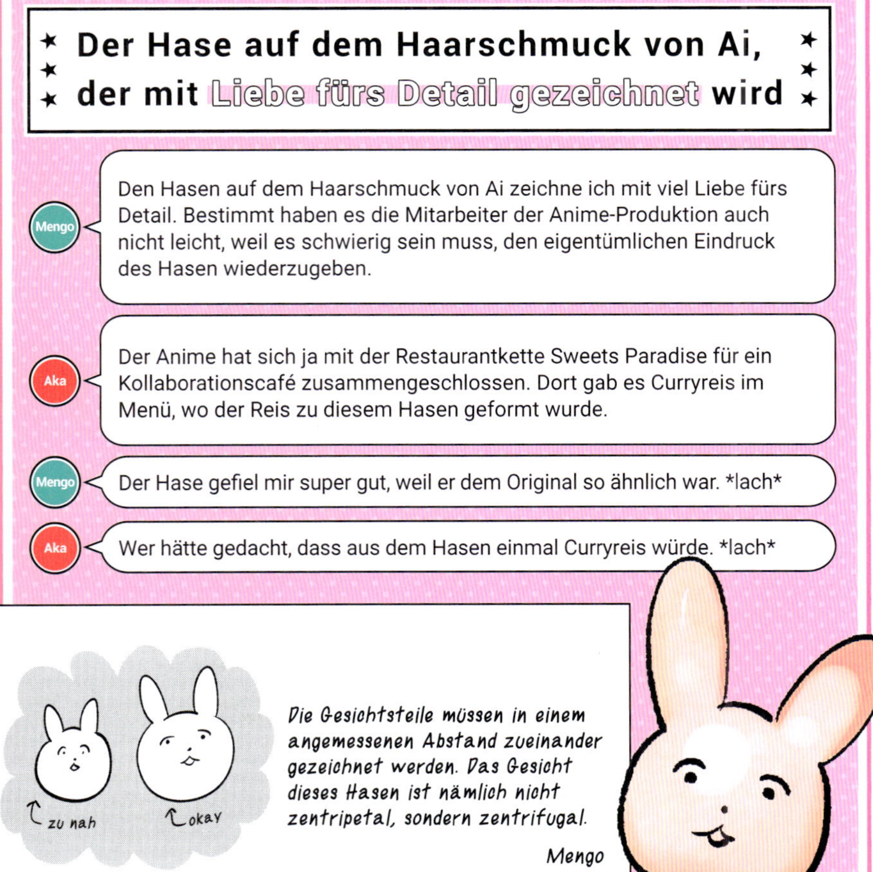

Schau mal!

In der Zeitschrift sind Fotos von mir!

Ich hab ein Freiexemplar bekommen!

Die neue Ausgabe von *Middle Jump*? Zeig her.

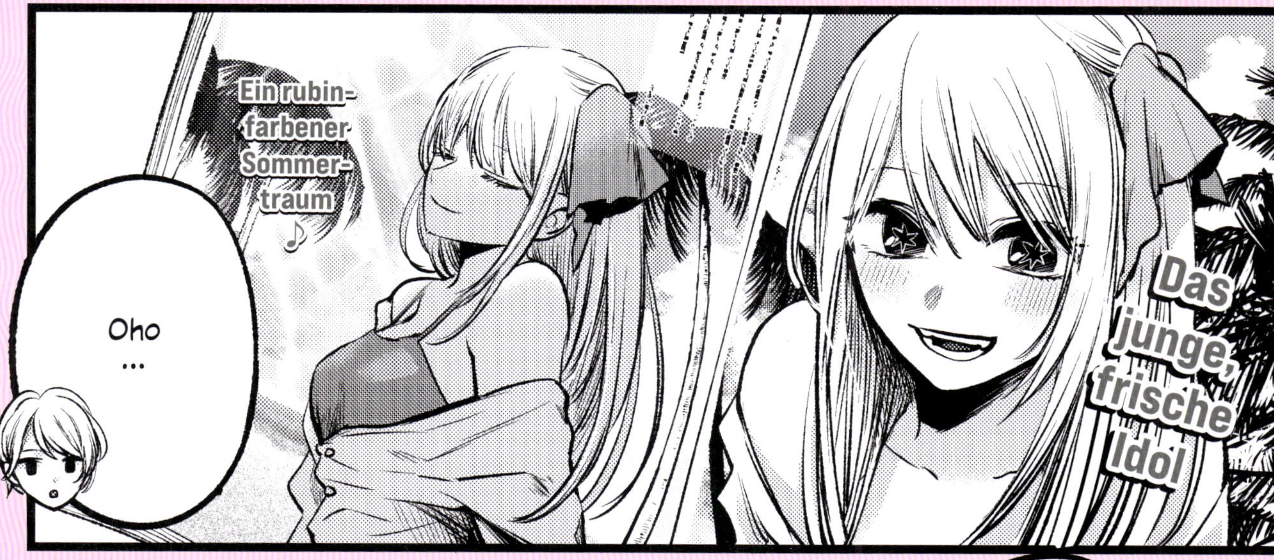

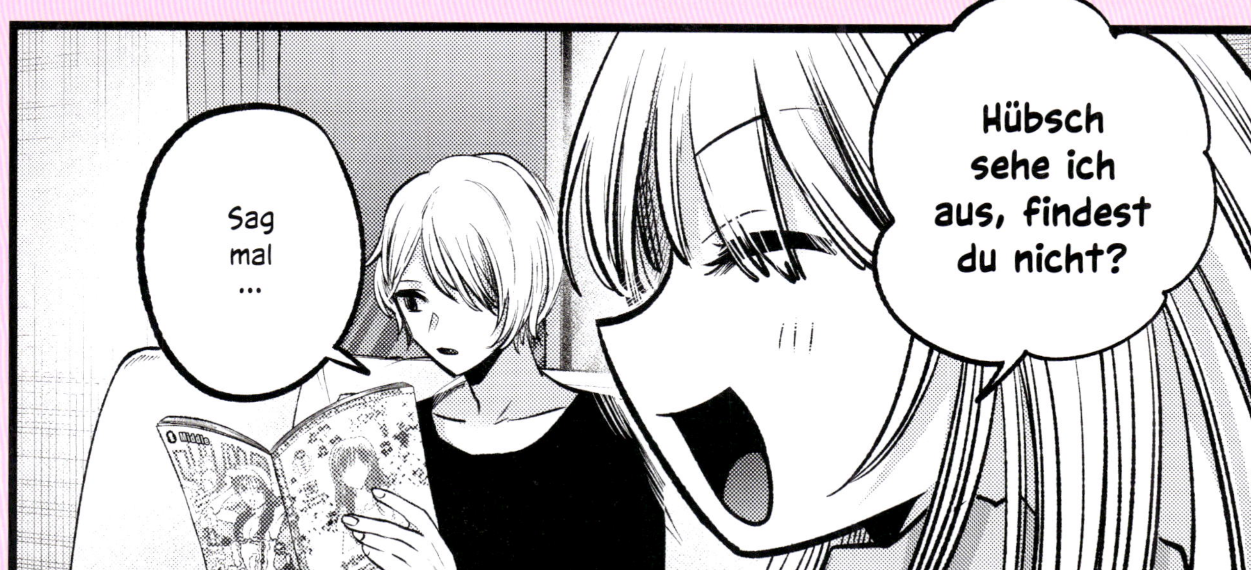

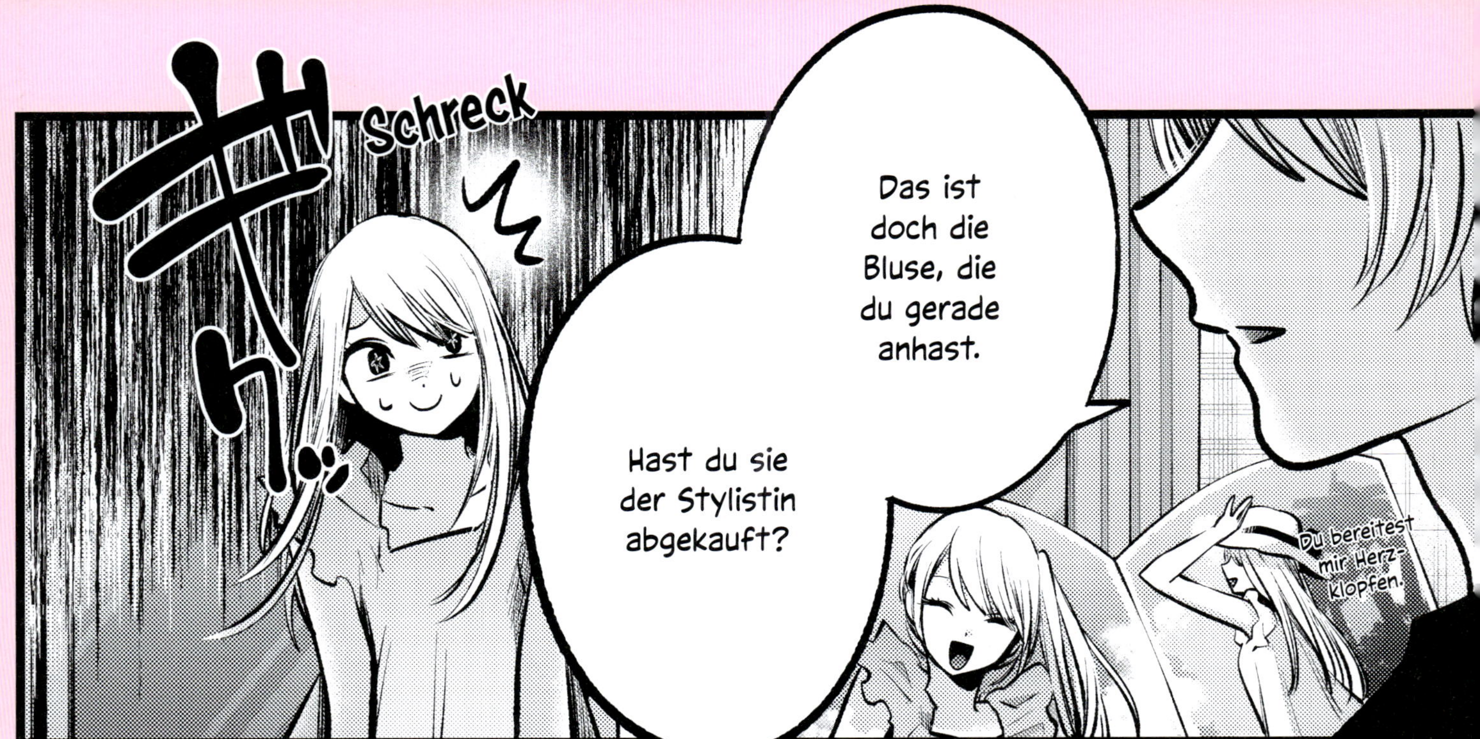
Schreck
Das ist doch die Bluse, die du gerade anhast.
Hast du sie der Stylistin abgekauft?
Du bereitest mir Herzklopfen.

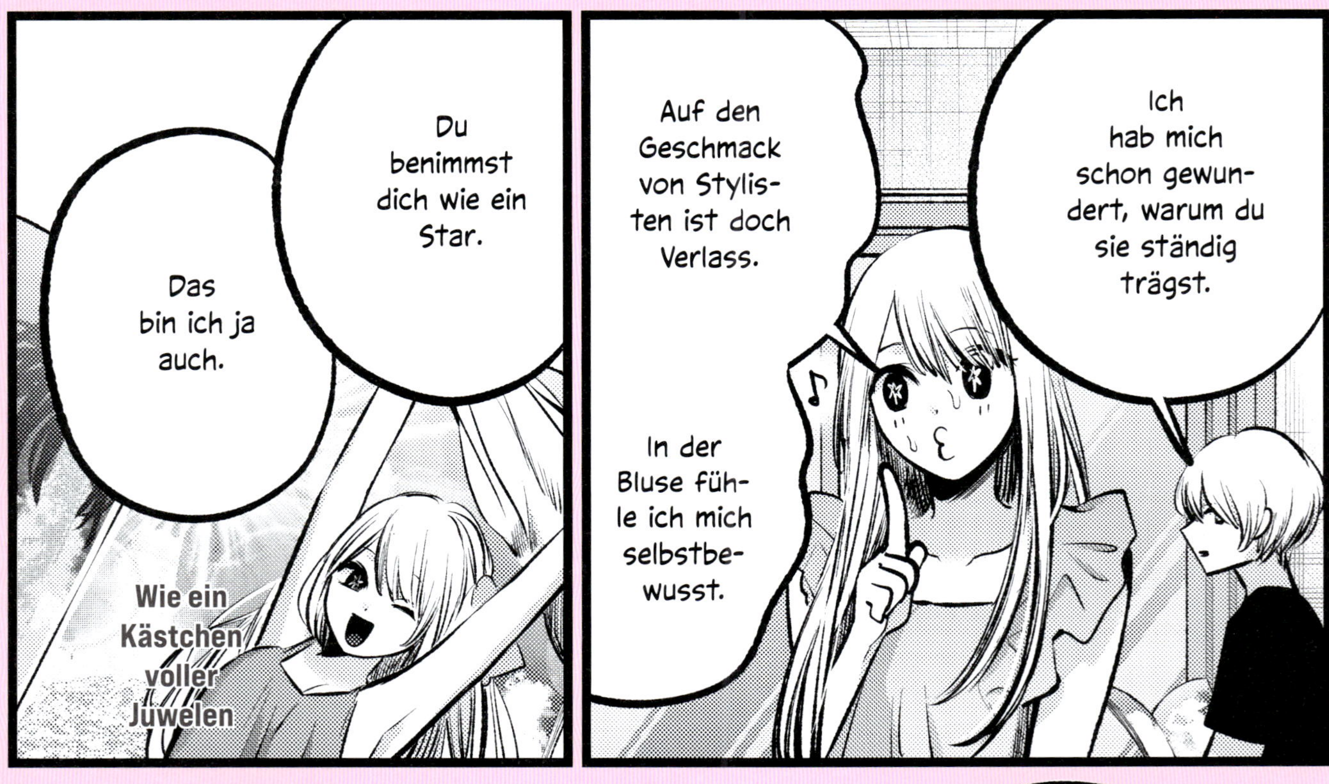
Ich hab mich schon gewundert, warum du sie ständig trägst.
Auf den Geschmack von Stylisten ist doch Verlass.
In der Bluse fühle ich mich selbstbewusst.
Du benimmst dich wie ein Star.
Das bin ich ja auch.
Wie ein Kästchen voller Juwelen

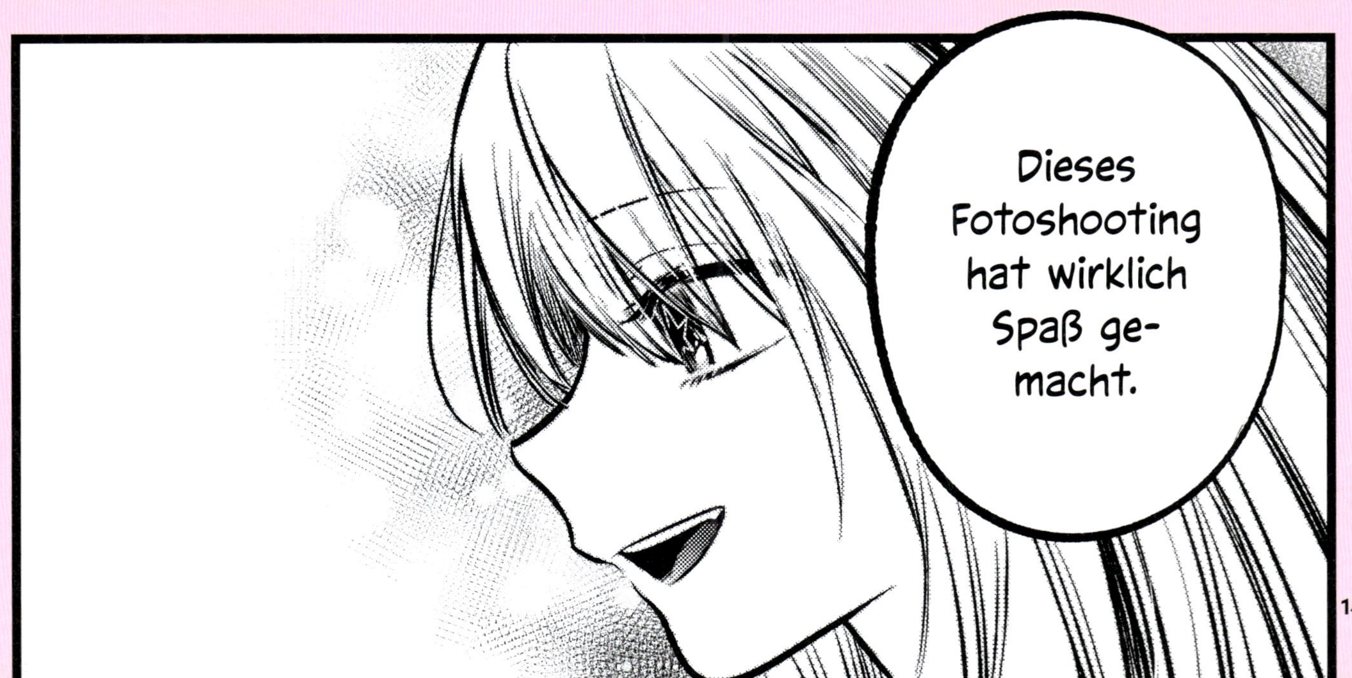
Dieses Fotoshooting hat wirklich Spaß gemacht.

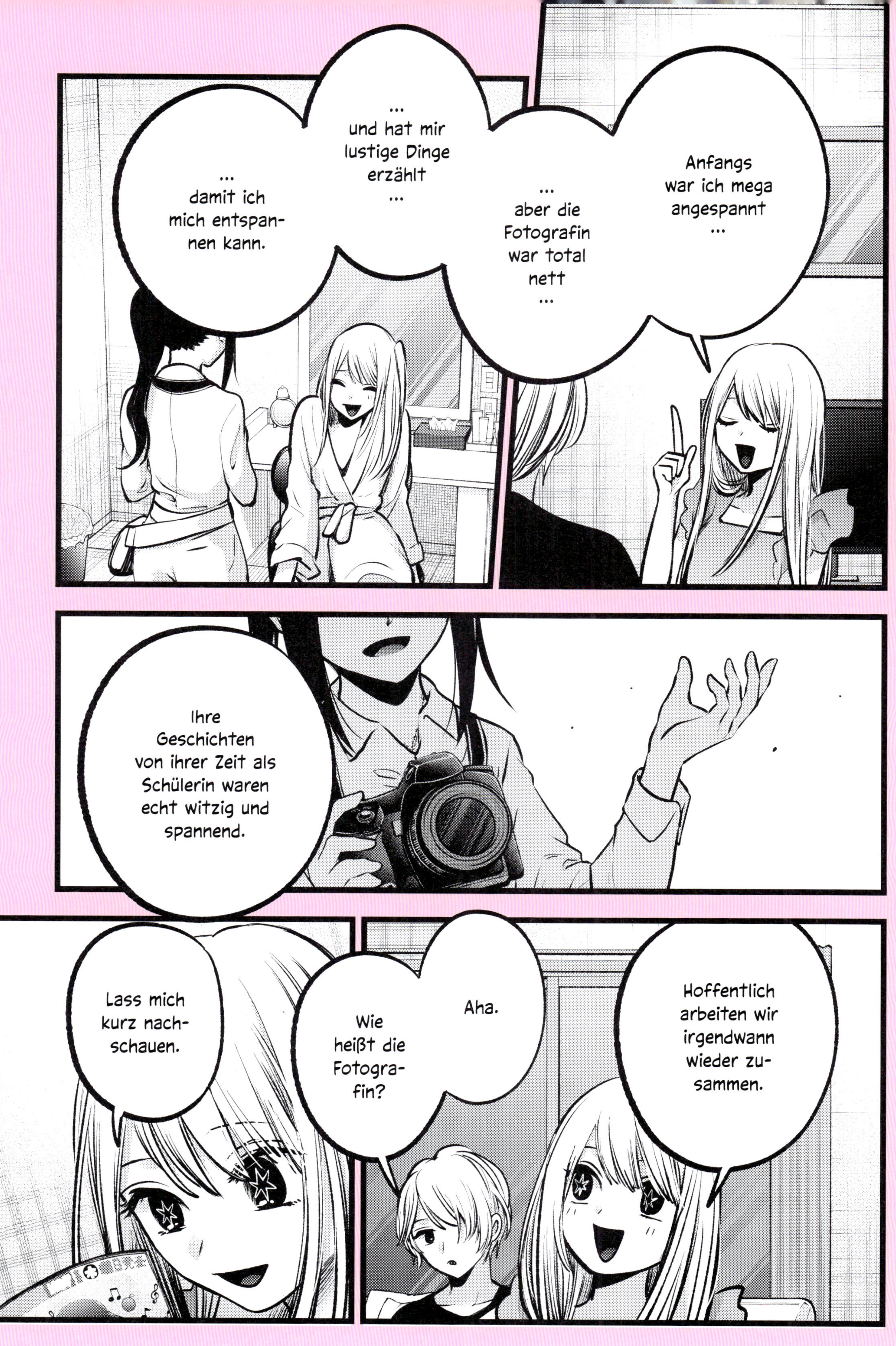
Anfangs war ich mega angespannt …
… aber die Fotografin war total nett …
… und hat mir lustige Dinge erzählt …
… damit ich mich entspannen kann.
Ihre Geschichten von ihrer Zeit als Schülerin waren echt witzig und spannend.
Hoffentlich arbeiten wir irgendwann wieder zusammen.
Aha.
Wie heißt die Fotografin?
Lass mich kurz nachschauen.

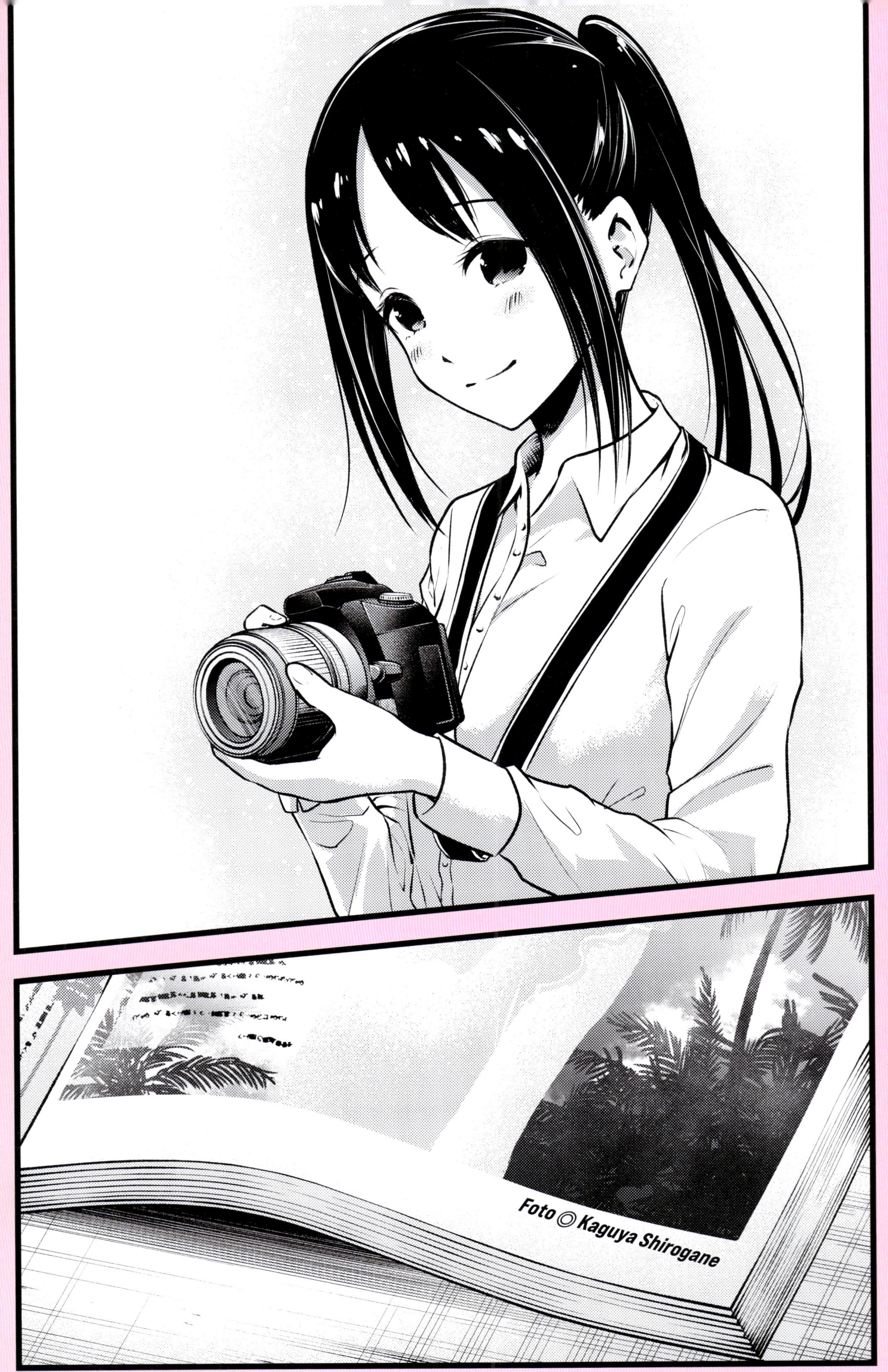
Foto © Kaguya Shirogane

AKA AKASAKA

Die Geschichte von【*Mein*Star*】nahm ihren Anfang, als ich Mengo gefragt habe, ob wir nicht zusammenarbeiten wollen.

Warum ich mich dazu entschieden habe, könnt ihr jetzt, nachdem ihr dieses Artbook gelesen habt, bestimmt gut nachvollziehen.

Ich hoffe, ihr habt weiterhin Freude an dieser Geschichte, die auch künftig mit Mengos Zeichnungen weitergehen wird.

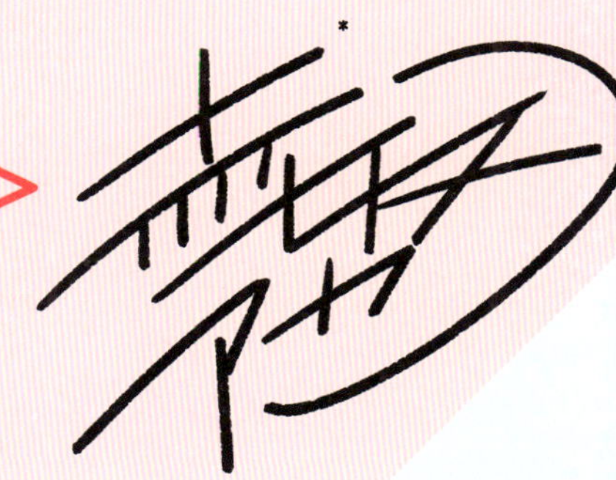

* Aka Akasaka

POSTSKRIPTUM

Ich vermute, die Leser, die nicht nur den Manga, sondern auch dieses Artbook zur Hand genommen haben, lieben die gesamte Welt von【*Mein*Star*】.

Mit den Farbillustrationen gebe ich Gesichtsausdrücke und Reize der Charaktere wieder, die im Manga nicht ausreichend zum Ausdruck kommen. Ich würde mich freuen, wenn sie euer Lesevergnügen ergänzen.

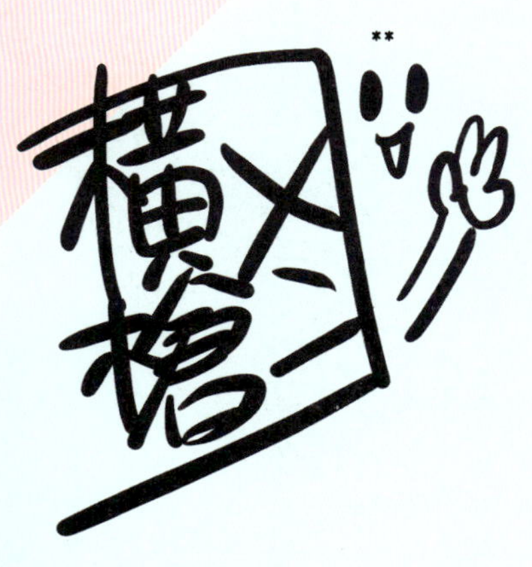

** Mengo Yokoyari

MENGO YOKOYARI

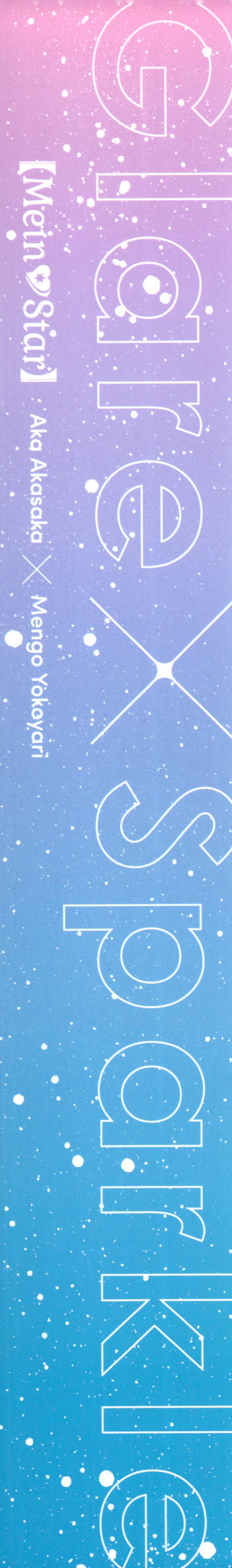

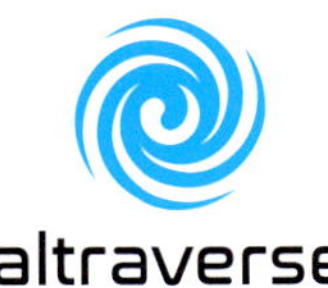

Deutsche Ausgabe / German Edition
Altraverse GmbH – Hamburg 2024
Aus dem Japanischen von Nana Umino

【OSHI NO KO】 1ST ILLUSTSHU GLARE×SPARKLE

First published in Japan in 2023 by SHUEISHA Inc., Tokyo.
German translation rights in Germany, Austria and German-speaking Switzerland arranged by SHUEISHA Inc. through VME PLB SAS, France.

Redaktion: Jörg Bauer
Herstellung: Esra Doğan, Vivien Bergau
Lettering: Vibrant Publishing Studio

Druck: Print Best OÜ, Viljandi
Printed in Estonia

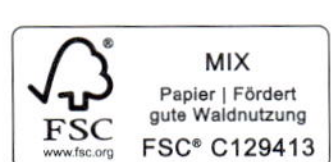

ISBN 978-3-7539-2356-7
1. Auflage 2024

www.altraverse.de